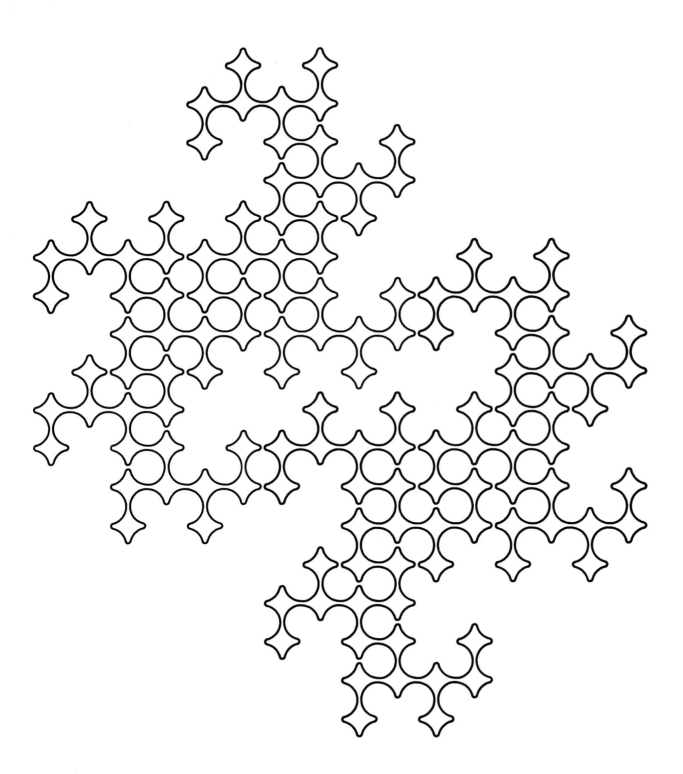

Herbert W. Franke
Computergraphik – Computerkunst

Zweite, überarbeitete und erweiterte Auflage

Mit 133, zum Teil farbigen Abbildungen

Springer-Verlag
Berlin Heidelberg New York Tokyo

Prof. Dr. Herbert W. Franke
D-8195 Puppling 40

Titel der deutschen Originalausgabe:
H. W. Franke, Computergraphik – Computerkunst
© 1971 Verlag F. Bruckmann KG, München

Titel der englischen Ausgabe:
H. W. Franke, Computer Graphics – Computer Art
© 1971 Phaidon Press Limited, London

H. W. Franke, Computer Graphics – Computer Art
Second, Revised and Enlarged Edition
© 1985 Springer-Verlag Berlin Heidelberg New York Tokyo

ISBN 3-540-15148-6 Springer-Verlag Berlin Heidelberg New York Tokyo
ISBN 0-387-15148-6 Springer-Verlag New York Heidelberg Berlin Tokyo

CIP-Kurztitelaufnahme der Deutschen Bibliothek. Franke, Herbert W.: Computergraphik – Computerkunst / Herbert W. Franke.- 2., überarb. u. erw. Aufl.- Berlin; Heidelberg; New York; Tokyo: Springer, 1985.
1. Aufl. im Verl. Bruckmann, München
ISBN 3-540-15148-6 (Berlin, Heidelberg, New York, Tokyo)
ISBN 0-387-15148-6 (New York, Heidelberg, Berlin, Tokyo)

Das Werk ist urheberrechtlich geschützt. Die dadurch begründeten Rechte, insbesondere die der Übersetzung, des Nachdruckes, der Entnahme von Abbildungen, der Funksendung, der Wiedergabe auf photomechanischem oder ähnlichem Wege und der Speicherung in Datenverarbeitungsanlagen bleiben, auch bei nur auszugsweiser Verwertung, vorbehalten. Die Vergütungsansprüche des § 54, Abs. 2 UrhG werden durch die ‚Verwertungsgesellschaft Wort', München, wahrgenommen.

© Springer-Verlag Berlin Heidelberg 1985
Printed in Germany

Die Wiedergabe von Gebrauchsnamen, Handelsnamen, Warenbezeichnungen usw. in diesem Werk berechtigt auch ohne besondere Kennzeichnung nicht zu der Annahme, daß solche Namen im Sinne der Warenzeichen- und Markenschutz-Gesetzgebung als frei zu betrachten wären und daher von jedermann benutzt werden dürften.

Umschlagentwurf: W. Eisenschink, Heidelberg

Gesamtherstellung: Appl, Wemding. 2145/3140-543210

Umschlag:
Mathematische Landschaft, perspektivische Darstellung einer Funktion von zwei Variablen; System DIBIAS, DFVLR, Herbert W. Franke und Horst Helbig

Frontispiz:
1 Digitalgraphik aus der Serie DRAKULA (DRAchenKUrven überLAgert), 1971, von Herbert W. Franke, programmiert von Josef Vordermaier, ausgeführt mit dem Siemens-System 4004 und einem CalComp-Trommelplotter. Der Darstellung liegt eine Drachenkurve siebenter Ordnung zugrunde, die durch 127 Befehle für Links- und Rechtswendungen aufgebaut wird. Die Elemente werden einem Repertoire von Kurventeilstücken entnommen, die im Hinblick auf ihre Überlagerungs- und Anschlußeigenschaften gewählt wurden. Durch Wahl der Elemente, der Kurvenausschnitte sowie der Art ihrer Kombination und Überlagerung kommt eine Vielfalt von Figurationen zustande

Vorwort zur zweiten Auflage

Über zehn Jahre sind seit der 1. Auflage dieses Buches vergangen, eine Zeitspanne, in der alle mit dem Computer zusammenhängenden Aktivitäten einen enormen Aufschwung erfahren haben. Zu verdanken ist das insbesondere den Fortschritten in der Halbleiterelektronik, durch die die Mikrominiaturisierung möglich wurde. Mit der Verkleinerung der Schaltelemente, dem Übergang zu den integrierten Schaltkreisen, ergab sich zugleich eine außerordentliche Verbilligung der Hardware – sicher ein entscheidender Impuls für die Expansion der Computertechnologie auch in technikferne Bereiche.

Die durch die Halbleiterelektronik erreichten großen Rechengeschwindigkeiten und Speicherkapazitäten waren Voraussetzung für den allgemeinen Durchbruch der Computergraphik: vor einem Jahrzehnt noch zu den Spezialanwendungen des Computers gehörend, ist sie heute völlig in die Datenverarbeitung einbezogen. Die Ausgabe von Rechenergebnissen in graphischer Form ist ebenso gebräuchlich wie die numerische Darstellung; darüber hinaus aber hat sich eine Fülle weiterer, zum Teil überraschender Anwendungen ergeben. Picture Processing ist eine in weiten Bereichen angewandte Methode zur Auswertung der Resultate wissenschaftlicher Photographie, in engem Zusammenhang mit Pattern Recognition (Mustererkennung), der mit rechnerischen Mitteln erfolgenden Strukturuntersuchung. CAD (computerunterstütztes Design) und CAM (computerunterstützte Fabrikation) sind wichtige Gebiete aktueller Forschung; hinzu kommt die computerunterstützte Prozeßkontrolle, die zentrale Überwachung technischer Systeme über Bildschirme. Erwähnenswert sind weiter verschiedene Textsysteme, deren Buchstaben mit computergraphischen Mitteln generiert werden, die aber auch die Ergänzung durch einfache graphische Darstellungen zulassen.

Kennzeichnend für die letzten Jahre ist weiter der Übergang von den mechanischen Zeichenautomaten zu elektronischen Bildschirmgeräten. Diese öffnen den Weg zur flächenhaften Darstellung, zum unbeschränkten Einsatz von Farben, zur Bewegung und zum interaktiven Betrieb. Hat man früher den Einsatz von Farben eher einem spielerischen Schmuckbedürfnis zugeschrieben, so ist heute allgemein anerkannt, daß sich durch die farbige Darstellung insbesondere bei komplexeren Konfigurationen die weitaus bessere Übersicht ergibt. In manchen Fällen, etwa bei der Prozeßkontrolle, könnte man ohne Farben kaum noch auskommen. Fast überflüssig zu betonen, daß die Verfügbarkeit der Farbdarstellung künstlerischen Ambitionen sehr entgegenkommt.

Bedeutsam für den Bereich der Kunst ist auch die am Bildschirm erreichbare Bewegung. Sie ist Voraussetzung für manche technische Anwendungen, beispielsweise bei der Simulation dynamischer Prozesse. Obwohl die in Echtzeit arbeitenden Bildsysteme nicht für künstlerische Zwecke entwickelt wurden, so eröffnen sie doch gerade dort die aufregendsten Perspektiven: Handelte es sich beim statischen Computerbild noch um ein Realisat, das sich der üblichen Darstellungsform der bildenden Kunst anpaßte, so wird nun die Computergraphik Instrument einer Art künstlerisch gestalteter graphischer Abläufe, die im Kaleidoskop, in farbig beleuchteten Wasserfontänen und später im Trickfilm nur unvollkommen vorweggenommen wurden. Wie es mit einem Musikinstrument möglich ist, Klangelemente in beliebiger Kombination und Reihung hervorzubringen, so ermöglichen die computergraphischen Systeme das freie graphische Spiel mit Farben und Formelementen. Im Gegensatz zum Trickfilm ist die Produktion in Echtzeit möglich, und damit sogar die freie Improvisation – wohl die anregendste Art künstlerischer Betätigung.

Die freie, flexible Art, einen Computer zu gebrauchen, unterscheidet sich erheblich von seiner Einsatzweise in früheren Jahren, dem Off-line-Betrieb mit Lochkarteneingabe und langen Wartezeiten auf die mechanisch erstellte Graphik. Einen Schritt in genau dieselbe Richtung, nämlich hin zur Anpassung der Maschine an den Menschen und nicht umgekehrt, bedeutet der wachsende Einsatz interaktiver Systeme. Die Computersprachen klassischer Art dienen hier meist nur noch der Vorbereitung für eine benutzerorientierte Arbeitsweise, insbesondere für die Nutzung durch Interessenten ohne Informatikkenntnisse. Die Logik ist auf Abfragen, Auswahllisten (Menüs) und Entscheidungen gerichtet, die zu weiteren Abfragen bis zum Erreichen des Ziels führen. Die damit praktizierte Methode ist jene des *trial and error,* von Versuch, Irrtum und Erfolg, also eine dem menschlichen Denken und Handeln gut angepaßte Arbeitsweise. Routinefragen werden intern gelöst, ohne daß der Benutzer etwas davon bemerkt, Unterlassungen oder Fehler werden am Drucker oder Bildschirm angezeigt. Auf diese Weise – und mit der entsprechenden Hardware – kommt man auch den Gepflogenheiten künstlerischen Gestaltens, beispielsweise des Malens oder Zeichnens, sehr nahe, so daß der Künstler auf die ihm gemäße Art arbeiten kann, darüber hinaus aber erhebliche Vorteile genießt, so die Möglichkeit, Farben zu wechseln, Bildausschnitte zu vergrößern, Elemente über die Zeichenfläche zu bewegen usw.

Man muß allerdings bemerken, daß das Interesse professioneller Künstler an diesen neuen Gestaltungsmitteln recht gering ist. Die Wege der Kunst scheinen in andere Richtungen zu gehen, und ähnlich wie seinerzeit bei der Photographie dürfte sich das neue Medium weniger in den herkömmlichen Kunstbetrieb eingliedern lassen, als vielmehr zur Bildung eines neuen Berufsstandes führen. Dieser Trend ist um so wahrscheinlicher, als sich in den letzten Jahren einige neue Einsatzmöglichkeiten der Computergraphik ergeben haben, die einerseits kommerziell orientiert sind und somit auf größeres Interesse seitens der Informatiker stoßen als die freie künstlerische Gestaltung, die andererseits aber eng mit dieser verbunden sind und sogar auf deren Erfahrungen zurückgreifen können. Zu unterscheiden sind hier vier Bereiche:

- *Design* von der Architektur bis zum Textilmuster,
- *Animation* in Film, Werbung und Computerspiel,
- *Visualisierung* im Unterricht und
- *experimentelle Ästhetik*.

Designer von Produktformen – Autokarosserien sind ein bekanntes Beispiel – ebenso wie Architekten und Bauingenieure kommen in ihrer Arbeitsweise den technischen Vorgängen des CAD und CAM recht nahe, wobei allerdings der ästhetische Aspekt als ein zusätzlicher Faktor hinzutritt. Im Prinzip sind es die technisch erprobten Methoden, die auch von den Designern angewandt werden. Ein wenig anders ist die Situation im Textilbereich. Hier spielen technische Nebenbedingungen – beispielsweise der Rapporte – nur eine untergeordnete Rolle, im Vordergrund der Zielvorstellung stehen ästhetische Belange. Für diese Zwecke werden von einigen Firmen spezielle Systeme angeboten, die auch mit der automatischen Herstellung in Webereien und Strickereien kompatibel sind. Im übrigen aber ist das Textildesign eine Aufgabe, die man, aufgrund der nicht allzu komplizierten Software, auch mit üblichen Systemen lösen kann.

Der Bereich der Animation ist insbesondere durch neue Methoden der Trickfilmherstellung bekannt geworden; ihr Einsatz reicht von der Produktion von Phasenbildern bis zu simulierten technischen Gebilden und Landschaften. Auch den Bereich der Computerspiele kann man unter dem Gesichtswinkel der Animation sehen. Sie wird in diesem Fall noch mit recht einfachen Mitteln erreicht; in absehbarer Zeit wird man aber auch hier raffiniertere Simulationstechniken einsetzen – ein weiterer Aufgabenbereich, der auch kommerziell interessant und zukunftsträchtig ist.

Neben Film, Werbung und Computerspiel hat sich eine weitere interessante Nutzungsmöglichkeit dieser Techniken ergeben, und zwar in der Simulation für Ausbildungszwecke, beispielsweise von Piloten und Lokomotivführern.

Die Visualisierung ist die besondere Aufgabe der Computergraphik im Unterricht. Sie ist insbesondere in der Mathematik, Physik und Chemie möglich, wird nach und nach aber auch in anderen Fächern üblich werden. Die neue Arbeitsmethode erlaubt es, das Bild als Alternative zur Formel einzusetzen: viele Zusammenhänge, die in diesen enthalten sind, werden damit über den Gesichtssinn erfaßbar, mit allen Vorteilen der besseren Übersicht und der Einprägsamkeit. Im Gegensatz zur üblichen Bebilderung lassen sich durch computergraphische Methoden auch dynamische Prozesse demonstrieren, und zwar nicht nur im linearen Ablauf, sondern auch mit wechselnden Kenngrößen, die dem Schüler und Studenten zugleich die Möglichkeit des Experimentierens geben. Eine weitere Konsequenz dieser Möglichkeiten ist das „elektronische Museum", in dem Prozesse durch Computersimulation demonstriert werden.

Der Bereich der experimentellen Ästhetik steht in einem doppelten Zusammenhang mit der Computerkunst. Auf der einen Seite erweist sich die Computergraphik als jenes Mittel, das der Wissenschaft von der Kunst, der Ästhetik, die Möglichkeit des Experimentierens vermittelt – eben dadurch, daß Bilder nach bestimmten ästhetischen Gesetzen aufgebaut und variiert werden können und daß es darüber hinaus gelingt, Stilgesetzlichkeiten bestimmter Epochen und Künstler zu simulieren. Auf der anderen Seite aber zeigt sich mehr und mehr, daß der am technischen System und insbesondere der am Computer arbeitende Künstler mit der schöngeistig orientierten Ausdrucksweise, wie sie in herkömmlichen Lehrbüchern und Akademien gebraucht wird, wenig anfangen kann. Als theoretische Grundlage benötigt er vielmehr eine rationale Theorie, die sich mathematisch formulierbarer Gesetzlichkeiten bedient und die den Bezug zu Naturwissenschaft und Technik herstellt, indem sie sich auf die Realität menschlicher Wahrnehmungsprozesse bezieht. Somit erweist sich die Computergraphik als das Instrument, das zugleich zu seiner eigenen theoretischen Untermauerung beiträgt.

Diese hier nur kurz geschilderte Situation hat dazu geführt, daß die Zahl derer, die sich für die Arbeitsweise der Computergraphik interessieren, in den letzten Jahren stark gestiegen ist. Neben den Informatikern selbst, die sich plötzlich Aufgaben mit zumindest teilweise ästhetischer Zielvorstellung gegenübersehen, sind es Angehörige zahlreicher anderer Berufe - Künstler, Designer, Pädagogen usw. -, die nach einer Orientierung verlangen. An diesen Personenkreis wendet sich das vorliegende Buch ebenso wie an Computerfachleute, deshalb wird sein Aufbau auch bei der 2. Auflage unverändert bleiben: Auf eine einfache Darstellung der Mittel und Methoden der Computergraphik folgen ein geschichtlicher Abriß und eine Erörterung der durch den Computer gegebenen künstlerischen Möglichkeiten. Diese Teile des Buches wurden gründlich überarbeitet und auf den neuesten Stand gebracht. Hinzugekommen ist gegenüber der 1. Auflage ein Abschnitt, der sich mit den erwähnten neuen Anwendungen computergraphischer Mittel und Erfahrungen im kommerziellen Bereich befaßt.

Trotz der beachtlichen Fortschritte, die die Computergraphik in den letzten zehn Jahren gemacht hat, darf man sie längst nicht als ausgereift ansehen. Ein abschließender Teil des Buches, der ihren Zukunftsaussichten gewidmet ist, bleibt somit nach wie vor unentbehrlich. Die kurze Zeitspanne, in der Computergraphik betrieben wird, hat sicher nicht ausgereicht, sie zur großen, anerkannten Kunstform reifen zu lassen. Zweifellos aber haben wir es hier mit einer jener viel geforderten „sanften" Techniken zu tun, die den Menschen, ohne ihm Schaden zuzufügen, kognitiv und kreativ bereichern.

Mein Dank gilt Frau Dr. Imai-A. Roehreke und der Fa. *Digital Equipment,* München, für die Unterstützung meiner computergraphischen Arbeiten und die Möglichkeit, dafür einen *Professional 350* zu verwenden. Weiter danke ich den Herren Horst Helbig und Manfred Lehner von der DFVLR, Oberpfaffenhofen, Prof. Dr. Georg Nees, Siemens, Erlangen, sowie Johann Weiss, Technische Universität Wien, für die Durchsicht des Manuskriptes. Für die Unterstützung bei der Abfassung der die Computermusik betreffenden Textteile danke ich Prof. Dr. Otto E. Laske, Newcombe, Needham (Massachusetts). Für wichtige Hinweise bedanke ich mich bei Prof. Dr. Günther Schrack, Vancouver; besonderen Dank auch seiner Frau Antje für die Übersetzung der neu hinzugekommenen Teile des Buches ins Englische. Übersetzer der 1. Auflage war Gustav Metzger. Zuletzt, aber nicht minder herzlich möchte ich Herrn Dr. Friedbert Stohner danken für die sorgfältige Bearbeitung der deutschen und der englischen Ausgabe und für die angenehme Zusammenarbeit während der Vorbereitung dieses Buches.

Schließlich bin ich allen Freunden, Kollegen und Firmen zu Dank verpflichtet, die ihre Graphiken zur Illustration des Buches zur Verfügung stellten.

HWF

Vorwort zur ersten Auflage

Die Arbeiten aus dem Rechenautomaten, die man heute unter dem Begriff Computerkunst zusammenfaßt, gehören meiner Meinung nach zu den bemerkenswertesten Produkten unserer Zeit:

- nicht, weil sie die Schönheit der traditionellen Kunst erreichen oder gar übertreffen, sondern weil sie Begriffe wie Schönheit und Kunst in Frage stellen;
- nicht, weil sie in ihrer Art zufriedenstellend oder gar vollendet sind, sondern weil gerade an ihrer Unfertigkeit die großen Möglichkeiten ihrer Weiterentwicklung deutlich werden;
- nicht, weil sie Probleme lösen, sondern weil sie solche aufwerfen und offenlegen.

Serienmäßig hergestellte elektronische Digitalrechner gibt es seit etwa zwanzig Jahren, der Ausdruck Computerkunst ist etwa fünf Jahre alt. Im Vergleich mit den jüngsten Wellen der Kunststile - beispielsweise Op und Pop - ist das eine lange Zeit, gemessen an technischen Entwicklungen ist es wenig. Computerkunst ist aber von den Rechenautomaten abhängig; sie kann nicht mehr hervorbringen, als diese zulassen. In ihr drücken sich die Fortschritte der Informatik (*computer science*) aus. Wenn man den Vorhersagen der Fachleute glaubt, so stehen uns auf diesem Gebiet die interessantesten Entwicklungen erst bevor, besonders im Rahmen der *software,* der Programme. Solange diese Entwicklung anhält, besteht auch für die Computerkunst die Möglichkeit, ihre Methoden zu vervollkommen und in neue Bereiche vorzustoßen. Die Ziele, denen sie zustrebt, liegen noch im dunkeln; doch einiges, was sich heute schon andeutet, erscheint phantastisch. Es kann - wie noch begründet wird - die gesamte Ästhetik wie auch die Praxis des Kunstbetriebs auf neue Fundamente stellen.

Seit dem ersten Auftreten der Computerkunst sind Stimmen laut geworden, die die Verbindung Computer und Kunst aus verschiedensten Gründen ablehnen; von einigen wird noch die Rede sein. Im folgenden werden die Ausdrücke Computerkunst und Computerkünstler als beschreibende Begriffe gebraucht; die Anerkennung als Kunstform bleibt dem individuellen Urteil überlassen.

Als ich mich entschloß, die junge Erscheinung der Computerkunst zusammenfassend darzustellen, sah ich einen besonderen Vorteil darin, daß hier einmal eine künstlerische Entwicklung von Anfang an behandelt werden könnte, daß es leichtfallen würde, die „klassische" Zeit der Computerkunst auch in ihren geschichtlichen Bezügen lückenlos zu dokumentieren. Dieser Vorteil besteht heute nicht mehr. Nicht nur, weil die Zahl der Aktivitäten in letzter Zeit sprunghaft zugenommen hat, sondern auch, weil sich herausstellt, daß an vielen Stellen schon längere Zeit Computerkunst betrieben wurde, ehe man international an die Öffentlichkeit trat. Trotzdem soll versucht werden, einen Überblick über Initiativen und Methoden zu geben - er kann aber keinesfalls vollständig sein.

Eine andere Schwierigkeit bereitet die Abgrenzung der behandelten Arbeiten. Viele haben ihren Ursprung in wissenschaftlichen und technischen Aufgaben; unter *computer graphics* versteht man in den USA jede Art der bildhaften Ausgabe von Computerresultaten. Manche dieser Resultate sind selbst von beachtlichem ästhetischen Reiz, andere bedurften nur noch einer geringfügigen Abwandlung, um sie aus dem Bereich der Wissenschaft und Technik herauszuheben und im Sinn freier Gestaltung zur Diskussion zu stellen.

Arbeiten von W. A. Fetter, die zu den ersten Computerzeichnungen gehören und aus rein technischen Fragestellungen entstanden - der günstigsten Ausgestaltung eines Cockpits -, wurden mit Kunstpreisen bedacht. Aus wissenschaftlichen und technischen Gründen gefertigte Computergraphiken können also aus dem Bereich der Computerkunst nicht völlig eliminiert werden.

Eine weitere Frage ist die des Instruments. Obwohl die ersten ästhetischen Graphiken, die mit Hilfe der großen digitalen Datenverarbeitungsanlagen entstanden, für viele überraschend kamen, haben sie doch Vorläufer. Insbesondere war es die analoge Rechenmaschine, die schon vorher für Zwecke der freien künstlerischen Gestaltung benutzt wurde. Und noch früher gab es Versuche, mit optischen oder mechanischen Geräten graphische Gebilde zu erzeugen, die man ebenfalls unter dem Aspekt der Analogrechnung sehen kann. Dem Sprachgebrauch der ersten großen Computerkunstausstellung folgend - *Cybernetic Serendipity,* London 1968, von Max Bense angeregt und von Jasia Reichardt inszeniert -, soll hier als Computerkunstwerk jedes ästhetische Gebilde verstanden werden, das aufgrund von logi-

schen oder numerischen Umsetzungen gegebener Daten mit Hilfe elektronischer Automaten entstand.
Die Computerkunst umfaßt heute schon viele Sektoren der traditionellen Kunst – es gibt mit Computern generierte Graphiken, Skulpturen, Filme, Choreographien, Poeme, Musik. Alle diese Entwicklungen stehen in engem Zusammenhang, lediglich die Musik hat eine eigene Entwicklung durchgemacht – fußend auf den Intentionen der elektronischen Musik. Da es darüber schon eine umfangreiche Literatur gibt, soll hier die Computermusik nur insoweit berücksichtigt werden, als sie in Abhängigkeit mit den anderen Aktivitäten der Computerkunst steht.
Der Zugang zur Computerkunst ist durch eine Hürde versperrt, die andere Kunstarten nicht kennen: zu ihrer Ausübung bedarf es gewisser elementarer mathematischer und technischer Kenntnisse. Dieselbe Schwierigkeit besteht für eine zusammenfassende Darstellung, wie sie hier vorgelegt wird; will man echtes Verständnis erreichen, so läßt es sich nicht vermeiden, kurz auf Funktion und Arbeitsweise der Rechenanlagen einzugehen. Da dadurch sowohl die geschichtliche Entwicklung der Computerkunst wie auch die ihr zugrunde liegende Theorie besser verständlich wird, ist dieser vorbereitende Abschnitt als erster Teil aufgenommen. Dabei schien es wünschenswert, einzelne Methoden durch konkrete Beispiele zu belegen, auf die auch im geschichtlichen Teil hingewiesen werden mußte. Dadurch wurde eine gewisse Überschneidung bewirkt, die aber den Vorteil einer Verdeutlichung der Zusammenhänge zwischen der technischen und gestalterischen Seite hat.

Das beste Zeugnis über den Stand der Computergraphik liefert das beispielhafte Bild; deshalb wurde angestrebt, auch durch die Illustration einen Überblick über die vielfältigen Möglichkeiten der computergenerierten bildnerischen Darstellung zu geben. Infolge des Hinzukommens vieler neuer Arbeiten wurde der Bildteil umfangreicher, als zunächst geplant war. Dem Verlag ist für die hervorragende Illustration zu danken. Zu besonderem Dank verpflichtet bin ich den Herren Dr. Frieder Nake, derzeit Vancouver,[1] und Peter Henne, Bad Godesberg,[2] die sich der Mühe unterzogen haben, das Manuskript zu lesen, und wertvolle Anregungen für Berichtigungen und Ergänzungen gaben. Verbunden fühle ich mich weiter der Firma Siemens AG, München, die es mir ermöglicht hat, computergraphische Experimente mit ihrer Datenverarbeitungsanlage Siemens System 404 durchzuführen; allen Mitarbeitern aus dem Bereich Datenverarbeitung danke ich für die freundliche Unterstützung meiner Arbeiten. Dankbar bin ich schließlich allen jenen, die Bilder zur Verfügung gestellt und mir durch Informationen geholfen haben – insbesondere den Mitgliedern der Computer Arts Society, London.

HWF

---
[1] Heute (1985) Professor an der Universität Bremen
[2] Heute (1985) GMD, Birlinghoven

Inhaltsverzeichnis

Anlagen und Methoden 1

1 Computer und ästhetische Prozesse 1
2 Analogrechner 1
3 Digitalrechner 1
4 Aufbau eines Computers 3
   Mikrocomputer 3
5 Hardware 3
   Speicher 3
   Eingabegeräte 5
   Ausgabegeräte 7
      Graphische Ausgabe 7
      Mechanische Ausgabegeräte 8
      Elektronische Ausgabegeräte 12
      Druckgeräte 21
6 Software 23
   Organisation von digitalen Rechenprozessen 24
   Programmiersprachen 24
   Graphisches Programmieren 26
   Computergraphik im interaktiven Betrieb 26
   Graphische Systeme 29
   Mathematische Operationen/Zufallsprozesse 30
7 Computergraphik in der Praxis 46
   Graphische Aufbereitung von Daten 47
   Textsysteme 47
   Businessgraphik 48
   CAD/CAM 48
   Prozeßüberwachung 49
   Simulation 52
   Animation 52
   Bildverarbeitung (Picture Processing) 52
   Mustererkennung (Pattern Recognition) 56
8 Das gegenständliche Bild in der Computergraphik . . . 56
   Picture Processing in der Computerkunst 59
   Neue Aufgaben des Picture Processing 62
9 Weitere Gestaltungsbereiche 62
   Bewegte Bilder 63
   Film 63
   Animation 63
   Video 64
   Skulptur 64
   Tanz 68
   Musik 68
   Literatur 70
   Multi-Media 72
   Umweltgestaltung 72

Geschichte der Computerkunst 97

1 Trends zur Computergraphik 97
   Technisierung 97
   Rechengraphik 98
   Verfremdete Wissenschaft 99
2 Anfänge der Computergraphik 100
3 Internationale Ausstellungen 108
4 Publikationen über Computerkunst 112
5 Die expansive Phase 114
6 Jüngere Aktivitäten 123
7 Computerskulptur 133
8 Computerfilm 135
9 Computertexte 139
10 Computermusik 143
11 Theater, Tanz, Multi-Media 146
12 Computerarchitektur 147
13 Angewandte Computerkunst 150
   Design 150
   Spiel und Unterhaltung 155
   Animation 155
   Visualisierung im Unterricht 158
   Kunstwissenschaft 159

Theoretische Grundlagen der Computerkunst 160

1 Computerkunst und Kunstkritik 160

2 Exakte Ästhetik 162
   Statistische Methoden 162
   Die Schule von Max Bense 162
   Informationsästhetik 163
   Kybernetische Kunsttheorie 163
   Konsequenzen für die Praxis 164

3 Experimentelle Ästhetik 165

4 Der Zufall als generative Instanz 169

Die Zukunft der Computerkunst 171

Literatur 177

Personenverzeichnis 183

Sachverzeichnis 185

Anlagen und Methoden

1 Computer und ästhetische Prozesse

Wesentliche Aufgabe bei der Produktion eines Kunstwerks ist es, eine Anordnung aus Elementen – etwa Formen, Worten und Tönen – zu entwerfen. Diese Elemente müssen vor allem einer Bedingung genügen: sie müssen wahrnehmbar sein. Es sind, im Sinne von Max Bense, Apperzepteme: kleinste wahrnehmbare Einheiten. Da nur der Gesichts- und der Gehörsinn imstande sind, komplexere Gebilde zu überblicken, wie es ästhetische Objekte meist sind, handelt es sich vorwiegend um visuell oder auditiv aufnehmbare Einheiten.
Bei der Produktion eines Kunstwerks sind u. a. zwei Phasen zu unterscheiden:

- die Bereitstellung der Elemente (Apperzepteme) und
- die Konzeption der Anordnung.

Beide Phasen sind prinzipiell verschieden. Die Herstellung der Zeichenträger ist ein physikalischer Vorgang. Will man ihn maschinisieren, so benötigt man physikalische Maschinen. Beispiele sind Zeichenautomaten, Schreibmaschinen oder Musikinstrumente.
Die Konzeption einer Anordnung dagegen ist kein physikalischer Prozeß, sondern ein informationeller – der Unterschied konnte erst mit Hilfe der Kybernetik, insbesondere der Informationstheorie, klar herausgestellt werden. In der Praxis bedeutet diese Erkenntnis, daß die zweite, wesentliche Phase des Kunstprozesses sich mit energetischen, physikalisch-technischen Maschinen nicht bewältigen läßt. Der Maschinisierung zugänglich ist sie erst, seit es leistungsfähige informationsverarbeitende Maschinen, die Rechenautomaten, gibt. Das ist der Grund dafür, daß mit dem Eindringen des Computers in den Bereich der Kunst etwas Grundlegendes geschehen ist: zum erstenmal ist es möglich, auch in die kreative Phase der Kunstproduktion ein maschinelles Hilfsmittel einzuschalten.

2 Analogrechner

Der Analogrechner hat nicht die große Anwendungsbreite der neueren Digitalrechner, doch innerhalb seines Bereichs ist er für manche Zwecke besser geeignet als diese. Er ist somit nach wie vor ein wichtiges Instrument der Rechentechnik und dürfte es bleiben. Für Spezialzwecke stehen auch Verbundsysteme von Analog- und Digitalrechnern, die sogenannten Hybridrechner, zur Verfügung.
Jene Ordnungen, die der elektronische Analogrechner erfaßt, sind Relationen, die sich mit Hilfe parallel (gleichzeitig) arbeitender Rechenwerke darstellen lassen, und zwar durch elektrische Größen wie Spannungen in Abhängigkeit von der Zeit. Spezielle Schaltungen erlauben es beispielsweise, Spannungen zu addieren und zu subtrahieren und mit konstanten Faktoren zu multiplizieren. In der technischen Anwendung versucht man mit den Spannungen jene Größen nachzubilden, die verrechnet werden sollen. Sie dienen als Modelle der Rechengrößen, sie sind diesen analog – daher der Name Analogrechner. In der Computerkunst versucht man, mit Hilfe der Spannungen Ordnungen herzustellen, die ästhetisch interessant erscheinen. Der Vorteil der Analogverrechnung ist es, daß man die Funktionen im Zusammenhang darstellen kann und nicht in Ziffern- oder Punktfolgen zerlegen muß wie mit dem Digitalrechner.

3 Digitalrechner

Auch der Digitalrechner verschlüsselt die Größen, mit denen er rechnet, durch elektrische Ströme und Spannungen, allerdings nicht als Zeitfunktionen, sondern als Einzelimpulse. Dabei gibt es nur zwei Zeichen:

- *kein Impuls* bedeutet 0,
- *Impuls* bedeutet 1.

Mit diesem Zahlensystem, dem Binärsystem, kann jede beliebige Zahl ausgedrückt werden. Die folgende Tabelle zeigt die binäre Verschlüsselung (zweite Spalte) der zehn Dezimalziffern (erste Spalte). Hinter dem Gleichheitszeichen ist die Deutung der binären Zahlen angegeben.

$0 \ldots 0 = 0\cdot 2^0$
$1 \ldots 1 = 1\cdot 2^0$
$2 \ldots 10 = 1\cdot 2^1 + 0\cdot 2^0$
$3 \ldots 11 = 1\cdot 2^1 + 1\cdot 2^0$
$4 \ldots 100 = 1\cdot 2^2 + 0\cdot 2^1 + 0\cdot 2^0$
$5 \ldots 101 = 1\cdot 2^2 + 0\cdot 2^1 + 1\cdot 2^0$
$6 \ldots 110 = 1\cdot 2^2 + 1\cdot 2^1 + 0\cdot 2^0$
$7 \ldots 111 = 1\cdot 2^2 + 1\cdot 2^1 + 1\cdot 2^0$
$8 \ldots 1000 = 1\cdot 2^3 + 0\cdot 2^2 + 0\cdot 2^1 + 0\cdot 2^0$
$9 \ldots 1001 = 1\cdot 2^3 + 0\cdot 2^2 + 0\cdot 2^1 + 1\cdot 2^0$
usw.

Den Rechenprozeß nehmen Schaltelemente vor, die so beschaffen sind, daß sie Additionen und Subtraktionen, Multiplikationen und Divisionen im Binärsystem vornehmen können. Dafür gelten folgende elementare Regeln:

$0 + 0 = 0$
$0 + 1 = 1$
$1 + 0 = 1$
$1 + 1 = 10$

Damit kann man Stelle für Stelle zusammenzählen wie bei der Addition von Dezimalstellen:

101101
$\underline{110111}$
1100100

Zum Multiplizieren braucht man sich nur zu merken:

$0 \cdot 0 = 0$
$0 \cdot 1 = 0$
$1 \cdot 0 = 0$
$1 \cdot 1 = 1$

Damit kann man wieder das bekannte Rechenschema der Multiplikation von Dezimalzahlen anwenden:

$\underline{101001 \times 11100}$
101001
101001
101001
000000
$\underline{000000}$
10001111100

Die Theorie ergibt, daß aber nicht nur arithmetische Beziehungen, sondern auch logische durch den 0,1-Code darstellbar sind. In ähnlicher Weise wie Addition und Multiplikation lassen sich die logischen Beziehungen *und* sowie *oder* durch Schaltungen herstellen. Einem einfachen Übergang von 0 zu 1, wie er sich durch einen Wechselschalter vollziehen läßt, entspricht in der formalen Logik die *nicht*-Beziehung. Da sich nach den Erkenntnissen dieser Wissenschaft jede logische Beziehung in diese drei elementaren Zusammenhänge zerlegen läßt, ist einer solchen Nachbildung durch Schaltelemente jede, auch die komplizierteste logische Abhängigkeit zugänglich. Eine wichtige Aufgabe des Computergraphikers ist es daher, die von ihm gewünschte ästhetische Ordnung durch logische Beziehungen auszudrücken. Mathematische Zusammenhänge sind dabei als Spezialfälle logischer Relationen aufzufassen. Im Prinzip geht die Arbeit mit dem Digitalrechner folgendermaßen vor sich:

1. *Programmierung.* Man stellt jenes Verknüpfungsschema her, das der gewünschten Verrechnung entspricht.
2. *Eingabe (Input).* Man speist jene Werte ein, die man verrechnen lassen will.
3. *Datenverarbeitung.* Die logisch-mathematischen Operationen werden ausgeführt.
4. *Ausgabe (Output).* Man leitet die Ergebnisse in eine Umsetzungsanlage, die sie in einer für den Menschen verwertbaren Form ausgibt.

Einer der wesentlichen Vorteile des digitalen Großrechners ist es nun, daß das Herstellen der benötigten Verschaltungen, wie sie das Programm vorschreibt, nicht als bleibende Veränderung des Schaltnetzes geschieht, sondern durch eine Art vorübergehender Umorganisation. In der Praxis erreicht man das dadurch, daß man mit Stromimpulsen bestimmte Schalter und damit auch bestimmte Stromwege öffnet oder schließt. Es wird also nichts an der apparativen Ausführung (Hardware – im Gegensatz zur Software, den Daten, Programmen usw.) geändert. Die Vorschriften für das Öffnen und Schließen der Stromwege kann man wieder mit Hilfe eines Binärcodes geben; so bedeutet etwa

– 0 .... Schalter schließen,
– 1 .... Schalter öffnen.

Das ermöglicht es, dieselben Datenträger, die Speicher, für Programme und Verrechnungsdaten zu verwenden – beispielsweise einen Stapel Lochkarten oder ein Magnetband.

4 Aufbau eines Computers

Ein Digitalrechner besteht aus einigen Bausteinen, von denen Steuerwerk, Rechenwerk und Arbeitsspeicher die wichtigsten sind. Angeschlossen sind externe Geräte: Eingabe- und Ausgabeeinheiten, verschiedene äußere Speicher, unter Umständen sogar kleine Neben- oder Satellitenrechner.

- Das Steuerwerk veranlaßt den Ablauf des Programms.
- Das Rechenwerk führt die Operation durch.
- Der Arbeitsspeicher bewahrt die Arbeitsdaten und Programme auf.
- Die Eingabeeinheit dient zur Aufnahme der Programme und Verrechnungsdaten.
- Die Ausgabeeinheit liefert die Resultate.
- Die externen Speicher enthalten Daten für den späteren Gebrauch.
- Die Satellitenrechner führen Rechnungen aus, mit denen die Zentraleinheit nicht belastet werden soll.

Mikrocomputer

Die auf wenige kleine Bausteine beschränkten Mikrocomputer übernehmen heute immer mehr Aufgaben, die vor einigen Jahren noch den weitaus teureren und größeren Rechenanlagen des klassischen Typs vorbehalten waren. Wesentliches Kennzeichen des Mikrocomputers ist es, daß die eigentliche Rechen- und Steuereinheit als integrierte Schaltung auf einem einzigen Chip, dem Mikroprozessor, untergebracht ist. Typisch für seine Organisation ist der sogenannte Bus, die Sammelschiene, über die der Informationsaustausch – Daten und Befehle – zwischen den angeschlossenen Bausteinen erfolgt. Die Programme werden in Festwertspeichern (ROM – *read only memory*) festgehalten, deren Speicherkapazität bei mehreren tausend Bit liegt. Zur allgemeinen Datenspeicherung dienen die frei adressierbaren Schreib-Lese-Speicher (RAM – *random access memory*). Zu beachten ist, daß in diesen, im Gegensatz zu den Festwertspeichern, die Information nach Ausschalten des Geräts verlorengeht.

Im Mikroprozessor werden die Daten wortweise verarbeitet, also in Gruppen von Bits; die häufigsten Wortlängen sind 8 oder 16 Bits, doch werden auch 2-, 4- und 12-Bit-Wörter verwendet. Sie werden in den Bussen bitparallel, also gleichzeitig, übertragen.

An den Mikrocomputer lassen sich alle vom Großrechner her bekannten Geräte anschließen; durch das Zusammenwirken mehrerer Mikroprozessoren entstehen preisgünstige Systeme von beachtlicher Leistung. Der Mikroprozessor ist die Basis des Heimcomputers, mit dem die Rechentechnik Einzug in alle Lebensbereiche hält. Insbesondere gehen von ihm starke Impulse zum allgemeinen Gebrauch graphischer Systeme aus.

5 Hardware

Um einen Computer zweckdienlich einzusetzen, genügen einige überschlägige Kenntnisse über seinen Aufbau, seine Konstruktion. Diesem materiell manifestierten Teil der Computertechnik, in der Fachsprache als Hardware bezeichnet, ist dieses Kapitel gewidmet.

Speicher

Was im Innern eines Computers vor sich geht, ist für den Benutzer unerheblich. Es ist nicht nötig, die Rechenprozesse, ihre Organisation, ihren zeitlichen Verlauf usw. in allen Einzelheiten zu kennen – und bei großen Digitalrechnern auch kaum möglich. Die Rechenmaschine ist ein „schwarzer Kasten" im Sinne der Kybernetik; das heißt, daß man sich nur für die einlaufenden und ausgegebenen Daten interessiert, in der Fachsprache kurz Eingabe und Ausgabe genannt. Auch der Computergraphiker braucht über den Aufbau der Maschine nur wenig zu wissen – er braucht kein Techniker oder Mathematiker zu sein. Was für ihn wichtig ist, sind die bereits besprochenen Programme, die die

einlaufenden Daten betreffen, sowie die Umstände und Möglichkeiten der Ausgabe, von denen noch die Rede sein wird.
Die Resultate der numerischen und logischen Operationen eines Computers liegen zunächst stets in Form von Binärzeichen vor, als Stromimpulse verschlüsselt. Handelt es sich um Ausgaben, die später wieder in den Computer eingeführt werden sollen, so ist es vernünftig, sie zunächst noch nicht in eine dem Menschen verständliche Form zu übersetzen, sondern sie so festzuhalten, daß sie sofort wieder als 0,1-Impulse der Maschine eingegeben werden können. Dazu dienen die verschiedenen Arten externer Speicher, wie sie auch für computergraphische Arbeiten in Gebrauch stehen.

Lochkarten. Kärtchen aus dünnem Karton, 8,2 cm breit und 18,7 cm lang, mit 12 Zeilen und 80 Spalten.
Lochstreifen und Lochkarte sind zugleich Mittel der Eingabe von Daten in den Computer.

Lochstreifen. Verwendet werden Papierbänder für fünf bis acht Spuren.
Lochkarten und Lochstreifen sind mechanische Speicher. Das Einspeichern geschieht durch Einstanzen von Löchern. Kein Loch auf den vorgesehenen Speicherstellen bedeutet 0, ein Loch bedeutet 1. Das Ablesen erfolgt während eines Durchlaufs der Karten bzw. Bänder unter Metalldrahtbürsten, die durch die Löcher elektrische Kontakte herstellen. Bei jedem Loch, also bei jedem Kontakt, kommt es zu einem Stromstoß, der die 1 anzeigt. Auch mechanische, photoelektrische oder dielektrische Abtastung ist möglich.
Diese in der Anfangszeit der Computertechnik üblichen Speicher gehen heute im Gebrauch stark zurück. Im Vergleich mit den im folgenden behandelten Speichern mit Magnetaufzeichnung ist ihre Handhabung umständlich; insbesondere erlauben sie keinen interaktiven Betrieb.

Magnetband. Verwendet wird ein einseitig mit Eisen- oder Chromoxid beschichtetes Kunststoffband mit vier, sechs oder acht Informationsspuren und einer zusätzlichen Spur, die Kontrollzwecken dient. Die Verschlüsselung der Binärziffern erfolgt durch die Magnetisierungsrichtung.

Plattenspeicher. Auch die Plattenspeicher arbeiten nach dem Prinzip der Magnetaufzeichnung. Sie bestehen aus Stapeln von bis zu zwölf mit Eisenoxid beschichteten Leichtmetallscheiben mit insgesamt je 2000 Spuren. Magnetbändern gegenüber haben sie den Vorteil, daß der Zugriff zu beliebigen Speicheradressen weitaus schneller erfolgt, da man den Abnahmekopf an jede Stelle der Oberfläche setzen kann, ohne dem Spurverlauf folgen zu müssen. Mehr und mehr setzt sich das Winchester-Laufwerk durch, eine im geschlossenen Gehäuse untergebrachte Kompaktversion des Festplattenspeichers.

Disketten. Insbesondere für Speicheraufgaben bei Mikrocomputern haben sich die handlichen Disketten eingebürgert, die ebenfalls auf magnetischer Basis arbeiten. In Form und Größe entsprechen sie Single-Schallplatten.

Holographische Speicher. Von seinen physikalischen Eigenschaften her würde sich Licht außerordentlich gut zur Informationsspeicherung eignen. Auf einem flachen Träger, beispielsweise einer Photoplatte, könnte man eine Speicherdichte von etwa einer Million Bit pro Quadratmillimeter erreichen und damit jene der Magnetschichten um zwei Größenordnungen übertreffen. Dabei ließe sich die Information digital in ein Raster einschreiben, wobei ein Lichtpunkt die Dualziffer 1, sein Fehlen die Dualziffer 0 bedeutete. Zur Vermeidung von Störungen durch Staub, Kratzer und dergleichen müßte ein solches Bild, entsprechend verkleinert, als Hologramm aufgezeichnet werden. Ein solches ließe sich durch das übliche holographische Verfahren wieder in das Ursprungsbild zurückverwandeln, das man von einem Photodetektor zur Rekonstruktion der Information abtasten ließe. Bisher hat sich dieses Verfahren allerdings noch nicht in die Praxis einführen lassen; die daran geknüpften Erwartungen haben sich nicht erfüllt.

Blasenspeicher. Trägermaterial eines Blasenspeichers *(bubble memory)* ist eine hartmagnetische Einkristallschicht, die etwa aus Ytterbium-Eisen-Granat besteht. Die Magnetisierungsrichtung verläuft senkrecht zur Schichtebene. Als Speicherplätze dienen Bezirke von einigen Tausendstel Millimetern Durchmesser. Sie sind stabil, stoßen einander ab und lassen sich wie über einer

Flüssigkeitsschicht schwimmende Blasen verschieben, wodurch die Organisation des Speicherraums erleichtert wird. Die Speicherdichte liegt bei 3000 Bit pro Quadratmillimeter, die Zugriffszeit bei 100 Mikrosekunden. Manche Fachleute sehen im robusten und relativ billigen Blasenspeicher den RAM-Speicher der Zukunft.

Eingabegeräte

Tastatur. Das meistgebrauchte Mittel der Eingabe ist die Tastatur nach dem Vorbild der Schreibmaschine oder des Fernschreibers, normalerweise noch ergänzt durch einige Sondertasten. Im Eingabegerät werden die durch die Tasten gewählten Zeichen in 0,1-Zahlen umcodiert. Beim früher ausschließlich üblichen Off-line-Betrieb erfolgte in demselben Gerät auch die Übertragung auf ein Speichermedium (Lochkarten, Lochband oder Magnetband); im heute üblichen On-line-Betrieb (s. S. 10) werden die Zeichen als elektrische Impulsfolgen direkt in den Rechner geleitet.
Die die Tasten kennzeichnenden Buchstaben und Zeichen können in ihrer ursprünglichen Bedeutung verwendet, durch Sondertasten wie SHIFT oder ESC aber auch mit anderer Zielsetzung eingesetzt werden, so etwa um eine Marke auf dem Bildschirm, den sogenannten Cursor, in verschiedene Richtungen zu bewegen oder um Teile des bereits geschriebenen Textes wieder zu löschen.
Neben den verschiedenen Typen der eben beschriebenen alphanumerischen Tastaturen gibt es auch Funktionstastaturen, bei denen man den Tasten beliebige Eingabeaufgaben zuschreiben kann, etwa die Wahl der Farben.

Digitalisiertisch. Der Digitalisiertisch, auch Digitizer oder Tablett genannt, ist ein sehr vielseitiges, der Arbeitsweise des Menschen gut angepaßtes Eingabegerät. Man verwendet ihn als Schreib- oder Zeichenbrett; zur Eingabe dienen Stifte und Fadenkreuze (oft mit einer Lupe verbunden), die man über die Zeichenfläche bewegt. Bei den meisten Geräten ist sowohl eine Eingabe Punkt für Punkt als auch die Aufnahme von Wegstrecken möglich.
Unter der Abtastfläche des Tabletts liegt eine Matrix feiner, kreuzweise angelegter Drähte. Die Aufnahme der Impulse erfolgt nach dem Transformatorprinzip: die im Stift oder in der Fadenkreuzlupe enthaltene Abtasterspule erzeugt ein elektromagnetisches Feld, das von den Drähten aufgenommen wird. Einige Modelle arbeiten nach einem etwas anderen physikalischen Prinzip, doch die Registrierung der markierten Stellen ist bei ihnen allen grundsätzlich gleich. Die Auflösung liegt normalerweise im Bereich von einem Zehntel Millimeter, kann aber in Sonderausführungen bis 0,02 Millimeter gesteigert werden.
Digitalisiertabletts können zur direkten Übertragung von Zeichnungen in den Computerspeicher verwendet werden, beispielsweise durch Nachziehen der Konturen einer Vorlage. Für den künstlerischen Einsatz ist auch Freihandzeichnen möglich; je nach der verfügbaren Software können die eingespeicherten Konfigurationen weiterverarbeitet werden. Eine auch für die Kunst interessante Arbeitsweise bietet die Punkt-für-Punkt-Eingabe, beispielsweise dadurch, daß von einem Polygonzug oder auch einem komplizierteren geometrischen Gebilde nur die Eckpunkte angegeben werden, die dann das Programm durch bereitgestellte Linienelemente verbindet. Auch zum Einfärben oder Löschen läßt sich das Tablett verwenden; das kann beispielsweise dadurch geschehen, daß man mit Stift oder Lupe einen bestimmten Kurvenzug anmerkt und über die Funktionstastatur die vorgesehene Operation auslöst. Arbeitsphasen dieser Art lassen sich je nach Bedarf auch noch erleichtern. So kann man im Programm eine Routine vorsehen, die die oft etwas mühselige genaue Punktierung überflüssig macht. Es genügt dann, einen beliebigen Punkt in der näheren Umgebung zu bezeichnen, und das Programm bezieht den Befehl automatisch auf den nächstliegenden Punkt oder die nächstliegende Linie.
Eine andere Art des Einsatzes von Digitalisiertabletts ist ihre Präparation für Menüs. Diese sind auf darübergelegte Zeichnungen oder Schablonen aufgetragen; der Benutzer braucht, um seine Entscheidungen zu treffen, seinen Stift lediglich auf ein dafür vorgesehenes Feld nahe der graphischen Darstellung zu setzen und einen Knopf zu drücken.

Lichtstift. Der ebenso häufig als Eingabegerät verwendete Lichtstift *(light pen)* ähnelt in seinem Gebrauch dem Digitalisiertisch. Im Grunde genommen handelt es sich um eine Photozelle mit

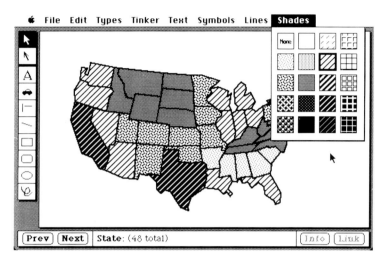

2 Beispiel für ein Menü aus Filevision, *Telos Software, USA*

nahezu punktförmigem Lichteintrittfenster. Legt man ihn auf die Leuchtscheibe eines Bildschirmgeräts vom Vektor-Refresh- oder Raster-Refresh-Typ (s. den Abschnitt über elektronische Ausgabegeräte), so nimmt der lichtempfindliche Sensor das vom Elektronenstrahl erzeugte Lichtsignal auf, worauf er ein Unterbrechungssignal an den Rechner weiterleitet. Eine dazu vorgesehene Schaltung kann dann feststellen, welcher Punkt durch den Lichtstift markiert wurde. Es lassen sich mit ihm – ähnlich wie mit dem Stift oder der Fadenkreuzlupe des Digitalisiertabletts – sowohl Punkte markieren als auch Linienelemente auftragen. Er ermöglicht also eine direkte Eingabe von Zeichnungen, doch kann auch die Eingabeform über Menüs praktiziert werden, die dazu auf dem Bildschirm erscheinen. Setzt man Menüs zur Ausarbeitung graphischer Darstellungen im interaktiven Betrieb ein, arbeitet man am besten mit zwei Bildschirmgeräten; man kann sich aber auch dadurch behelfen, daß man einen Teil der Bildfläche für das Menü, den anderen für die Zeichnung verwendet. In manchen Fällen wird das Menü auch neben oder über die auf dem Bildschirm festgehaltene Zeichnung projiziert.

Steuerhebel. Der Steuerhebel *(joystick)* ist insbesondere als Eingabemittel bei Computerspielen bekannt. Er läßt sich aber auch für viele andere Zwecke, nicht zuletzt für die freie künstlerische Graphik, verwenden. Steuerhebel sind meist in ein Kästchen eingebaut, aus dem ein in zwei Koordinatenrichtungen verstellbarer Griff herausragt. Sie arbeiten nach dem Prinzip des Potentiometers und dienen zur Einstellung zweier elektrischer Spannungswerte, die in digitale Zahlen umgesetzt und abgespeichert werden. Im Prinzip ist es möglich, diese Zahlen auf Skalen zweier beliebiger Größen zu beziehen, beispielsweise Richtung und Geschwindigkeit eines simulierten Geschosses; normalerweise aber interpretiert man sie als Punktkoordinaten auf der Sichtfläche des Bildschirmgeräts. Auch hier ist sowohl das Markieren von Punkten als auch das Auftragen von Linienzügen möglich.

Rollkugel. Nach dem grundsätzlich selben Prinzip funktioniert die Rollkugel. Wie der Name sagt, handelt es sich um eine Kugel, die so in eine Tischplatte eingelassen ist, daß nur ein kleines Segment über diese hinausragt. Die Kugel ist drehbar und wird vom Benutzer mit der Hand betätigt. Wie beim Steuerhebel haben wir es also mit einem Gerät zu tun, das die gleichzeitige Festlegung von zwei Werten zuläßt. Der Bewegungsform der Kugel – Rotation um beliebige Achsen – entsprechend, setzt man die Rollkugel insbesondere im Bereich der 3D-Graphik ein, und zwar dann, wenn es darum geht, perspektivische Darstellungen dreidimensionaler Gebilde auf dem Bildschirm in Drehbewegung zu versetzen; die Bewegung auf dem Bildschirm erfolgt dann synchron mit jener der Kugel. Auch hier ist es möglich, der Verstellung in Richtung zweier Achsen die Skalen beliebiger anderer, auch nicht geometrischer Werte zuzuordnen, beispielsweise eine Farbtafel nach Helligkeit und Sättigung.

Maus. Eine Abart der Rollkugel ist die Maus; die Kugel ist hier an der Bodenseite eines frei beweglichen Gehäuses untergebracht. Führt man es über die Tischplatte, so wird die Kugel gedreht und registriert auf diese Weise die Koordinaten der Positionen und Bahnen.

Steuerrädchen. Die Einstellung von Koordinaten, die Führung eines Cursors und dergleichen läßt sich auch auf einfachere Weise, mit Hilfe eines Paars Steuerrädchen erreichen. Sie sind als Potentiometer ausgebildet, wobei jedes von ihnen einer Koordinatenrichtung zugeordnet ist. Wie bei der Rollkugel oder bei den Steuerhebeln wird der erfaßte Spannungsbereich in einen Bereich digitaler Zahlen, beispielsweise von 0–127, umgesetzt. Auch hier ist die Zuordnung willkürlich: jedes Steuerrädchen für sich ist zur Festlegung beliebiger Größen brauchbar.

Abtastgeräte. Eine Reihe von Geräten erlaubt die automatische Übertragung und Digitalisierung von Bildern. Das bekannteste Beispiel solcher als Abtastgeräte oder Scanner arbeitender Einrichtungen ist die Fernsehkamera. Es gibt aber auch Spezialgeräte, in denen sich eine Photozelle zeilenweise über ein projiziertes Bild oder eine flach oder über einen Zylinder aufgespannte Bildvorlage bewegt. Mit Hilfe von Filtern, mit denen die drei Grundfarben gesondert aufgenommen werden, ist auch die Eingabe von Farben möglich. Die aufgenommene Information wird in digitale Werte umgesetzt und in einem Speicher zur Weiterverwendung aufbewahrt. Scanner werden insbesondere für die noch zu behandelnden Methoden des Picture Processing und der Pattern Recognition verwendet; dem Computerkünstler aber eröffnen sie die Stilmittel der graphischen Verfremdung.

Sensoren. Neben den eben beschriebenen üblichen Mitteln der Computereingabe kann man, je nach den speziellen Erfordernissen, auch andere Geräte einsetzen - prinzipiell alle, mit denen sich beliebige physikalische Größen in elektrische Impulse umsetzen lassen. Solche Vorrichtungen werden allgemein als Sensoren bezeichnet und dienen u. a. zur Systemüberwachung bei Fabrikationsprozessen. In speziellen Fällen können sie auch für den künstlerischen Einsatz wichtig werden, beispielsweise wenn es darum geht, den Aufbau bewegter Bilder mit Musik zu koordinieren. Mit Lautstärke- oder Frequenzfiltern ist es dann möglich, aus den Schallsignalen bestimmte herauszulesen, die man schließlich zur Ansteuerung bilderzeugender Prozesse einsetzt. Obwohl Methoden dieser Art nur relativ einfacher Mittel bedürfen, werden sie bislang noch selten angewandt.

Ausgabegeräte

Zwischenergebnisse, wie sie bei komplizierteren Rechnungen vorkommen, brauchen nicht in menschliche Sprache übersetzt zu werden. Oft zieht der Computer einen externen Speicher zur Ablage heran, ohne daß es der Benutzer weiß und zu wissen braucht. Solche Organisationsaufgaben erfüllt die Anlage weitgehend automatisch.
Die Resultate müssen dagegen noch einem Übersetzungsprozeß unterworfen werden, was zum Teil in den Ausgabegeräten selbst geschieht. Sie enthalten Decodierungsautomaten, die die 0,1-Folgen in Ziffern, Buchstaben und Satzzeichen transformieren, z. B. Abfrageblattschreiber, zu vergleichen mit den automatischen Schreibmaschinen von Fernschreibeinrichtungen. Sie geben die Daten nicht nur aus, sondern bieten auch Gelegenheit, in den Rechenvorgang einzugreifen, beispielsweise durch Eingabe neuer Daten, Abfrage von Zwischenresultaten, Zeichen für Anfang, Pause oder Beendigung des Rechenprozesses. Durch sie wird eine Art Dialog mit der Maschine möglich.
Schnelldrucker geben die Daten ebenfalls als Schriftzeichen auf Papier aus, ohne aber die Möglichkeit von Rückfragen zu bieten. Datensichtstationen sind Bildschirmgeräte, bei denen die Schrift (ähnlich wie beim Fernsehapparat) auf dem Leuchtschirm erscheint. Da sie sich wegen ihrer verzögerungsfreien Ausgabe besonders gut für den Dialogbetrieb eignen, treten sie mehr und mehr an die Stelle der Abfrageblattschreiber.

Graphische Ausgabe

Die Ausgabe von Rechenergebnissen in Form von Zahlen entspricht unserer üblichen Rechenmethode mit Bleistift und Papier. Mathematische Zusammenhänge kann man aber oft auch auf andere Weise darstellen, nämlich durch Diagramme, durch zeichnerische Wiedergabe. Eine Tabelle beispielsweise läßt sich durch Eintragung der Punkte in ein Koordinatennetz ausdrücken; rücken die Punkte nahe aneinander, so erhält man eine Kurvendarstellung. Für manche Zwecke ist die übliche Darstellung durch Zahlen die günstigste Art der Wiedergabe, bei manchen Aufgaben erhält man aber durch Kurven eine bessere Übersicht.

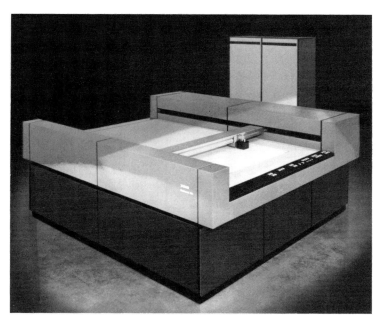

3 ZUSE-Graphomat, ein mechanischer Flachbettplotter aus der Anfangszeit der Computertechnik

Natürlich muß man es lernen, die mit Kurven gemachte Aussage zu entschlüsseln, genauso wie das Verständnis von Zahlentabellen eine gewisse Übung voraussetzt.

In letzter Zeit geht man immer häufiger zur visuellen Darstellung über, und das hat einige Gründe:
Der Gesichtssinn des Menschen übertrifft in seiner Fähigkeit, komplizierte Zusammenhänge aufzudecken, alle anderen Sinne.
Zur Darstellung vieler komplexer Zusammenhänge ist die graphische Darstellung günstiger als die numerische (insbesondere gilt das für Zusammenhänge, die nicht linear, d.h. als Folgen etwa chronologischer oder kausaler Art, darstellbar sind).
In den letzten Jahren wurden die technischen Methoden und Mittel der graphischen Darstellung - Photographie, Film, Bilddruck, Fernsehen, Zeichenautomaten usw. - so vervollkommnet und verbilligt, daß sie mit jenen der numerischen Wiedergabe - Buchdruck, Schreibmaschine usw. - konkurrieren können.

Die wachsende Bevorzugung visueller Ausdrucksmittel äußert sich in vielen Bereichen unseres Lebens - man denke an Wissenschaft, Unterricht und Unterhaltung - und ist so auffällig geworden, daß man gelegentlich von einem „visuellen Zeitalter" spricht.
Vor allem aber legen viele den Computern übertragene Aufgaben der Wissenschaft und Technik eine zeichnerische Ausgabe der Resultate nahe. Dazu eignen sich die verschiedenen Schreib- und Druckmaschinen nur wenig. Man begann daher mit der Entwicklung von Automaten, die Rechenresultate zeichnerisch wiederzugeben imstande sind. Solche Geräte waren letztlich der Anstoß für die Entwicklung der ästhetischen Computergraphik. Ein Gerät, das nach technischen Programmen technische Zeichnungen anfertigt, ist genauso fähig, nach ästhetischen Programmen ästhetische Muster hervorzubringen.

Mechanische Ausgabegeräte

Die ersten programmbetriebenen Zeichenautomaten - beispielsweise der ZUSE-Graphomat - arbeiteten auf mechanischer Grundlage und waren daher verhältnismäßig langsam. Auch das Problem des Farbauftrags war damals noch nicht befriedigend gelöst - immer wieder ergaben sich Unterschiede in den Strichstärken, Farbspritzer und dergleichen. Inzwischen stehen verbesserte Systeme zur Verfügung; bei Spitzenmodellen erreicht man eine Arbeitsgeschwindigkeit von einem Meter pro Sekunde und eine Auflösung von 0,005 Millimetern.
Die Ausgabe erfolgt in Form von Strichzeichnungen, wie sie beispielsweise bei Flußdiagrammen, Schaltplänen und Konstruktionszeichnungen üblich sind. Da man diese Art der Darstellung auch heute noch für solche und ähnliche Zwecke benötigt, wurden die mechanischen Zeichenautomaten noch nicht völlig durch elektronische Apparaturen ersetzt.
Die Beschränkung auf den Strich als graphisches Element erschwert die Wiedergabe von Flächen; wo solche nötig sind, kann man sich mit Strichlierung behelfen - insbesondere für künstlerische Zwecke aber ist das keine ideale Lösung. Deshalb hat man

4 Composition mode S3, *Plotterzeichnung. Die Schattierung wurde durch Strichelung erreicht;* Edvard Zajec, Syracuse University

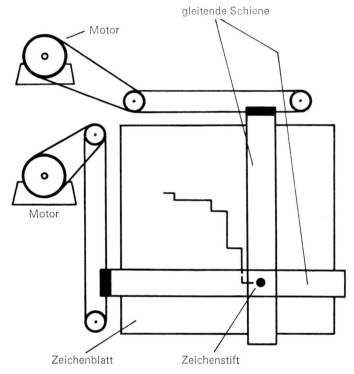

5 Aufbau eines mechanischen Plotters, schematisch. Zwei Servomotoren bewegen den Zeichenstift in Richtung der x- und der y-Achse über die Zeichenplatte. Durch die Überlagerung der beiden Bewegungskomponenten kann jede beliebige Konfiguration zusammengesetzt werden. Eine (nicht eingezeichnete) Mechanik dient zum Aufheben des Zeichenstifts, so daß auch einzelne, beliebig unterbrochene Linien darstellbar sind

einige Gerätetypen entwickelt, die auch den flächenhaften Farbauftrag zulassen, und zwar die sogenannten Printplotter und die Tintensprühgeräte. Der Farbauftrag erfolgt durch Tuschezeichenfedern, Faserzeichenstifte, Tintenkugelschreiber usw.; sie sind auf Einsätzen befestigt, die Vorrichtungen für das Heben und Senken der Stifte enthalten und durch Servomotoren über das Zeichenpapier geführt werden. Es gibt Ausführungen, bei denen sich der Stift wie bei einem Zeichenbrett über die Tischplatte bewegt. Der Vorteil dieser Anordnung besteht darin, daß man nicht auf genormte Papiersorten und -formate angewiesen ist, sondern beispielsweise auch den üblichen Zeichenkarton in beliebigen Größen und Formen benutzen kann.

Bei anderen Typen von mechanischen Plottern wandert der Stift längs einer Geraden in Achsenrichtung einer Walze, über die genormtes, am Rande perforiertes Papier gerollt ist. Die Bewegung des Zeichenstifts in Richtung senkrecht zur Achse und damit die flächenhafte Zeichnung kommt durch Drehung der Walze zustande. Geräte dieses Typs arbeiten schneller und beanspruchen weniger Platz, aber es lassen sich damit nur am Rande perforierte Papierrollen bearbeiten, die der Walze, insbesondere ihrer Länge und dem Zahnabstand angepaßt sind.

Ursprünglich wurden diese Plotter durch Magnetbänder gesteuert, von denen die Steuerimpulse für die Ausführung ausgehen (Off-line-Betrieb). Bei modernen Typen ist aber auch ein unmittelbarer Anschluß an den Computer, der sogenannte On-line-Betrieb, möglich. Dadurch erspart man sich die Einspeicherung der Zwischenresultate in gesonderten Datenträgern, belastet jedoch den Rechner mit dem vergleichsweise langsamen mechanischen Zeichenvorgang.

Von der Industrie werden bereits Plotter verschiedenster Größen und Ausführungen für Off-line- und On-line-Betrieb angeboten. Viele von ihnen bieten die Möglichkeit, außer Zeichenstiften auch Ritz- und Schneidewerkzeug einzusetzen. Dadurch entstehen Schablonen, die als Negative für photographische Verfahren und dergleichen dienen können; auf diese Weise wird auch die Tonfläche zugänglich. Seit neuestem gibt es auch Aufsätze für Photodokumentation auf lichtempfindlichem Material; dabei handelt es sich um Linsen- und Blendensysteme, mit denen verschiedenste Abwandlungen der Wiedergabe, beispielsweise in Schwärzung und Liniendicke, möglich sind. Da die zeichnerischen Möglichkeiten, die Präzision der Ausführung usw. nicht zuletzt von diesen Geräten abhängen, werden sie in der Bildspezifikation oft neben den Rechenanlagen angegeben.

6 Crest von Kerry Strand, mit dem CalComp-770-System generiert, ▷ gezeichnet auf dem Trommelplotter Typ 763

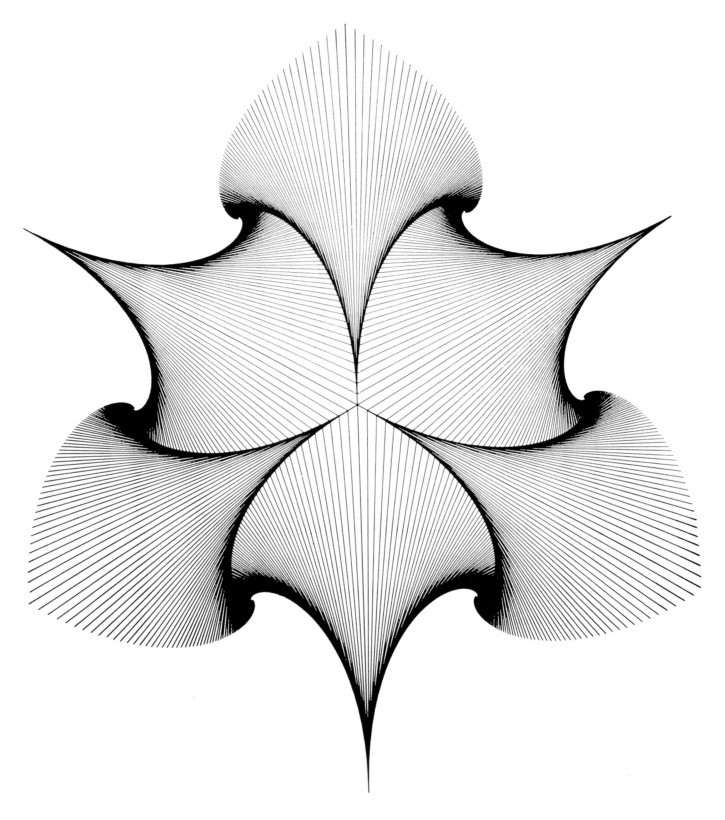

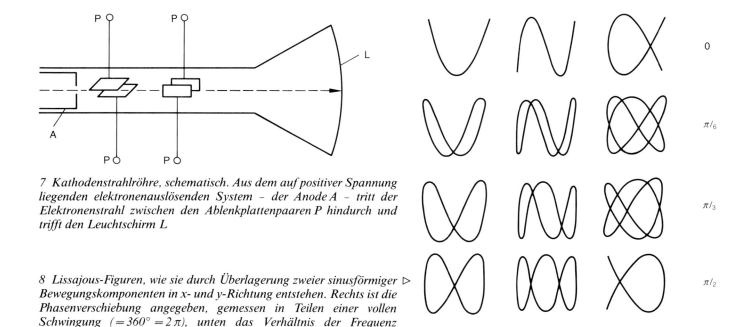

7 Kathodenstrahlröhre, schematisch. Aus dem auf positiver Spannung liegenden elektronenauslösenden System – der Anode A – tritt der Elektronenstrahl zwischen den Ablenkplattenpaaren P hindurch und trifft den Leuchtschirm L

8 Lissajous-Figuren, wie sie durch Überlagerung zweier sinusförmiger Bewegungskomponenten in x- und y-Richtung entstehen. Rechts ist die Phasenverschiebung angegeben, gemessen in Teilen einer vollen Schwingung ($=360° = 2\pi$), unten das Verhältnis der Frequenz (Schwingungen je Zeiteinheit)

Elektronische Ausgabegeräte

Kathodenstrahloszillographen

Der zweite Weg zur visuellen Ausgabe von Computerdaten führt über die Elektronik. Alle elektronischen Datensichtgeräte oder Displays gehen auf einen Grundtyp zurück, den altbewährten Kathodenstrahloszillographen. Sein wesentlicher Bestandteil ist eine Bildröhre, wie sie von den Fernsehempfängern her bekannt ist. Aus dem Hintergrund läuft ein fein ausgeblendeter Elektronenstrahl – das zeichnende Medium – zur Leuchtscheibe. Darauf ist eine Substanz aufgetragen, die durch den Beschuß mit Elektronen zur Lichtaussendung angeregt wird. Der Elektronenstrahl läuft zwischen zwei aufeinander senkrecht stehenden Paaren von Ablenkplatten hindurch, auf die man elektrische Spannungen leitet. Diese lenken den Elektronenstrahl ab, das eine Plattenpaar in senkrechter, das andere in waagrechter Richtung.

Die üblichen Kathodenstrahloszillographen dienen hauptsächlich als Kontrollgeräte. Meist sind sie so geschaltet, daß der Kathodenstrahl von links nach rechts läuft, von dort nach links zurückspringt und wieder mit einer neuen Links-Rechts-Bewegung beginnt. Die Spannung, die man kontrollieren will, leitet man auf das andere Plattenpaar. Handelt es sich um einen taktmäßig wiederholten Vorgang, beispielsweise um ein Wellenmuster von Wechselspannung, so kann man die Taktzeit der Frequenz des Wechselstroms anpassen und erreicht dadurch, daß derselbe Verlauf, die Form der Wechselspannung, immer wieder auf dieselbe Stelle gezeichnet wird. Für das Auge, das der schnellen Bewegung des Elektronenstrahls nicht folgen kann, entsteht der Eindruck eines zusammenhängenden, ruhenden Kurvenzugs.

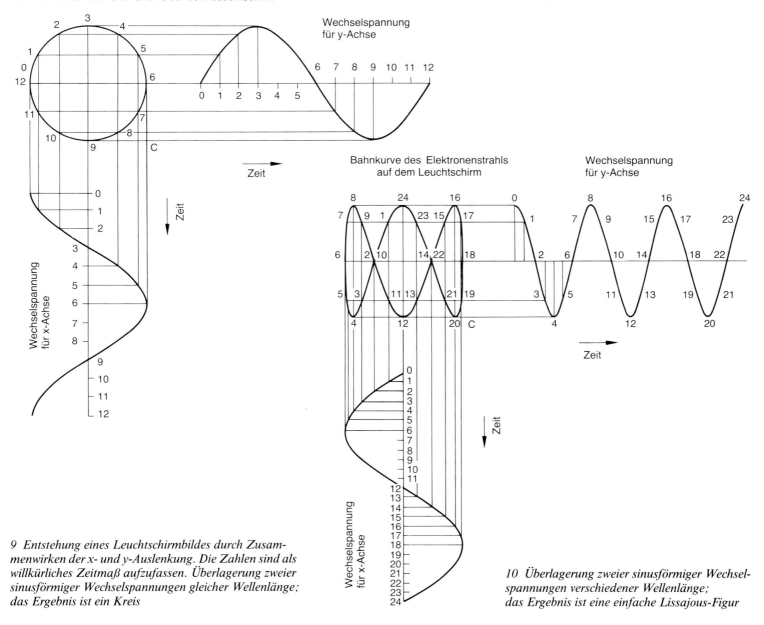

9 Entstehung eines Leuchtschirmbildes durch Zusammenwirken der x- und y-Auslenkung. Die Zahlen sind als willkürliches Zeitmaß aufzufassen. Überlagerung zweier sinusförmiger Wechselspannungen gleicher Wellenlänge; das Ergebnis ist ein Kreis

10 Überlagerung zweier sinusförmiger Wechselspannungen verschiedener Wellenlänge; das Ergebnis ist eine einfache Lissajous-Figur

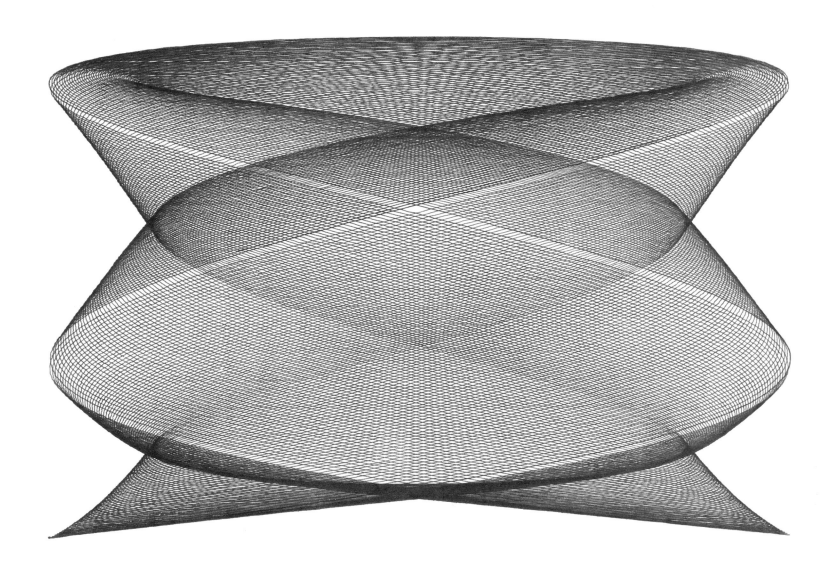

11/12 Lissajous-Figuren, links aus einem Analogsystem von Wayne B. Hales, rechts aus einem Digitalrechner von Ivan L. Finkle. Deutlich unterscheidet sich der Aufbau der Digitalgraphik aus Linienelementen von der im Verlauf entstandenen Struktur der Analogdarstellung. In einem in der Zeitschrift Science *1965 veröffentlichten Brief stellte Finkle ▷ seine Digitalfiguren den Analogfiguren von W. B. Hales aus dem Jahr 1945 gegenüber und machte dadurch weitere Kreise auf die Problematik rechnergenerierter ästhetischer Darstellungen aufmerksam*

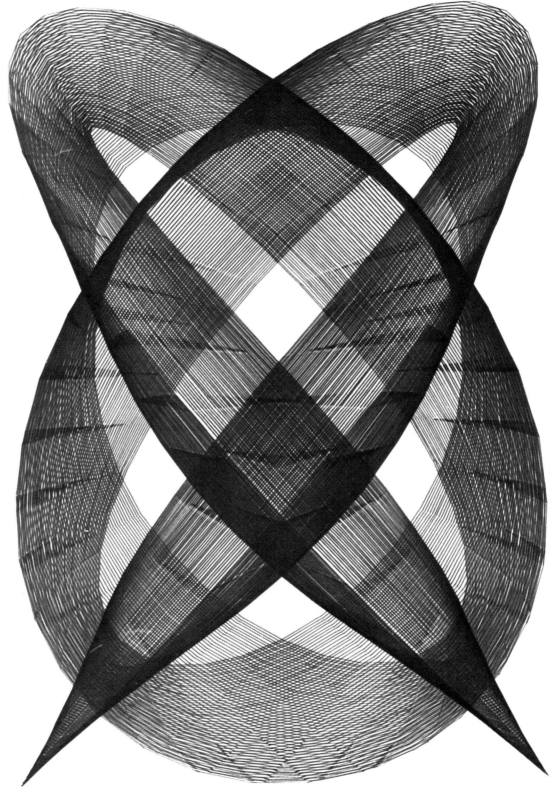

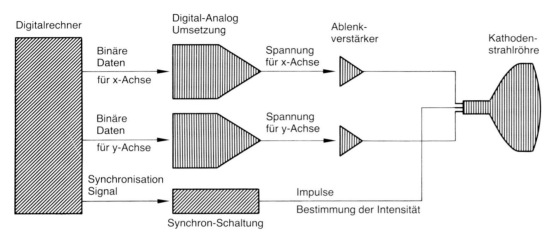

13 Arbeitsweise eines Datensichtgeräts. Die aus dem Computer kommenden digitalen Impulse werden durch eine Umsetzungsschaltung in jene analogen physikalischen Größen umgesetzt, die zum Aufbau des Bildes in der Kathodenstrahlröhre nötig sind

Für ästhetische Zwecke eignet sich eine andere Schaltung: Das zweite Ablenkplattenpaar wird nicht als Zeilenschreiber, sondern in gleicher Weise wie das erste mit beliebiger Wechselspannung beschickt. Durch die überlagerte Ablenkung durch beide Plattenpaare zeichnet der Kathodenstrahloszillograph zusammenhängende Figuren - Kalligraphien -, die immer wieder in sich zurücklaufen. Lenkt man in x- und y-Richtung synchron mit sinusförmigen Wechselspannungen aus, so entsteht durch die Überlagerung ein Kreis oder eine Ellipse. Weichen die Frequenzen beider Wechselströme voneinander ab, so kommen die sogenannten Lissajous-Figuren zustande, wie sie schon von mechanischen Schwingungen her bekannt waren und deren ästhetischer Reiz schon früh auffiel. Mit Hilfe analoger Rechensysteme kann man verschiedenste Spannungsformen erzeugen und überlagern. Durch Überlagerung der Linien wie auch durch verschiedene Geschwindigkeiten, mit denen der Strahl über die Bildfläche läuft, entstehen Grautöne ohne Abstufung.

Digitale Bildschirmgeräte

Die Idee, Bildröhren nach dem Vorbild des Kathodenstrahloszillographen als Ausgabegeräte des Computers zu verwenden, kam in den späten fünfziger Jahren am Massachusetts Institute of Technology auf, wo auch die erste Anordnung entwickelt wurde. Während es mit Hilfe von Analogsystemen möglich ist, Kurven in ihrem Verlauf wiederzugeben, muß man mit digital angesteuerten Datensichtgeräten jeden Linienverlauf - entsprechend den digital gegebenen Befehlen - aus lauter kleinen geraden Stücken zusammensetzen. Allerdings ist es möglich, die Bildelemente so klein zu wählen, daß der Eindruck eines zusammenhängenden Kurvenverlaufs entsteht. Im Vergleich zu mechanischen Methoden erweist sich allerdings der unverzögerte elektronische Bildaufbau als entscheidend; er erlaubt das Arbeiten unter Sichtkontrolle, das insbesondere die ästhetische Komposition außerordentlich erleichtert.

Datensichtgeräte oder Displays sind nichts anderes als Kathodenstrahloszillographen, die mit Präzisionsbildröhren ausgestattet sind. Sie können als Ausgabegeräte für Analogrechner wie auch für Digitalrechner dienen. Im letzteren Fall bedarf es einer Umsetzung - die Werte für x- und y-Koordinaten, die der Computer

liefert, werden in Spannungen transformiert. Um Helligkeitsabstufungen zu erreichen, wird der Elektronenstrahl abwechselnd ein- und ausgeschaltet. Die Zeitdauer, während der der Strahl auf einen Punkt gerichtet ist, bestimmt dessen Helligkeit.
In Gebrauch stehen Rasterdisplays und Kurvenzugdisplays, eine Unterscheidung, die vor allem auf der Anpassungselektronik, in der Fachsprache Interface genannt, beruht.

Rasterdisplays arbeiten nach dem Prinzip des Fernsehempfängers, das heißt, der Elektronenstrahl wird von oben nach unten und von links nach rechts zeilenweise über den Leuchtschirm geführt. Ursprünglich dienten sie der Präsentation von Zahlen und Schrift, doch eignen sie sich auch zur Produktion von Halbtonbildern und werden dafür in letzter Zeit in zunehmendem Maße eingesetzt. Auch farbige Darstellungen sind auf entsprechendem Weg erreichbar.
Die Feinheit des Bildes ist durch die sogenannte Auflösung gegeben, durch die Zahl der Kolonnen und Zeilen, aus denen es sich zusammensetzt. Üblich ist eine Auflösung von 512 ($=2^9$) mal 512 Punkte; manche Geräte bieten auch 1024 ($=2^{10}$) mal 1024 Punkte und mehr.

Vektor- oder Kurvenzugdisplays (calligraphic displays) zeichnen Bilder als Folgen von Punkten in beliebiger Reihenfolge. Dabei ist es insbesondere möglich, den Zeichenvorgang der Linienführung einer Strichzeichnung anzupassen. So erspart man sich die zeilenweise Zerlegung der Bilder.
Die ursprünglichen Typen von Kurvenzugdisplays arbeiteten auf der Basis von Punktrastern, also nach einem digitalen Prinzip; der Elektronenstrahl wird für etwa eine Mikrosekunde auf den jeweiligen Punkt gerichtet, Linien und Tonflächen sind aus Punkten zusammengesetzt. Zur schnelleren Darstellung von Linien und Buchstaben wurden Analogschaltungen entwickelt, die gewisse Figurenelemente, z. B. Ziffern, zusammenhängend zeichnen.
Wie bei jedem elektronischen Bildschirmverfahren entstehen die Bilder nur als kurzzeitige Engramme; um sie für das menschliche Auge sichtbar zu machen, müssen sie auf irgend eine Weise festgehalten werden. Dazu sind zwei Methoden im Einsatz, die sich sowohl für Vektor- wie für Rasterdisplays eignen:

Speicherröhren. Hier ist der Bildschirm mit einem Gemisch aus einer phosphoreszierenden Substanz und einem dielektrischen Material beschichtet, das nach einmaliger Anregung durch den Elektronenstrahl nachleuchtet. Das so festgehaltene Bild läßt sich durch einen elektrischen Impuls wieder löschen. Bildröhren dieser Art eignen sich naturgemäß nicht zur Darstellung bewegter Vorgänge; selbst wenn nur eine kleine Änderung am Bild beabsichtigt ist, muß es gelöscht und neu aufgebaut werden.

Refresh-Bildschirmgeräte. Heute, im Zeitalter des interaktiven Betriebs und der Computeranimation, wird der Speicherbildschirm alter Art mehr und mehr durch Refresh-Systeme verdrängt. Dazu setzt man Wiederholungsspeicher ein, die den Bildaufbau innerhalb einer Sekunde 25 bis 50 mal wiederholen. Da Zugriffe in diesen Speicher jederzeit möglich sind, lassen sich mit Refresh-Röhren aufgebaute Darstellungen jederzeit beliebig schnell abwandeln.

Farbige Computergraphik

In der Anfangszeit der Computergraphik, als wissenschaftliche und technische Anwendungen im Vordergrund standen, schien keine Notwendigkeit für mehrfarbige Computergraphiken zu bestehen. Es waren damals nur die wenigen künstlerisch orientierten Benutzer, die gern über das Medium Farbe verfügt hätten und die sich auch verschiedene technische Tricks ausdachten, um den Übergang zu vollziehen. So wurden beispielsweise Leuchtschirmbilder durch farbige Filter hindurch photographiert oder auch Schwarzweißaufnahmen von Computergraphiken nachträglich photochemisch eingefärbt.
Einige der damals verwendeten Verfahren erscheinen auch heute noch sinnvoll, beispielsweise um eine Verbilligung von Farbdrucken zu erreichen. Man erspart sich dann die Farbauszüge, indem man für jede vorgesehene Farbe - meist die Grundfarben Blau, Gelb und Rot, ergänzt durch Schwarz - eine eigene computergraphische Vorlage in Schwarzweiß herstellt. Zur leichteren Handhabung sollte man diese Darstellungen mit Paßkreuzen versehen. Beim Siebdruckverfahren wird dann von jeder Vorlage eine Schablone hergestellt, über die der Farbauftrag auf das Papier erfolgt.

◁ *14* Rotationen/Projektionen, *Phasenbild aus einem Film, Beispiel für eine Vektorgraphik vom elektronischen Plotter;* H.W. Franke nach einem Programm von G. Geitz, M. Gonauser, E. Hoerbst und P. Schinner, Siemens Forschungslabor, München

In entsprechender Weise geht man bei anderen Druckverfahren vor. Solche Methoden haben heute, da man in allen bildorientierten Medienbereichen auf den Gebrauch von Farbe eingestellt ist, allerdings nur noch untergeordnete Bedeutung.

Vom Programm her gesehen bedeutet die Benutzung der Farbe nichts anderes als die Einführung eines zusätzlichen Parameters. Erst in den Ausgabegeräten zeigen sich zusätzliche technische Probleme. Bei mechanischen Plottern ist der Übergang zur mehrfarbigen Zeichnung verhältnismäßig einfach; die simpelste Methode ist es, vor dem Übergang zur anderen Farbe die Zeichenmaschine zu stoppen und den Farbstift durch einen anderen auszuwechseln. Bei den heute gebräuchlichen Modellen erfolgt der Wechsel automatisch, durch Programmanweisungen veranlaßt.

Inzwischen haben sich aber auch im Rahmen kommerzieller Aufgaben verschiedenste Anwendungsbereiche farbiger Computergraphiken ergeben, beispielsweise in den Bereichen des Designs, der Simulation und der Computerspiele. Schließlich sind noch weitere wohlbegründete Anwendungen ins Gespräch gekommen, beispielsweise bei der Verwendung von Computergraphik und -animation im Unterricht oder bei der sogenannten Businessgraphik – jenen Diagrammen und Schaubildern, die man im geschäftlichen Bereich zur Übersicht über wirtschaftliche Abläufe benützt (Management Informationssysteme). Hierfür zeigt sich die Computergenerierung als besonders vorteilhaft, da sie es erlaubt, den aktuellen Ereignissen unmittelbar zu folgen. Aber selbst im technischen Bereich sind Probleme aufgetreten, die den Gebrauch der Farbe verlangen, beispielsweise bei der Prozeßüberwachung, die mehr und mehr von zentralen Stellen aus über Bildschirme erfolgt, sowie bei computerunterstützten Konstruktionsarbeiten, wobei es oft nötig ist, bestimmte Linienzüge durch Farbdarstellung aus komplizierten Linienüberlagerungen herauszuheben. Zu erwähnen sind weiter die Aufgaben des Picture Processing, der Bildauswertung in Wissenschaft und Medizin, sowie der Landkartenherstellung. Der Grund für die Entwicklung von Farbausgabegeräten lag also nicht in den Wünschen der Künstler, sondern in handfesten wirtschaftlichen Erfordernissen.

Die bequemste und meistgebrauchte Art der Farbdarstellung erfolgt mit elektronischen Bildschirmgeräten – ein Verfahren, das nicht zuletzt auch deshalb vernünftig erscheint, da sich damit die Verbindung zu anderen bildorientierten Medien herstellen läßt, beispielsweise zu Fernsehen und Videotechnik. Die Hersteller von Heimcomputern bieten bereits Systeme an, in denen handelsübliche Fernsehempfänger als Ausgabegeräte Anwendung finden.

Die Vorteile der Bildschirmgraphik sind die Echtzeitgenerierung der Bilder, die Möglichkeit farbiger Flächen und Linien sowie der unbehinderte Übergang zur Bewegung; ins Gewicht fällt auch, daß den Bildschirmgeräten eine ausgereifte Technik zugrunde liegt, sie somit betriebssicher arbeiten und verhältnismäßig billig sind.

Bei den handelsüblichen Bildschirmgeräten, die mit 512×512 Bildpunkten arbeiten, erweist sich das Raster für manche Anforderungen als zu grob. Deshalb werden auch Bildschirme von 750×750 Bildpunkten *(medium performance)* oder auch 1024×1024 Bildpunkten *(high performance)* angeboten. Von Fachleuten wird eine weitere Steigerung des Auflösungsvermögens erwartet.

Zwischen der Plottergraphik und den auf Bildschirmen ausgegebenen Darstellungen ergibt sich noch ein weiterer Unterschied – die Tatsache nämlich, daß im ersten Fall bereits eine Bilddokumentation vorliegt, während diese im zweiten Fall in einem zusätzlichen Arbeitsgang erstellt werden muß.

Farbbildröhren. Elektronische Bildschirmgeräte für die Farbdarstellung entsprechen in Aufbau und Arbeitsweise den Monitoren für die einfarbige Wiedergabe. Zur Erzeugung der Farben ist der Schirm mit Bildpunkten (Pixels) belegt, die gleichzeitig die kleinsten adressierbaren Einheiten sind. Sie bestehen aus einem dünnen Auftrag von Substanzen, die, durch den Elektronenstrahl angeregt, in Rot, Grün oder Blau phosphoreszieren. Bei Farbbildröhren, die nach dem Rasterprinzip arbeiten, tastet der Elektronenstrahl in einer Sekunde 25 bis 50 mal die gesamte Bildfläche ab. Bei den seltener gebrauchten Vektorgraphiksystemen kann der Zyklus – insbesondere bei dynamischer Graphik – von der Berechnungszeit für die einzelnen Bildphasen abhängen und somit unter Umständen auch während des Ablaufs wechseln; er kann aber auch konstant vorgegeben sein.

Um die Grundfarben hervorzubringen, wird der Elektronen-

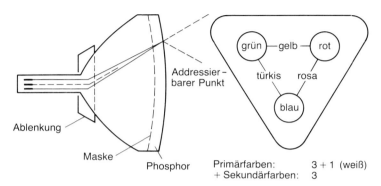

15 Raster-Farbbildröhre und die Entstehung der Sekundärfarben durch additive Mischung aus den Primärfarben, Bild IBM Stuttgart

strahl so moduliert, daß er nur die entsprechenden Bildpunkte trifft, während beim Übergang über die anderen die Intensität auf null liegt. Zur Erzeugung von Mischfarben oder Weiß ist das Zusammenwirken von mindestens drei Bildpunkten verschiedener Grundfarben nötig. Ist der Elektronenstrahl auf volle Intensität geschaltet, entsteht die Mischfarbe Weiß, bei entsprechend geringeren Intensitäten kommen Grautöne bis herab zu Schwarz zustande. Werden die einzelnen Bildpunkte einer Dreiergruppe mit verschiedener Intensität bestrahlt, entstehen alle übrigen farbigen Mischtöne.

Farbbildröhren enthalten drei Kathoden, die je einen Elektronenstrahl für Rot, Grün und Blau erzeugen. Jede für sich wird gesondert angesteuert, so daß sich im fertigen Farbbild drei aus den Grundfarben bestehende Farbauszüge überlagern.

Da es technisch schwierig ist, die phosphoreszierenden Substanzen in genau entsprechenden Formen und Größen aufzutragen, verwendet man Lochmasken als Blenden. Normalerweise sind die Bildpunkte einer Dreiergruppe an den Ecken eines gleichseitigen Dreiecks angebracht (Delta-Gun-Röhre), bei anderen sind sie nebeneinander an einem Strich angeordnet (In-line-Röhre); es gibt aber auch Typen, die anstelle der Farbpunkte Farblinien enthalten und dementsprechend anstelle der Lochmaske eine Mehrfach-Schlitzblende.

Bei schlechter Einstellung der elektronenoptischen Anordnung kommt es zu einer gegenseitigen Verschiebung der Grundfarbenbilder; die Folge sind die bekannten Konvergenzfehler in Form farbiger Säume. Dieser Effekt kann unter Umständen künstlerisch genutzt werden, beispielsweise zur Verfremdung gegenständlicher Bilder oder zur Erzeugung von Pseudoreliefs.

Bei der insbesondere für Mikrocomputer angebotenen Software unterscheidet man zwischen der niedrig aufgelösten Low-Graphik und der hoch aufgelösten High-Graphik (abgeleitet aus Low-resolution- bzw. High-resolution-Graphik). Bei der Low-Graphik beschränkt man sich auf Bildelemente, bei denen quadrat- oder rechteckförmige Bereiche der Bildfläche, bestehend etwa aus 4×4 oder 8×8 Pixels, zusammengefaßt sind. Bei der High-Graphik dagegen ist jeder Bildpunkt einzeln adressierbar. Läßt man in diesem Modus gerade Striche oder Kurven zeichnen, dann kommt es zu einem weiteren unerwünschten Farbeffekt, und zwar dadurch, daß zum Aufbau der Linienelemente, entsprechend der vorgeschriebenen Lage und Richtung, Bildpunkte einer oder der anderen Farbe auf Kosten der jeweils anderen bevorzugt verwendet werden. Baut man die Bilder aus eng nebeneinanderliegenden Kurven auf, dann führt dieser Effekt zu farbigen Interferenzen, die wiederum zu einer Überlagerung mit unerwarteten farbigen Mustern führen. Auch diese Erscheinung läßt sich positiv anwenden – eine ganze Reihe der mit Heimcomputern durchführbaren graphischen Experimente beruhen darauf. Die Arbeit mit Interferenzenmoirés und dergleichen ist nicht zuletzt deshalb so reizvoll, weil sie zu Strukturen einer Komplexität führt, die aufgrund der in den Programmen niedergelegten Logik nicht so rasch und einfach zu erreichen wäre.

Graphische Dokumentation

Bildschirmphotographie. Die nächstliegende Methode der Dokumentation von Monitorbildern ist die Bildschirmphotographie. Zu den Besonderheiten, die dabei zu beachten sind, gehört der sogenannte Balkeneffekt, die Tatsache, daß durch den je Sekunde mehrfach wiederholten Bildaufbau in der fertigen Photographie balkenförmige Bildbereiche abgeschnitten oder unterbelichtet erscheinen können. Die Ursache liegt in der zeilenweisen Bewegung des Elektronenstrahls; verwendet man zu kurze Belichtungszeiten, dann erfaßt man eben nur einen Teil des Abtastbildes. So empfiehlt es sich, mit Belichtungszeiten nicht unter einer Sekunde zu arbeiten. Diese relativ langen Belichtungszeiten verhindern die Aufnahme aus der Hand; der Gebrauch eines Stativs ist unentbehrlich.

Die zweite Schwierigkeit liegt in der durch die Photooptik bedingten Bildverzerrung, die durch die Bildschirmwölbung noch erhöht wird. Schon geringe Abweichungen von der Zentrierung auf Bildmitte bedingen asymmetrische Verzerrungen der Geometrie, und selbst bei genauer Positionierung in der optischen Achse läßt sich die „tonnenförmige Verzeichnung" nur auf ein erträgliches Maß reduzieren, wenn man mit langen Brennweiten, womöglich über zwei Meter, arbeitet. Des weiteren sind Reflexe auf dem Bildschirm zu vermeiden, und schließlich erweist es sich als recht schwierig, farbechte Bilder zu erhalten.

Alle diese Fehlerquellen treten natürlich auch bei visueller Betrachtung auf, werden aber durch eine ausgleichende Datenverarbeitung im Gehirn zum größten Teil wettgemacht und fallen deshalb nicht auf.

Aus allen genannten Gründen kann das einfache Abknipsen der Bildschirmdarstellung allenfalls als Behelf dienen, als Gedächtnisstütze oder zur Bildarchivierung. Wünscht man einigermaßen befriedigende Ergebnisse, dann sollte man eine dem Bildschirmgerät speziell angepaßte Halterung, am besten auch einen lichtabschirmenden Tubus verwenden.

Farb-Hardcopy. Maßstabsgetreue Abbildungen von Bildschirmbildern erhält man durch die Farbkopie mit Hilfe von Spezialanlagen, professionell als Farb-Hardcopy bezeichnet. Die dazu angebotenen Geräte enthalten eine Schwarzweißbildröhre mit flachem Schirm und einen darauf gerichteten Photoapparat mit Spezialoptik. Die Aufnahme geht in drei Phasen vor sich, und zwar werden jeweils Farbauszüge der Grundfarben in Schwarzweiß umgesetzt durch Filter hindurch photographiert. Dazu kann man Farbpositiv- wie auch Farbnegativfilm verwenden, der dann auf übliche Weise im Photolabor entwickelt wird und die Herstellung von Papierbildern und Dias zuläßt. Ist sofortige Ausgabe erwünscht, setzt man eine Sofortbildkamera, beispielsweise vom Typ Polaroid, ein. Der Einsatz von Farb-Hardcopy-Geräten vermeidet alle oben geschilderten Mängel; insbesondere werden durch den flachen Bildschirm Verzerrungen vermieden, und das Farbauszugsverfahren garantiert eine einwandfreie Farbqualität.

Mikrofilmplotter. Mikrofilmplotter können vektororientiert oder rasterorientiert arbeiten. Sie können über Magnetband oder auch on-line angesteuert werden. Die für Mikrofilmprojektion vorgesehenen Dias im üblichen Kleinbildformat haben eine Auflösung von mehr als 350 Linien und weisen 16000×16000 adressierbare Bildpunkte auf. Auf diese Weise erreicht man eine auch für Großprojektionen ungewöhnliche Abbildungsschärfe, die gute Voraussetzungen für künstlerische Verwendungen bietet, bisher aber unbenutzt geblieben ist.

Je nach der gewählten Gerätekombination können auch alle anderen Ausgabegeräte, die farbige Bilder auf Papier und ähnlichen Materialien liefern, zur abschließenden Dokumentation von Bildschirmbildern verwendet werden. Darstellungen auf Vektor-Graphik-Bildröhren lassen sich mit linienzeichnenden Plottern wiedergeben, solche von Rasterdisplays durch die verschiedenen Printplotter und Tintensprühgeräte. Als universell einsetzbare Methode zur Herstellung von Farbkopien werden seit einiger Zeit auch Farb-Xerox-Geräte angeboten.

Druckgeräte

Wo Geräte zur graphischen Ausgabe von Computerdaten, mechanische und elektronische Plotter fehlen, helfen sich manche Programmierer gelegentlich auch dadurch, daß sie eine Art graphischer Zeichnung mit den üblichen Druckautomaten, vor allem mit dem Schnelldrucker, anfertigen. Diese Geräte erlauben es immerhin, an beliebigen Stellen innerhalb des durch die Zeilen gegebenen Rasters Punkte zu markieren, beispielsweise durch den Ausdruck eines *X* oder einer *0*. Solche Punkte lassen sich, wenn nötig, auch zu einer groben Kurve zusammenfassen. In vielen Fällen, insbesondere dann, wenn die Ergebnisse sowieso mit gewissen Fehlergrenzen behaftet sind, erfüllt eine solche Darstellung durchaus ihren Zweck. Vor allem kann man mit dieser Methode einen vorläufigen Überblick über die Ergebnisse er-

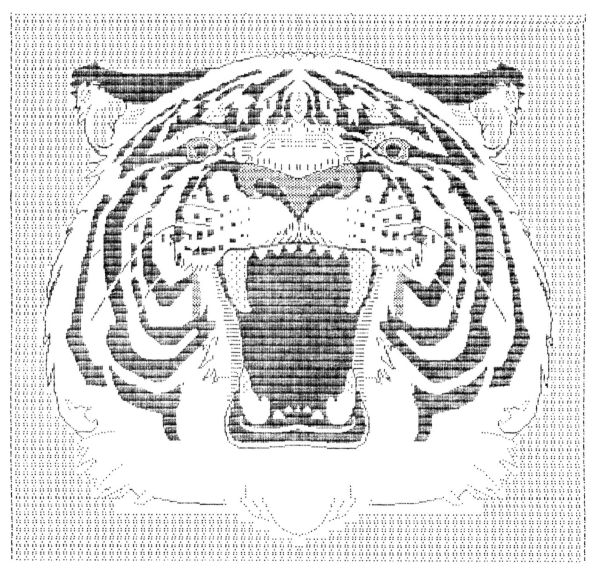

16 Tigerkopf, *Graphik mit dem Nadeldrucker; Ziegler Instruments*

halten, die, wenn erforderlich, später mit einem Datensichtgerät endgültig darstellbar sind.

Dieses Verfahren eignet sich in speziellen Fällen auch für die ästhetische Computergraphik, insbesondere zur Vorarbeit, als Hilfsmittel der Konzeption.

Mit Hilfe eines Druckvorgangs ist es beispielsweise möglich, verschiedenste Kombinationen von Bildelementen auf einer Rolle Endlosformular ausdrucken zu lassen. Man erhält dadurch die Möglichkeit, aus einer Fülle von Beispielen die ästhetisch reizvollsten Kombinationen herauszusuchen. Diese können dann mit einem anderen Gerät fertig ausgeführt oder auch auf manuellem Weg realisiert werden.

Printplotter. Bei den sogenannten Printplottern, verdeutscht auch als Drucker-Plotter bezeichnet, wird das Papier über einen Schreibkamm gezogen; die Bilder werden punkt- und zeilenweise aufgebaut – mit Auftragungsgeschwindigkeiten von rund 40 Millimetern pro Sekunde und rund 700 Zeilen pro Minute. Dabei kommen einige physikalische Prinzipien zur Anwendung: Beim elektrostatischen Printplotter werden die annähernd punktförmigen Bereiche in einem dielektrisch vorbereiteten Papier elektrisch aufgeladen, ein Prozeß, der der photographischen Belichtung entspricht. Das Papier wandert dann durch ein Entwicklungsgerät, in dem feinverteilte Farbtröpfchen auf die Papieroberfläche aufgeblasen werden und dort, entsprechend dem vorderhand noch unsichtbaren elektrischen Aufladungsmuster, einen Farbbelag bilden. Die Kopien können unvermittelt entnommen werden und sind lichtunempfindlich. Die mit Printplottern erreichbaren Auflösungen, gegeben durch den Punkt-zu-Punkt-Abstand, liegen bei einem Zehntel Millimeter.

Ein anderer Printplottertyp arbeitet mit Spezialpapier, das sich bei Erhitzung verfärbt; die punktförmigen Bildelemente werden also gewissermaßen dauerhaft eingebrannt.

Außer den beschriebenen Modellen sind auch solche im Gebrauch, die sich auf herkömmliche Techniken stützen, beispielsweise solche, die mit Farbbändern arbeiten. Je nach der gewählten Mechanik unterscheidet man Typenrad-, Kugelkopf- und Nadeldrucker. Im Grunde genommen kommen hier einige Konstruktionsprinzipien von Schreibmaschinen wieder zum tragen, wobei es allerdings möglich ist, von der Wiedergabeart Zeile für Zeile abzugehen und beispielsweise in alle Koordinatenrichtungen wie auch in Diagonalrichtung weiterzugehen.

Tintensprühgeräte. Allmählich fügen sich auch die Tintensprühgeräte in die Auswahl der allgemein verwendbaren Farbausgabegeräte ein. Ursprünglich wurden sie für Spezialzwecke entwickelt, eines der ersten – System SICOGRAPH – für die Bilddokumentation in der medizinischen Szintigraphie. Als Mittel des Farbauftrags werden Sprühdüsen verwendet, wobei man mit den drei Grundfarben, gelegentlich noch durch Schwarz ergänzt, auskommt; wie bei den Farb-Bildschirmgeräten läßt sich eine weitaus größere Farbpalette durch Überlagerung erreichen. Der Sprühkopf bewegt sich punkt- und zeilenweise über das Papier; dabei erfolgt ein gleichmäßiger Farbausstoß, die Auftragsdichte wird durch wechselnd hohe elektrische Spannungen moduliert, der Farbüberschuß abgesaugt und in Filtern aufgefangen.

Im Gegensatz zu den Printplottern ist mit Tintensprühgeräten ein fein abgestufter, gleichmäßiger Farbauftrag möglich. Die dabei entstehenden Blätter eignen sich daher gut für die Ausgabe künstlerischer Graphiken; die Kompositionsarbeit selbst kann dabei über ein interaktives Bildschirmsystem erfolgen; erst das zufriedenstellende Endergebnis wird auf das benötigte saugfähige Spezialpapier aufgetragen. Die Entstehungszeit eines Bildes beträgt ein bis zwei Minuten.

Laserdrucker. Günstige Voraussetzungen für den Gebrauch im graphischen Bereich bietet der Laserdrucker. Der fein gebündelte Strahl, als zeichnendes Medium verwendet, erlaubt eine Bildauflösung, die heute schon bei 100 Linien pro Zentimeter liegt.

6 Software

Von der Geräteseite, der Hardware, zu unterscheiden sind die Kenntnisse über Daten und Programme, in der Fachsprache Software genannt. Die Software ist das Thema dieses Kapitels.

Organisation von digitalen Rechenprozessen

Die meisten Digitalrechner arbeiten im Taktbetrieb. Das heißt, daß die elementaren Rechenprozesse, die zur Ausführung der Befehle nötig sind, von einem Taktgeber (Taktoszillator) synchronisiert in sehr kurzen Abständen hintereinander folgen. Moderne Großrechner führen bis zu einer Milliarde Schritte, von denen pro elementarer Recheninstruktion einige Dutzend benötigt werden, in einer Sekunde aus. Diese rasche Arbeitsweise hat zur Folge, daß die eigentliche Rechnung meist weniger Zeit beansprucht als die Vorbereitung, z. B. der Entwurf des Programms.

In diesen Detailablauf des Rechenvorgangs kann der Benutzer nicht eingreifen. In manchen Fällen beginnt die Maschine in dem Moment zu arbeiten, in dem die letzten Daten eingegeben wurden, und sie setzt diese Rechnung bis zur fertigen Ausgabe des Resultats fort. Meist sind die Rechenanlagen freilich so beansprucht, daß Wartezeiten nötig sind.

In vielen Fällen kann es aber erwünscht sein, die Rechnung von Zeit zu Zeit zu unterbrechen, beispielsweise um Zwischenresultate ausgeben zu lassen und von diesen abhängige neue Daten einzugeben. Ist ein Rechner so gebaut und programmiert, daß er in der Lage ist, einem externen Prozeß in dessen Zeitmaßstab zu folgen, so spricht man von Echtzeitbetrieb. Die unmittelbare Zusammenarbeit Mensch-Computer, der Dialogbetrieb, ist ein Spezialfall davon.

Bei dieser Arbeitsweise dauern die Zwischenüberlegungen des Menschen meist viel länger als die Rechenzeiten der Maschine. Prinzipiell ist es also möglich, daß diese Pausen für andere Rechnungen genutzt werden. Es gibt nun Organisationsprogramme, Supervisoren genannt, die die Rechenzeiten so unter mehreren Benutzern aufteilen, daß keiner durch den anderen behindert ist *(time sharing)*. Nach Maßgabe der Zeit können noch weitere Rechenvorgänge laufender Programme dazwischentreten. In der Praxis operiert jeder Benutzer durch ein Telesystem (Datenfernbedienung) vom Arbeitsplatz in seinem Zimmer aus.

Programmiersprachen

Vor der Rechnung mit dem Computer kommt eine Phase der Vorbereitung, bei der zunächst das bestehende Problem analysiert und ein Weg zu seiner Lösung gesucht wird. Es folgt die Zerlegung in einzelne logische oder rechnerische Schritte, die auszuführen sind. Dazu zeichnet man am besten ein Flußdiagramm, bei dem die einzelnen Phasen in Kästchen eingetragen werden. Sie sind durch Pfeile verbunden, die die zeitliche Aufeinanderfolge andeuten. Von diesem Stand der Vorbereitung ist der Übergang zum Programm, der genormten Befehlsfolge, sehr leicht.

Da es äußerst mühevoll ist, der Rechenmaschine die Befehle in einem 0,1-Code zu geben, hat man Programmiersprachen entworfen, Systeme aus Symbolen, die von besonderen, den Maschinen beigegebenen Übersetzungsprogrammen, den Compilern, in die entsprechenden 0,1-Folgen umgewandelt werden. Die handlichsten Sprachen sind problemorientiert; das heißt, sie sind nicht den einzelnen Maschinentypen angepaßt, sondern auf bestimmte Probleme ausgerichtet – beispielsweise auf die Ausführung von Zeichnungen. Einige Computerkünstler haben für ihre Zwecke eigene Computersprachen entwickelt. Zu den frühesten Beispielen gehören:

- BEFLIX, ursprünglich für Musik-Kompositionen gedacht, später für Filmabläufe erweitert (Kenneth C. Knowlton),
- SPARTA, ein Programm für beliebige Strichzeichnungen (Leslie Mezei),
- COMP ART ER 56, ein Programmpaket zur Erzeugung vieler Klassen von Computergraphiken (Frieder Nake), und
- G1, G2, G3, eine Folge von Programmsprachen zur Erzeugung von Computergraphiken steigender Komplexität (Georg Nees).

Sie gehen meist auf allgemein gebräuchliche, problemorientierte Sprachen zurück, etwa auf

- ALGOL (*Algo*rithmic *L*anguage), eine Sprache für mathematisch-technische Probleme, die heute allerdings kaum noch verwendet wird;
- FORTRAN (*For*mula *Tran*slation), entwickelt für ähnliche Zwecke; oder

- COBOL (Common Business Oriented Language), entwickelt für die Behandlung kommerzieller Aufgaben.

Inzwischen sind zu diesen Sprachen weitere hinzugekommen, unter anderem BASIC, PASCAL, ADA und LISP.

Die Symbole solcher Sprachen sind gewöhnlich mnemotechnisch aufgebaut; häufig wurden sie dem Gebrauchsenglisch entliehen. So steht etwa (in FORTRAN)

- READ   für den Befehl Einlesen,
- WRITE   für den Befehl Ausgeben,
- GO TO   für einen Sprungbefehl und
- IF   für einen bedingten Befehl.

Ein besonderer Vorteil dieser Sprachen ist es, daß sie für alle Maschinen gelten, für die es einen passenden Compiler gibt. Die Programme setzen sich aus linearen Folgen solcher Symbole zusammen. Es erweitert die Rechenfähigkeit der Computer enorm, daß diese linearen Folgen nicht in einem Zug vom Anfang bis zum Ende ablaufen müssen, sondern daß Sprünge möglich sind. So befiehlt etwa

- GO TO 42   den Sprung zu Anweisung 42,

oder (hier ist der Sprung an eine Bedingung geknüpft)

- IF (A-B) 3, 6, 12   wenn A-B negativ: Sprung auf Anweisung 3,
                     wenn A-B = O: Sprung auf Anweisung 6,
                     wenn A-B positiv: Sprung auf Anweisung 12.

Das ermöglicht es, Rechenvorgänge beliebig oft zu wiederholen, wobei die Reihenfolge von gestellten Bedingungen abhängig ist. Da überdies mit veränderlichen Größen gerechnet wird, denen während des Programmablaufs verschiedene Werte zugewiesen werden, bedeutet das eine kaum übersehbare Vielfalt an ausführbaren Prozessen schon bei relativ einfachen Programmen. Davon macht natürlich auch die Computerkunst Gebrauch.

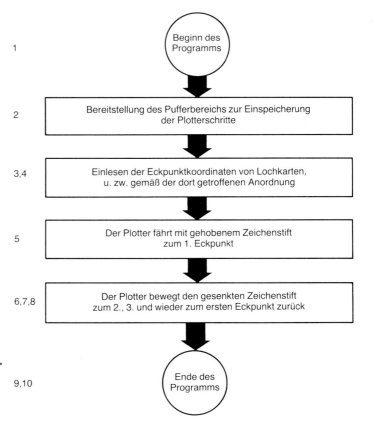

17/18 Druckerprotokoll eines Programms TRIAN 1 zur Zeichnung eines Dreiecks, dessen Eckpunkte durch die Koordinaten X1, Y1, X2, Y2 und X3, Y3 gegeben sind. Die den einzelnen Zeilen entsprechenden Vorgänge sind in einem „Flußdiagramm" veranschaulicht; ein solches Flußdiagramm, das eine Übersicht über den zeitlichen Ablauf gibt, ist ein wichtiges Hilfsmittel zur Vorbereitung eines Programms

Graphisches Programmieren

Da es im allgemeinen wünschenswert ist, in ein und demselben Arbeitsgang Berechnungen durchzuführen und Bilder zu generieren, wurde der logische und numerische Teil einiger Programmiersprachen durch einen graphischen Teil ergänzt. Prinzipiell kommt man bei der graphischen Programmierung mit einigen wenigen Befehlen aus; im Grunde genommen genügt es, aufgrund von Koordinatenangaben Punkte zu definieren, denen dann noch eine Farbe zuzuweisen ist. Die Koordinatenangaben kann man selbst festlegen oder auch durch das Programm berechnen lassen. Je nach besonderer Zielsetzung sind meist noch weitere Anweisungen vorgesehen, die die Benutzung erleichtern. Meist handelt es sich um Befehle für die Erstellung von Linien, Kreissegmenten, Rechtecken usw., die durch Anfangs- und Endkoordinaten und dergleichen gegeben werden. Die in den Programmen enthaltenen Routinen können aber auch beliebig kompliziert sein, beispielsweise solche für Intrapolationen oder besondere Arten von Bewegungen wie Translation und Rotation. Ergänzt wird dieser Katalog schließlich noch durch Anweisungen für Löschen, Speichern und dergleichen.

Programmsysteme der beschriebenen Art, in die sich mathematische und logische Arbeitsphasen einbeziehen lassen, eignen sich besonders gut für wissenschaftliche und technische Zwecke, die in der Anfangszeit der Computergraphik im Mittelpunkt des Interesses standen. Die spätere Entwicklung ist durch steigende Anpassung an die freiere Arbeitsweise gekennzeichnet, wie sie etwa bei Designarbeiten üblich ist. Für den künstlerischen Gebrauch wie auch den Einsatz bei Spielen wurden schließlich Softwaresysteme entwickelt, für die kaum noch numerische Angaben benötigt werden; bei solchen stößt die Einbeziehung mathematischer Operationen unter Umständen auf Schwierigkeiten.

Der erste Schritt zum freien graphischen Programmieren ist die Einführung des Cursors, eines Leuchtsignals auf dem Bildschirm, das den jeweils eingestellten Arbeitspunkt kennzeichnet. Dabei kann es sich um ein Blinkzeichen oder auch um eine farbige Marke handeln. Der Cursor läßt sich nun durch verschiedene Eingriffe dirigieren, am einfachsten über die Tastatur, bei der dann bestimmte Buchstaben als Anweisungen für die Bewegung in Koordinatenrichtungen oder auch diagonal dazu vorgesehen sind. Ebenfalls durch Tastendruck kann man die Bewegung Schritt für Schritt oder auch fortlaufend, solange die Taste gedrückt ist, veranlassen. Darüber hinaus ist meist ein Arbeitsmodus vorgesehen, bei dem der über das Zeichenfeld geführte Cursor eine Spur hinterläßt. Man kann also auf diese Weise durch Tastensteuerung auf dem Bildschirm zeichnen. Auch bei dieser Arbeitsweise können verschiedene Routineoperationen vorgesehen sein; so gibt es beispielsweise Anweisungen für die Einfärbung bestimmter Bereiche, die durch geschlossene Kurvenzüge und dergleichen festgelegt sind.

Operationen dieser Art können auf noch bequemere Weise mit verschiedenen Arten von Zubehör erfolgen, beispielsweise mit Hilfe der bereits beschriebenen Steuerhebel und Rollkugeln.

In den letzten Jahren wurden sowohl von Computerherstellern wie auch von wissenschaftlich-technischen Forschungsgruppen recht komplexe Hardware/Software-Systeme für Spezialzwecke entwickelt. Meist bemüht man sich, sie möglichst maschinenunabhängig zu konzipieren, was aber nur bis zu einem gewissen Grad möglich ist, da die Art der vorgesehenen Leistung naturgemäß von der vorgesehenen Ausstattung abhängt.

Computergraphik im interaktiven Betrieb

Im Gegensatz zu den ersten Anwendungen der Computergraphik, bei denen es lediglich um die Erstellung einer Zeichnung ging, sind computergraphische Arbeitsgänge heute in einen großen Teil allgemeiner Anwendungen einbezogen. Dabei geht es oft um die Koppelung der Graphik mit wissenschaftlichen, technischen und mathematischen Prozessen, aber auch um die Aufbereitung von Informationen verschiedenster Art in Gesamtheiten von Bild, Text und Symbolen. Die dazu angezeigte Verfahrensweise ist der interaktive Betrieb, und dieser wieder bedingt die Einrichtung von Arbeitsplätzen mit entsprechenden Ein- und Ausgabegeräten. Sie gruppieren sich um zwei Bildschirmgeräte, wobei der alphanumerische Schirm als Mittel des Dialogs, der graphische Schirm dagegen als Arbeitsfläche dient.

Im Laufe der Entwicklung haben sich bestimmte Routineaufgaben herauskristallisiert, die sich, unabhängig von der speziellen

19 Graphik-Arbeitsplatz 9731, Siemens

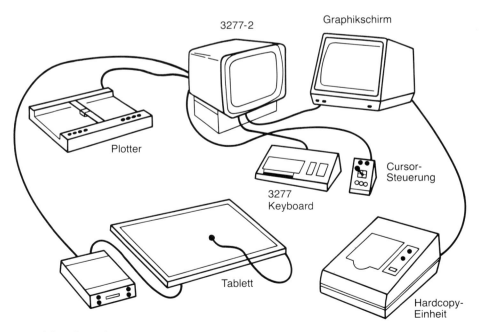

20 Graphik-Arbeitsplatz IBM 3277, schematische Darstellung

21 Darstellung einer Brückenkonstruktion auf dem elektronischen Bildsichtgerät IBM 2250

Zielsetzung, immer wieder stellen. Es hätte wenig Sinn, sie für jedes spezielle Programm neu zu konzipieren; vielmehr ist man dazu übergegangen, das graphische Terminal mit „lokaler Intelligenz" auszustatten. Die dafür ausgelegten Schaltungen steuern den Dialog zwischen dem Bildschirmgerät und dem Benutzer und führen auch bestimmte graphische Routinen aus, von denen die folgende Liste die wichtigsten enthält:

- *Translation* und *Rotation* von Bildern und Bildteilen.
- *Window-Technik:* das Herausgreifen eines fensterartigen Ausschnitts, der dann gesondert bearbeitet werden kann, beispielsweise durch Belegung mit Farbe oder durch Zoom.
- *Zoom:* das Vergrößern von Teilbereichen oder herausgegriffenen Strukturen.
- *Clip:* das Abschneiden der Koordinaten, die über den Bildschirmrand hinausgehen.
- *Locator-Operation* zur Identifizierung von Punkten oder Linien.
- *Pick-Operation:* die Identifizierung eines graphischen Elements aufgrund räumlicher Koinzidenz. Prozesse dieser Art kommen bei der sogenannten Choice-Simulation zur Anwendung, beispielsweise bei der Belegung eines Digitalisiertabletts mit einer Menütabelle. Da der Computer mit der Pick-Opera-

tion in der Lage ist, das angetippte Feld zu erkennen, kann er auch die zugeordnete Auswahl *(choice)* verstehen.
- *Bereitstellung von Zwischenspeichern:* die festgehaltenen Bilder lassen sich jederzeit erneut in den Arbeitsgang einbringen.
- *Overlay-Technik:* die Überlagerung von Speicherebenen.
- *Auffüllen von geschlossenen Linienzügen,* beispielsweise durch Farbe, Texturen usw.
- *Unterstützung beim Aufbau der Graphik,* beispielsweise durch Bereitstellung von Elementen, Inter- und Extrapolationsprozessen usw.
- *Unterstützung von Attributen,* u. a. Wechsel der Farben, Übergang zum inversen Bild, Löschung von Teilbereichen und -strukturen usw.

Wünschenswerte Routinen können ergänzend zum Programmsystem hinzugefügt werden. Gerade für graphische Systeme, die komplexe Leistungen bieten, eignen sich Entscheidungshilfen auf der Basis von Menüs (s. Abb. 2, S. 6), so daß die Auswahl nicht über Kürzel und Symbole, sondern durch Hinweis, etwa durch die Berührung eines Anzeigefelds, zu treffen ist. So erweist es sich beispielsweise als recht schwierig, die richtige Auswahl aus einer zweidimensionalen Mannigfaltigkeit von Zahlen vorzunehmen, während diese auf einem über den Bildschirm gebotenen Farbmuster keine Schwierigkeiten bereitet. Auch die auf diesem Weg durch das graphische System gebotenen Hilfestellungen gehören zu seiner „Intelligenz" – für den Benutzer spielt es keine Rolle, ob sie durch die Ausstattung des Terminals oder durch die bereitgestellte Software geboten wird.

In manchen Forschungsstätten, aber auch in den mehr und mehr aufkommenden Dienstleistungsfirmen für Computergraphik und -animation sind graphische Systeme im Gebrauch, die dem freien Entwurf angepaßt sind; sie werden als Paint-Systeme bezeichnet. Insbesondere bei Angehörigen von Berufen künstlerischer Orientierung wird die freie Arbeitsweise geschätzt, die durch Auswahlmenüs für Farben, Texturen, Strukturen usw. geboten wird.

Bahnbrecher der interaktiven Technik war Ivan E. Sutherland, der 1963 am MIT das graphikorientierte System *Scatchpad* entwickelte, bei dem die Eingabe mit einem Lichtstift direkt über den Bildschirm möglich war.

Graphische Systeme

Das zentrale Problem der graphischen Systeme ist die Kompatibilität, die Möglichkeit, Hardware und Software verschiedenen Ursprungs miteinander zu kombinieren. Sie war deshalb Gegenstand bereits mehrerer Konferenzen und Normierungsbemühungen. Als neuralgische Punkte erweisen sich die sogenannten Schnittstellen, die Verbindungen zwischen den einzelnen Teilsystemen. Es ist das altbekannte Problem der nicht passenden Stekerverbindungen, das sich nun auf einer höheren Ebene und mit größeren Schwierigkeiten wiederfindet. Hier ist es mit Zwischensteckern selten getan, vielmehr benötigt man ein kompliziertes „Anpassungs-Interface", Ausstattungen, die den Übergang von der einen zur andern Norm erlauben. Neben den üblichen Aufgaben der gegenseitigen physikalisch-technischen Anpassung haben sie insbesondere das Problem nicht aufeinander abgestimmter Software zu lösen; dazu braucht man komplizierte Schaltsysteme, ja sogar eigenständige Recheneinheiten. Wenn es auch von der Seite der Firmen her gesehen kurzfristig günstiger erscheinen mag, die eigene Produktion auf Systeme zu beschränken, die nur mit sich selbst, nicht aber mit den Produkten anderer kompatibel sind, so werden andererseits dadurch Schranken aufgerichtet, die die breite Anwendung der Technologie entscheidend behindern – wie es derzeit beispielsweise bei den Videosystemen der Fall ist. Zwei in aller Welt verbreitete maschinenabhängige Systeme sind die *CalComp Plotter Software* und das *Terminal Controll System* (TCS) von Tektronix. Auf lange Sicht gesehen dürfte es sich zweifellos selbst unter dem Gesichtspunkt kommerzieller Interessen als günstiger erweisen, Systeme anzubieten, die sich möglichst vielfältig, unabhängig von spezifischen Herstellernormen einsetzen lassen. Die Weichen zu einem allgemein verwendbaren Graphiknormsystem wurden bei einem Workshop der IFIP (International Federation of International Processing Societies) gestellt. Die darauf beruhenden Systeme werden nach einem deutschen Vorschlag als graphische Kernsysteme *(Graphic Kernel Systems),* abgekürzt GKS, bezeichnet.

Mathematische Operationen/Zufallsprozesse

In der Anfangszeit der graphischen Computerkunst waren es insbesondere Programmierer und Mathematiker, die sich mit ästhetischen Experimenten beschäftigten. Ein Grund dafür war die Tatsache, daß damals Angehörigen anderer Berufszweige computergraphische Systeme kaum zur Verfügung standen. Für diese gab es aber auch noch eine weitere Hürde: sie beherrschten die Kunst des Programmierens nicht, und es fehlten ihnen die mathematischen Kenntnisse, auf die sich die Computergraphiker der ersten Stunde oft stützten.

Die Situation hat sich inzwischen grundlegend geändert: wer ernstlich Interesse daran hat, findet auch Gelegenheit, an einer Rechenanlage mit graphischer Ausgabe zu arbeiten. Darüber hinaus wurden die Hardware- wie auch Softwaresysteme den nicht einschlägig ausgebildeten Benutzern soweit angepaßt, daß spezielle Vorkenntnisse kaum noch nötig sind; in vielen Fällen ist es möglich, sich in wenigen Stunden mit der Methode vertraut zu machen, und nach einigen Tagen Übung ist die Beherrschung perfekt. Das gilt auch für Angehörige kaufmännischer oder wirtschaftlicher Berufe, speziell aber für den Künstler. Für ihn wurden Malsysteme (Paint-Systeme) entwickelt, bei denen sich der Benutzer im Prinzip auf Auswahlentscheidungen aufgrund eines Menüangebots beschränkt. Nachdem die Art des Auftrags, die Farbe und dergleichen gewählt wurde, kann er mit einem Lichtstift direkt auf den Bildschirm zeichnen oder mit einem Fadenkreuz auf dem Tablett. Großzügig konzipierte Systeme stellen nun eine Vielzahl von Umsetzungen zur Verfügung, beispielsweise Ausschnittvergrößerung, die Translation von Teilbildern usw., die die Handhabung des Systems weitaus flexibler machen, als das mit den klassischen Mitteln der Malerei und Graphik möglich war. Man sollte dabei allerdings nicht übersehen, daß gegenüber den formal-mathematisch orientierten Anfängen auch eine wichtige Komponente der künstlerischen Computergraphik verloren geht, die darin liegt, daß man mit Hilfe mathematischer und logischer Beziehungen eine Fülle von Bildern hervorbringt, die bis dahin noch niemand gesehen hat und die einen beachtlichen Gewinn für unser Formwissen darstellen.

Es ist unmöglich, einen vollständigen Überblick über alle jene mathematischen Beziehungen zu geben, die sich als Grundlage

22 Dreidimensionale Projektion eines vierdimensionalen Würfels, durch Bildpaare zur Stereobetrachtung in der Bewegung dargestellt; A. Michael Noll

computergraphischer Experimente eignen. Das liegt einerseits daran, daß bisher nur ein kleiner Teil davon unter ästhetischen Aspekten untersucht wurde; andererseits aber lassen sich die bisher erzielten Resultate nur selten bestimmten Disziplinen der Mathematik und Logik eindeutig zuordnen, denn oft werden mehrere Prinzipien zugleich angewandt. Allgemein gilt, daß viel mehr mathematische und logische Beziehungen einer Visualisierung zugänglich sind, als bisher angenommen wurde. Für künstlerische Zwecke können auch solche beachtenswert werden, die wissenschaftlich nicht sinnvoll erscheinen, beispielsweise Kombinationen zwischen algebraischen und logischen Formeln.
Im folgenden sind einige jener Prinzipien zusammengestellt, die sich im Rahmen der mathematisch orientierten Computergraphik als ergiebig erwiesen haben. Eine besondere Unterscheidung, die sich auch in den Bildresultaten sichtbar auswirkt, läßt sich danach treffen, ob in die zugrunde gelegte Beziehung stochastische Gesetzmäßigkeiten eingehen oder nicht. Im übrigen können diese aber auch mit den anderen, nicht auf statistischer Grundlage beruhenden Prinzipien kombiniert werden.

Symmetrisierung. Wie das Beispiel des Kaleidoskops zeigt, ist es möglich, beliebigen, auch graphisch uninteressanten Konfigurationen einen gewissen ästhetischen Reiz zu verleihen, indem man sie symmetrisch überlagert. Häufig gebrauchte Möglichkeiten sind einfache und mehrfache Spiegelungen und die durch Rotationen erzeugte mehrzählige Symmetrie. Viele mathematische Gesetzmäßigkeiten, beispielsweise jene der Algebra und der Feldtheorie, sind von ihrer Natur aus symmetrisch angelegt.
Das Wirkungsprinzip des Kaleidoskops, das mit computergraphischen Mitteln simuliert werden kann, ist im übrigen ein Beispiel für eine Kombination zwischen stochastischen und deterministischen Gesetzmäßigkeiten.

Transformationen. Spiegelung und Drehung, wie am Beispiel der Symmetrie beschrieben, sind Beispiele für einfache Transformationen. Die Mathematik bietet eine Fülle von weiteren, auch weitaus komplizierteren Möglichkeiten der Transformation, beispielsweise nicht-lineare Spiegelungen etwa an einer Kreislinie, Verzerrungen mit Hilfe von Dehnungsfaktoren, Fouriertransformationen usw.

Mathematische Funktionen. Formeln, in denen die y-Koordinate als Funktion der x-Koordinate gegeben ist, lassen sich im allgemeinen durch einen Kurvenzug darstellen. Experimentiert man mit ungebräuchlichen Funktionen, so erhält man oft recht merkwürdige Gebilde, die manchmal schon als eigenständige Resultate gelten können, zumindest aber das Rohmaterial für die weitere graphische Verarbeitung abgeben. Durch Parameteränderung beispielsweise erhält man Reihen voneinander mehr oder weniger abweichender Darstellungen, die in der Überlagerung, unter Umständen als Ablauf wiedergegeben, manches befriedigende Ergebnis liefern.
Noch einfacher ist die visuelle Umsetzung von Formeln, durch die eine Koordinate z in Abhängigkeit der Koordinaten x und y gegeben wird. Ordnet man dem z-Wert eine Grauskala oder ein Farbspektrum zu, dann ist die Formel unmittelbarer Ausdruck einer flächenhaft angelegten Graphik. Der Auflösung der verfügbaren Systeme gemäß ergeben sich solche Bilder als mehr oder weniger feine Mosaikdarstellungen, was aber nicht unbedingt ein Nachteil sein muß; gelegentlich kann man die Vergrößerung sogar als zusätzlichen graphischen Effekt einsetzen. Eine solche Erweiterung der Ausdrucksmöglichkeiten ergibt sich auch dadurch, daß man das physikalisch vorgegebene Farbspektrum durch ein künstliches, also durch eine Folge willkürlich gewählter farbiger Abschnitte und Linien ersetzt.
Den einfachsten Zugang zu dieser Art von Graphik bietet die algebraische Funktion, die eine Raumfläche beschreibt, z.B.

$z = f(x, y)$.

Andere gut verwertbare mathematische Grundlagen sind der Feldtheorie, der Strömungslehre usw. zu entnehmen.

Moiré. Bei der Überlagerung von Kurven, insbesondere wenn sie eng aneinanderliegen, ergibt sich ein sinnesphysiologischer Effekt, der als Moiré bekannt ist. Von der mathematisch-physikalischen Grundlage her steht er der Erscheinung der Interferenz nahe. Er äußert sich dadurch, daß durch die Überlagerung der Eindruck eines gröberen, übergeordneten Linienmusters entsteht. Da das Moirémuster auch graphisch interessant ist, wurde es in der künstlerisch orientierten Computergraphik häufig angewandt – wie übrigens auch in der sogenannten Op Art.

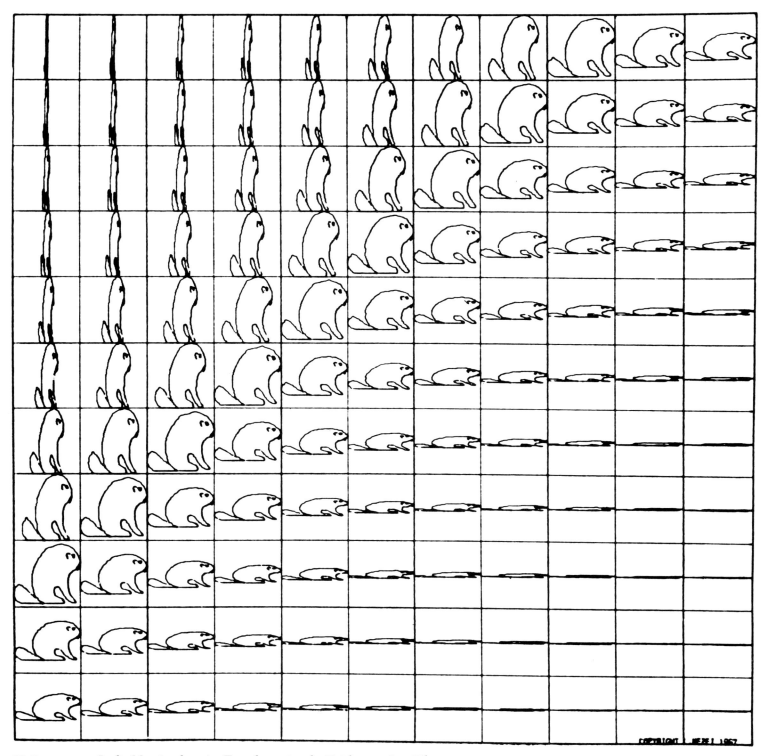

23 Beavers *von Leslie Mezei, sukzessive Transformation der Zeichnung eines Bibers*

32

24 Ornamentale Form, *entstanden durch Fouriertransformation eines Buchstaben; System DIBIAS, DFVLR, Oberpfaffenhofen, Herbert W. Franke und Horst Helbig*

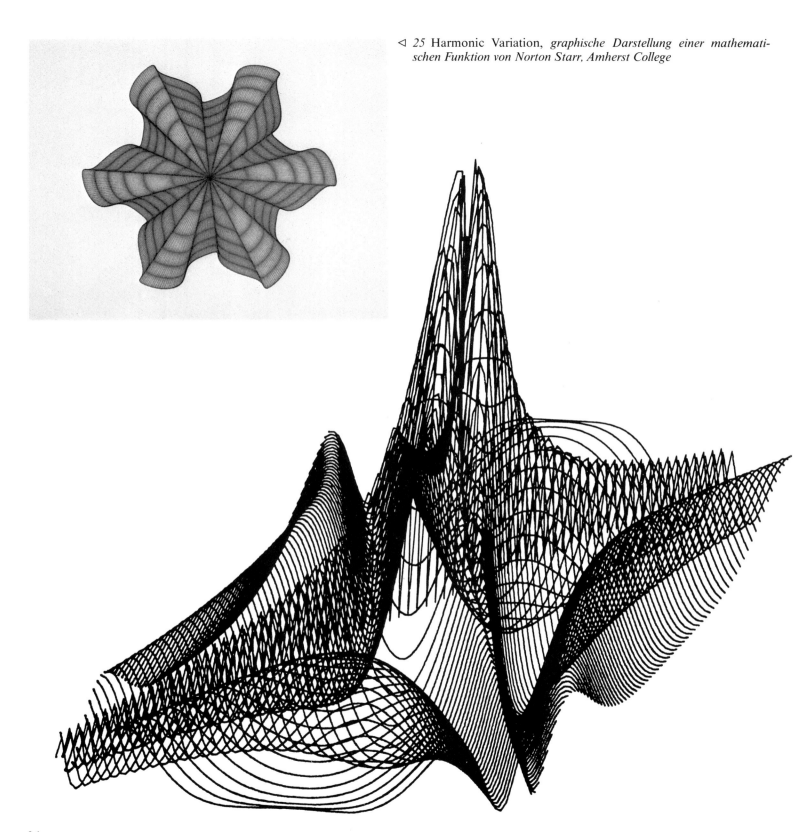

◁ 25 Harmonic Variation, *graphische Darstellung einer mathematischen Funktion von Norton Starr, Amherst College*

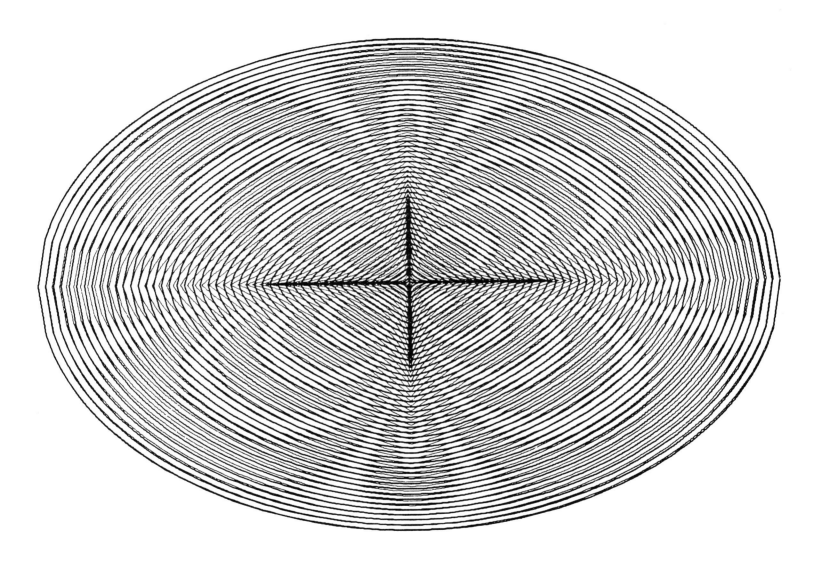

◁ 26 Raumfläche der Formel $\frac{\sin \sqrt{|x^2-y^2|+K}}{\sqrt{|x^2-y^2|+K}}$, programmiert von Bernhard Limbeck, dargestellt durch die perspektivische Zeichnung ihrer Schnittlinien mit einem Koordinatenraster, ausgeführt mit dem Rechenplotter der Fa. Hewlett-Packard

27 Eye's Delight *von Lloyd Sumner; im Original zweifarbig - blau und rot. Ein frühes Beispiel für Moiréwirkung, die durch die Farbe unterstrichen wird*

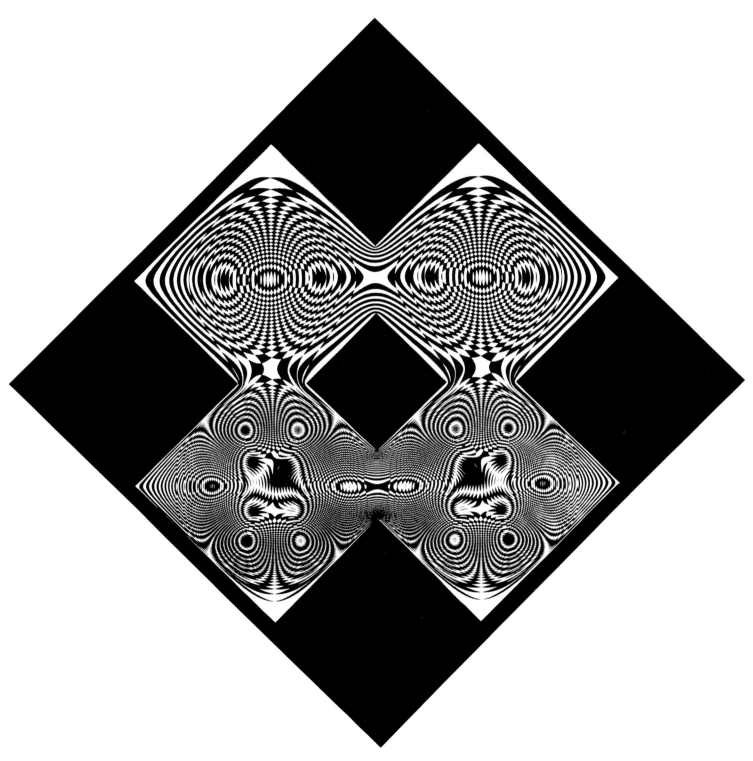

28 Turbulent Communication, *computerunterstützte Zeichnung, realisiert mit dem Programm FIELDS von Aldo Giorgini und Wei-Chung Chen*

29 Siebzehnteiliges Kreisornament auf der Basis mathematischer Kurven von Julius Guest, Royal Melbourne Institute of Technology

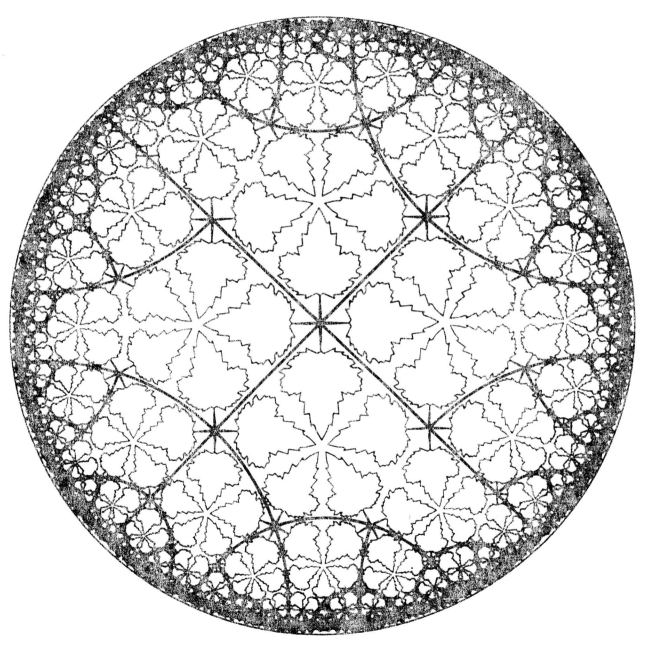

30 Ornament in hyperbolischer Geometrie, Christoph Pöppe, Heidelberg

Moirés können auch als Interferenzen mit der Bildpunkt-Belegung des Bildschirms entstehen, was sich normalerweise störend auswirkt. In bestimmten Fällen allerdings läßt sich diese Erscheinung künstlerisch verwerten. Gute Beispiele hierfür liefern verschiedene Arten von Heimcomputer-Bildern; es ist bemerkenswert, daß man auf Heimcomputern mit Hilfe des Moiréeffekts eine Feinheit der Musterung erreicht, die in ihrer Komplexität jene der verwendeten Programme weit übertrifft. Beim Einsatz von Colorbildschirmen ergeben sich auch farbige Interferenzen, durch die manchmal eine beschränkte Farbpalette erheblich erweitert wird.

Permutation. Konstruktivistische Maler haben das Prinzip der Permutation für die Kunst entdeckt. Normalerweise geht es dabei um einige wenige aufeinander bezogene, doch verschiedene Formelemente, deren Kombinations- und Verteilungsmöglichkeiten systematisch durchprobiert werden. Der dabei anfallende Arbeitsaufwand wird rasch so groß, daß er manuell nicht mehr zu bewältigen ist. Mit dem Computer läßt sich diese Arbeit ohne weiteres durchführen, wobei zur ersten Information über die entstehende Mannigfaltigkeit der Varianten unter Umständen auch der Ausdruck schematischer Konfigurationen mit einem Schnelldrucker genügt. Bezieht man in diese Methode der systematischen Abwandlung auch schrittweise Veränderungen der vorgegebenen Elemente mit ein, dann wird der Spielraum der Permutation noch gehörig erweitert – ein Weg, den mehrere Computergraphiker gegangen sind.

Inter- und Extrapolation. Inter- und Extrapolationen sind Aufgaben, die bei wissenschaftlichen Problemen oft auftreten. Bei der Interpolation geht es etwa darum, eine Reihe vorgegebener Punkte durch einen stetig geschwungenen Kurvenzug zu verbinden; die Extrapolation unterscheidet sich von dieser Aufgabe nur dadurch, daß nun der Kurvenzug auch über die vorgegebenen Endpunkte hinaus fortgesetzt wird. Recht ungewöhnliche, für ästhetische Zwecke verwendbare Linienzüge erhält man, wenn man beliebig vorgegebene Punkte durch Interpolation miteinander verbinden läßt, und zwar insbesondere dann, wenn man sich auf wenige Stützpunkte beschränkt und eventuell auch noch Unstetigkeiten, also Knicke, Unterbrechungen und dergleichen, einbaut.

Die Methode der Interpolation hat sich als entscheidendes Hilfsmittel bei der Anfertigung von Zeichentrickfilmen erwiesen (s. den Abschnitt über Animation, S. 155ff.). In derselben Weise angewandt, kann sie aber auch interessante graphische Ergebnisse hervorbringen, und zwar dann, wenn man die Interpolation nicht zwischen zwei ähnlichen Phasenbildern, sondern zwischen zwei grundsätzlich verschiedenen graphischen Ausgangskonfigurationen durchführen läßt.

Matrizenrechnung. Als Matrizen werden Zahlenfelder bezeichnet, mit denen man in ähnlicher Weise rechnen kann wie mit den Zahlen selbst. Ordnet man jeder Zahl der quadratischen oder auch rechteckigen Anordnung einen Grauwert oder eine Farbe zu, so erhält man Bilddarstellungen; umgekehrt ist es möglich, jedes Bild als Matrix aufzufassen. Das eröffnet die Möglichkeit, Bilder zu verrechnen – zu addieren (was einer einfachen Überlagerung entspricht), zu multiplizieren, zu potenzieren usw. Oft genug entstehen dabei unerwartete Ergebnisse; darunter sind Verfremdungen, an denen die Ursprungsmotive noch erkennbar sind, oft aber kommt es auch zur Entstehung von rein abstrakten, doch visuell ansprechenden Darstellungen.

Zufall

Durch die Programme, die die Rechenmaschine üblicherweise erhält, ist die Folge der Rechenschritte eindeutig vorgeschrieben. Abweichungen von der vorher festgelegten Folge sind unmöglich – außer bei Defekten in der Maschine. Das Ergebnis ist prinzipiell bereits durch die Programmierung und die Eingabe der Rechengrößen bestimmt.

Es gibt nun bestimmte Prozesse in Wissenschaft und Technik, bei denen sogenannte Zufallszahlen mitspielen – Zahlen, die in unvorhersehbarer Aufeinanderfolge auftreten. Will man sie mit Computerrechnungen erfassen, so muß man in die Programme auf irgendeine Weise Zufallszahlen einbringen. Ein Beispiel für solche Probleme sind etwa Simulationen von biologischen oder soziologischen Erscheinungen, bei denen unvorhersehbare Reaktionen in Rechnung gestellt werden müssen.

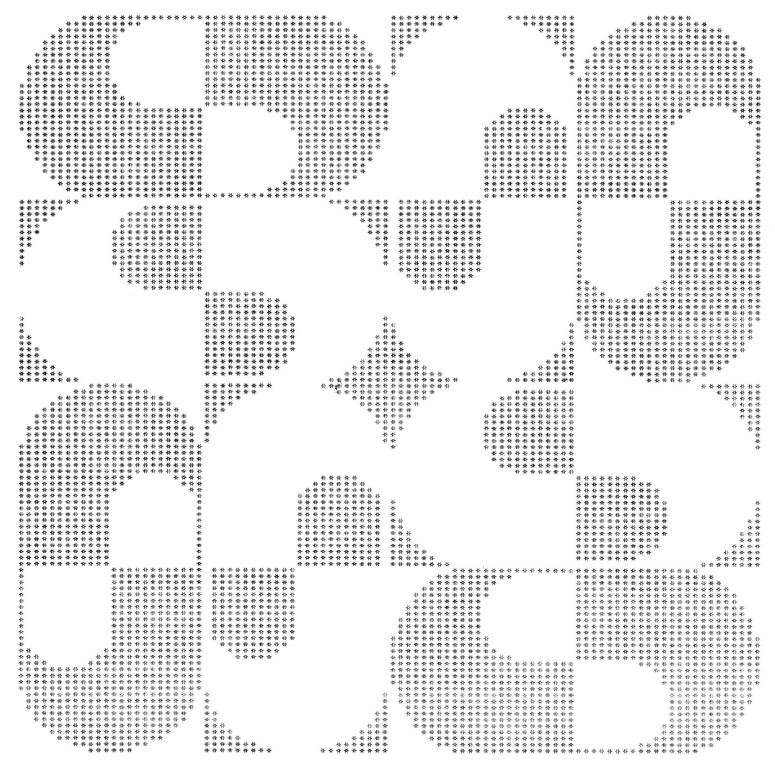

31 Computervorlage für die Anfertigung einer Graphik von M. Barbadillo. Der Computer spielt alle Möglichkeiten der Kombination von Elementen durch und gibt sie mit dem Schnelldrucker aus; die Auswahl erfolgt nach subjektiven Gesichtspunkten

32 Computerunterstützte Graphik von M. Barbadillo. Der Computer gibt auf einem Schnelldrucker alle Kombinationen aus; die Realisation erfolgt manuell, beispielsweise durch Belegung einer Grundplatte mit Kunststoff

Bemerkenswerterweise setzen auch die Computergraphiker Zufallszahlen ein; dieser Methode bedienen sich beispielsweise die drei Mathematiker, die als erste mit Digitalgraphiken hervortraten: Frieder Nake, Georg Nees und A. Michael Noll. In der Musik stand dieses Verfahren schon länger in Gebrauch – es war bereits Mozart bekannt, der Anweisungen für das Komponieren von Walzern aufgrund gewürfelter Noten herausgab. Der Grund für den Einsatz des Zufalls dürfte darin liegen, daß Stilgesetzlichkeiten, wie sie durch Programme erfaßt werden, zur eindeutigen Beschreibung eines Kunstwerks nicht ausreichen und deshalb gewisse Freiheitsgrade bieten; jeder Stil läßt vielerlei Realisationen zu. Diese offenen Stellen werden bei der üblichen künstlerischen Produktion intuitiv besetzt. Die Herstellung von Computerkunst, die man als Simulation eines Kunstprozesses auffassen kann, muß die Intuition somit modellmäßig erfassen. Das geschieht mit Hilfe sogenannter Zufallsgeneratoren.

Rechenautomaten sind determinierte Anlagen und deshalb ungeeignet, etwas Unvorhersehbares, wie es der Zufall ist, hervorzubringen. Will man echten Zufall einführen, so muß man ihn auf andere Weise erzeugen. In der Natur bieten sich vor allem Mikroprozesse dafür an, beispielsweise jene der Radioaktivität. Aus der Physik ist bekannt, daß man prinzipiell nicht voraussagen kann, wann ein bestimmter Atomkern eines radioaktiven Elements zerfallen wird. Die Zeitpunkte und Abstände der einzelnen Zerfallsprozesse ergeben ein reines Zufallsmuster. Dieses kann man nun zur Einführung des Zufalls in Rechenprozesse anwenden. Bringt man einen Geigerzähler in die Nähe eines radioaktiven Präparats, dann erzeugen die durch ihn hindurchschlagenden Teilchen ein Zufallsmuster von Stromimpulsen. Läßt man sie durch eine Uhr messen und speichert man die Meßergebnisse auf Magnetband ab, so steht es in Form einer Zahlenfolge zur Verfügung.

Natürlich ist auch eine direkte Einspeisung von Zufallszahlen, also der Einsatz eines Zufallsgenerators im On-line-Betrieb möglich. Peter Scheffler, einer der weniger bekannten Vorläufer der Computerkunst, früher Dozent am Psychologischen Institut der Universität Innsbruck, leitete die radioaktiven Impulse unmittelbar in ein Analogsystem, das sie in Tonhöhen umsetzte.

Es bieten sich noch mehrere Arten von Zufallsgeneratoren an; die einfachsten und bekanntesten sind der Spielwürfel und das Rouletterad. Um sie zu benützen, ist allerdings eine umständliche manuelle Auswertung nötig – man muß die Werte notieren und dem Computer einspeichern. Wilhelm Fucks, der sich mit statistischer Kunsttheorie befaßt, gewinnt seine Zufallszahlen aus den Listen der in Spielkasinos aufgenommenen Roulettezahlen-Tabellen. Eine andere Möglichkeit, die sich gut für die visuelle Auswertung eignet, ist das sogenannte Rauschen: die Störungen, die in jeder elektrischen Leitung wie auch in der Atmosphäre auftreten. Dreht man den Fernsehempfänger während einer Sendepause auf, so erhält man ein unmittelbares Zufallsbild der Rauschprozesse.

Zweifellos ist der Einsatz von Zusatzgeräten zur Erzeugung des Zufalls vom technischen Standpunkt keine elegante Lösung. Es wäre wünschenswert, ihn auf irgendeine Weise im Computer selbst hervorzubringen. Dazu bietet sich ein Verfahren an, das zwar keine echten Zufallszahlen liefert, aber doch Werte, die wie solche zu gebrauchen sind. Das heißt, sie weisen keine ohne weiteres erkennbaren Gesetzmäßigkeiten auf und erscheinen einem Beobachter willkürlich gewählt. In solchen Fällen spricht man von Pseudozufall.

Pseudozufall

Pseudozufallsgeneratoren sind einfache Rechenprogramme. Ein einfaches Beispiel wäre etwa die Berechnung der Zahl Pi auf eine größere Zahl von Stellen. Zahlen wie Pi gehören zu den Irrationalzahlen, d.h. sie lassen sich nicht als echte Brüche darstellen. Sie haben unendlich viele Dezimalziffern, und diese ordnen sich niemals zu periodischen Folgen. Man könnte also beispielsweise die ersten dreißig Dezimalziffern von Pi als Serie von Zufallszahlen verwenden. In der Praxis setzt man andere Rechenoperationen ein, die eine größere Variabilität zulassen.

In seinem Buch *Generative Computergraphik* beschreibt Georg Nees ein praxisgerechtes Verfahren: Man stellt drei aufeinanderfolgende Potenzen der Zahl 2 bereit, etwa 128, 256 und 512. Nimmt man nun für einen Augenblick an, man wäre schon im Besitz einer Serie von Zufallszahlen und J wäre die letzte in der Serie, dann erhält man eine weitere Zufallszahl dadurch, daß man J erst mit 5 multipliziert und dann durch sukzessive Sub-

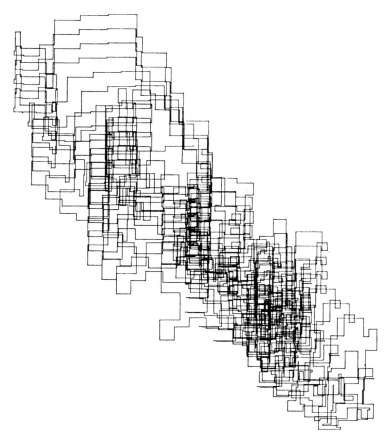

33 Irrwege *von Georg Nees, aus 2000 Vertikal- und Horizontalelementen mit „entartetem Zufallsgenerator" generiert (aufgrund einer unzureichenden Rechenanweisung für Pseudozufall, die Periodizitäten erkennen läßt)*

traktion von 512, 256, 128 wieder unter die Schranke 128 herabdrückt. Ist etwa 127 die erste Zufallszahl in der Serie, so ergibt 5 mal 127 minus 512 die Zahl 123, die bereits kleiner als 128 ist, also als zweite Zufallszahl in der Serie dienen kann. Beim nächsten Schritt erhält man 123 mal 5 minus 512 gleich 103, beim übernächsten 103 mal 5 minus 512 gleich 3, dann 3 mal 5 gleich 15, dann 15 mal 5 gleich 75 usw. Die ersten sechs Zufallszahlen in der Serie sind also 127, 123, 103, 3, 5, 75. Benötigt man Zufallszahlen in einem anderen Intervall als zwischen 0 und 128, so multipliziert man die ursprünglich errechneten Werte mit einem konstanten Faktor. Es zeigt sich allerdings, daß die Zufallsserie sich bald zu wiederholen beginnt, wenn die Exponenten des anfangs gewählten Tripels von Zweierpotenzen zu klein sind. Alle Schwierigkeiten verschwinden jedoch, und man erhält hinreichend oft gut gleichverteilte Zufallszahlen, wenn man die Zweierpotenzen 2 147 483 648, 4 294 967 296, 8 589 934 592 verwendet. Heute enthalten die meisten Programmiersprachen, z. B. verschiedene BASIC-Dialekte, Anweisungen zur Einspielung von Pseudozufallsreihen. Sie werden insbesondere für selbst programmierbare Computerspiele, aber auch für die Herstellung dynamischer Sequenzen gern verwendet. Den Aufruf des Zufalls im Rechenprogramm besorgt ein eigenes Symbol, etwa die Anweisung RANDOM. Wird dieser Befehl gegeben, dann weist der Computer bestimmten allgemeinen Rechengrößen die Zufallszahlen zu.

Viele Graphiken, insbesondere aus der Anfangszeit der Computergraphik, beruhen auf einfachen Zufallszuweisungen. Dabei ergibt sich, wie auch in vielen anderen Bereichen der Computerkunst, eine Reziprozität der Zwecke: einerseits dient der Zufall zur Erzeugung einer ästhetischen Konfiguration, andererseits kann diese als Veranschaulichung von Zufallsprozessen dienen. Ein gutes Beispiel dafür ist die Serie *Irrwege* von Georg Nees. In seinem Programm wurden 2000 vertikale und horizontale Gerade stufenweise aneinandergereiht. Nähert sich die Treppenkurve dem Bildrand, so schreibt das Programm eine Spiegelung vor. Die einzelnen Strichlängen sowie die Wendungen um 90° nach rechts oder nach links wurden nun einem Zufallsgenerator überlassen. Dazu hat Georg Nees verschiedene Zufallsgeneratoren eingesetzt, darunter auch solche, die diesen Namen eigentlich nicht verdienen, weil die durch sie hervorgebrachten Zahlenfolgen schon bald Periodizitäten erkennen lassen. Deutlich ist die völlig willkürliche Verteilung zu erkennen, die auf einen einwandfreien Zufallsgenerator zurückgeht; ebenso deutlich setzen sich davon Strukturen ab, deren Zufallsprogramme unzureichend sind. Ihre Gesetzlichkeit – gleichmäßige Überlagerungseffekte, das Auftreten von Wiederholungen und dergleichen – ist nicht zu übersehen.

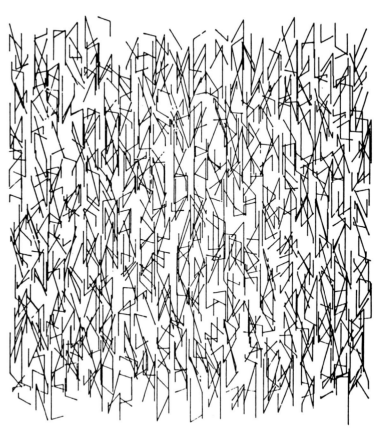

35 *Computergraphik, entstanden mit Hilfe von Zufallsgeneratoren;* Vera Molnar, Paris

◁ 34 Schotter *von Georg Nees. Ein Zufallsgenerator bewirkt die zunehmende Verwackelung der Quadrate*

36 *Digitalgraphik von Frieder Nake, vier Realisationen eines sehr vielseitigen Programms, bei der das Zeichenrepertoire frei wählbar ist. Hier besteht es aus drei Zeichen:* horizontales Linienelement, vertikales Linienelement *und* Leerzeichen, *die über ein Grundraster verteilt werden. Der Produktionsvorgang erfolgt in einer Bewegung, die das gesamte Rasterfeld erfaßt. Von Besetzungsstelle zu Besetzungsstelle wird entschieden, welche Zeichen verwendet werden, und zwar nach einer Wahrscheinlichkeitsfunktion in Abhängigkeit von den bisher angebrachten Zeichen. Dadurch kommen Verteilungen mit „gewichtetem Zufall" zustande; die einzelnen Zeichen sind in den einzelnen Bereichen des Feldes verschieden dicht gepackt* ▷

45

Eine Erweiterung der Methode ergibt sich dadurch, daß man nicht mit völlig freien Zufallsverteilungen arbeiten muß, bei denen das Auftreten aller Zahlen gleich wahrscheinlich ist, sondern den Zufall gewissermaßen auch dosieren kann. Man spricht dann von gewichtetem Zufall.

Ein Beispiel dafür ist die bekannte Gauss-Verteilung, bei der die auftretenden Zufallswerte eine Häufung um einen Mittelwert herum aufweisen. In der Computerkunst kann die Gewichtung aber auch völlig willkürlich erfolgen; beispielsweise ist es möglich, die Packungsdichte von Bildelementen in flächenhaften Verteilungen beliebig vorzuschreiben, ihre lokale Position aber dem Zufall zu überlassen.

Es gibt noch einen anderen Weg, um Zufallseinflüsse in Programme einzuführen. Da das betreffende Verfahren besonders in der Musik angewandt wird, soll es hier am Beispiel einer tonalen Komposition demonstriert werden. Die erste Aufgabe ist es dann, die Stilgesetze durch ein Programm festzulegen. Sie können sich durch feste Vorschriften äußern, beispielsweise durch das Verbot der Aufeinanderfolge bestimmter Harmonien, oder auch durch Wahrscheinlichkeitsgesetze, etwa in Angaben für die Häufigkeit des Auftretens von Tonfolgen. Während der eigentlichen Produktionsphase bietet nun der Zufallsgenerator eine Zahl nach der andern an, und das Programm prüft sie auf Übereinstimmung mit den Stilregeln. Im positiven Fall wird die durch die betreffende Zufallszahl codierte Note in die Komposition aufgenommen, im anderen Fall wird sie eliminiert und die nächste Zahl aufgerufen. Bei dieser beginnt das Verfahren von vorn. Auf diese Weise ergibt sich schließlich eine Komposition, die, obwohl sie mit Hilfe eines Zufallsprogramms zustande kam, alle vorgeschriebenen Stilgesetze erfüllt.

Auch in der gegenständlichen Computergraphik kann der Zufall zum Einsatz kommen, beispielsweise als Störung, die zum Zerbrechen vorgegebener Ordnungen oder Gestalten führt – ein graphisch sehr reizvoller Effekt.

7 Computergraphik in der Praxis

Während in der Anfangszeit der Computergraphik die programmgesteuerte Erzeugung von Bildern im Mittelpunkt stand, haben sich mittlerweile verschiedene weitaus anspruchsvollere Aufgabenbereiche entwickelt. Eine Grobeinteilung der Aufgaben graphischer Datenverarbeitung kann nach Art der Daten erfolgen, die ein- und ausgegeben werden:

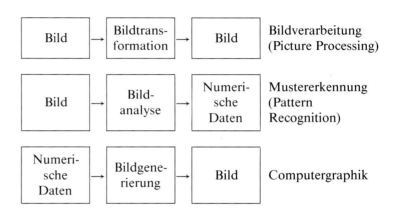

Der erste Fall entspricht der Computergraphik im engeren Sinn, dem Aufbau von Bildern aufgrund von Anweisungen durch Programme oder über die Tastatur. Im zweiten Fall werden Bilder oder Bildelemente eingegeben, die dann auf irgendeine Weise umgewandelt werden, so daß als Ergebnis ein verändertes Bild, unter Umständen auch ein äußerlich völlig anders erscheinendes ausgegeben wird. Die typische Aufgabe der Pattern Recognition ist die Bildanalyse oder -interpretation: dem Rechensystem wird ein Bild eingegeben, das es mathematischen oder logischen Prozessen unterwirft, um bestimmte Eigenschaften festzustellen; diese werden dann als alphanumerische Beschreibungen ausgegeben.

Auch hier ist festzustellen, daß alle mit diesen Methoden verbundenen Hardware- und Softwareentwicklungen aus technischen und kommerziellen Gründen erfolgten, ohne Berücksichtigung künstlerischer Interessen, daß sich aber auf diese Weise trotzdem

Systeme ergaben, die sich in ästhetischen Bereichen überraschend gut einsetzen lassen. Wurde beispielsweise in früheren Jahren von Kritikern immer wieder darauf hingewiesen, daß sich computergraphische Kunstaktivitäten notwendigerweise auf geometrisch orientierte Darstellungen, im Prinzip also auf die Stile des Konstruktivismus und der Op Art, beschränken müßten, so eröffnet das Picture Processing die künstlerische Erfassung des gegenständlichen Bilds durch die Computersysteme. Und auch die künstlerischen Zielen scheinbar fernliegende Aufgabenstellung der Pattern Recognition erweist sich schließlich als ästhetisch interessant. Einerseits zeigt sie verschiedene Möglichkeiten unkonventioneller Bildbearbeitungen an, beispielsweise durch Transformationen und Abstraktionen. Andererseits führt sie aber auch zu Erkenntnissen über optische und visuelle Datenverarbeitung, die für Wahrnehmungsprozesse, speziell aber auch für die ästhetische Rezeption, aufschlußreich sind. Die von vielen Künstlern geäußerte Klage, das computergraphische Instrumentarium lasse sich künstlerischen Zielen nur unzureichend anpassen, erscheint so in einem völlig neuen Licht: die beklagte Beschränkung schlägt in einen beachtlichen Vorteil um, wenn bisher ungenutzte, ästhetisch höchst wirksame Operationen aufgezeigt werden. So erfreulich es ist, daß in letzter Zeit da und dort den Forderungen von Malern und Graphikern entsprechende Anordnungen entstehen, so ergibt sich auf diese Weise auch ein negativer Trend zur Simulation des herkömmlichen künstlerischen Handwerkzeugs, unter Verzicht auf die sehr allgemein anwendbaren mathematischen und logischen Kapazitäten der Verrechnungssysteme. Auf diese Weise entstehen gewiß Instrumente, die durch die vielfältig gebotenen Möglichkeiten des interaktiven Betriebs alle herkömmlichen Kunstwerkzeuge weit in den Schatten stellen. An der dadurch aufgeworfenen Problematik zeigt sich aber, daß die Bedeutung der Computergraphik nicht auf die Bereitstellung eines optimierten Instrumentariums beschränkt ist, sondern sich auch auf eine Horizonterweiterung sowohl von Wissenschaftlern und Technikern als auch von Künstlern richtet. Da demgemäß die Verfahrenstechniken, die aus technischen und kommerziellen Gründen heraus entstanden, auch künstlerische Aktivitäten durchaus neuer Art stimulieren können, wird im folgenden Abriß kurz auf sie eingegangen.

Graphische Aufbereitung von Daten

Der Trend, verbal oder alphanumerisch gegebene Daten graphisch darzustellen, bestand sicher schon seit Urzeiten – wie die zehn- bis fünfzehntausend Jahre alten Beispiele der Höhlenkunst beweisen. Seit dem Auftreten bildorientierter Massenmedien rückt das Bild mehr und mehr in den Vordergrund der sachlichen Informationsvermittlung, beispielsweise durch Diagramme und Schaubilder in Zeitungen. Der Computer schließlich potenziert die durch das Druckwesen gegebenen Möglichkeiten, nicht zuletzt dadurch, daß er auch die Bewegung erfaßt. Hinzukommt, daß es der Personalcomputer auch dem Kleinbetrieb und dem privaten Benutzer ermöglicht, sich durch Bilder auszudrücken und diese kurzfristig zu erstellen; das bedeutet ein Novum in der Geschichte des „visuellen Zeitalters".
Als Anwendungsbereiche graphisch aufbereiteter Daten sind Zeitschriften und Fernsehen zu nennen; aktuelle Entwicklungsaufgaben sind auf jene Systeme gerichtet, bei denen sich die Bild- mit der Textverarbeitung verbindet. Bei der Erstellung von Layouts für Druckerzeugnisse greift man mehr und mehr auf computerunterstützte Verfahren zurück, in die sich die Bereitstellung von graphischen Darstellungen ohne Schwierigkeiten integrieren läßt. So kann man beispielsweise die optimale Verteilung von Textpassagen, Graphiken und Bildern interaktiv über Bildschirme vornehmen.

Textsysteme

Wenn man die computerunterstützte Textverarbeitung auch normalerweise nicht zur graphischen Datenverarbeitung zählt, so sind es im Prinzip doch dieselben Methoden, die dabei verwendet werden. So beschränken sich die Designer von Videotextsystemen nicht nur auf die Bereitstellung verschiedener Buchstabentypen und Zeichen, sondern sie sind von vorneherein bestrebt, auch die Bilddarstellung in den Text einzubeziehen. Es liegt an den bisher benützten recht geringen Auflösungen, daß in Textsystemen verwendete Graphiken noch verhältnismäßig primitiv sind und daher eher die Aufgabe von Symbolen oder Pictogrammen erfüllen; mit der Verbesserung der Systeme – auch das kommerzielle Fernsehen wird früher oder später den Schritt zu hoch auflösenden Bildschirmen tun – werden sich auch die Möglichkeiten der Bildgenerierung verbessern.

Businessgraphik

In Wirtschaftsbetrieben ist das Management immer mehr vor komplexe Entscheidungssituationen gestellt, für die die Übersicht über große Datenmengen Voraussetzung ist. Mehr und mehr bedient man sich dabei der graphischen Darstellung; für deren computerunterstützte Erstellung wurden Managementinformationssysteme entwickelt, die insbesondere die rasche Darstellung von Kurvenverläufen, Balken- und Kreisdiagrammen und dergleichen erlauben. Aber auch graphische Mittel der Planung, beispielsweise für Netzplantechnik, stehen zur Verfügung. Weitere Gelegenheiten zur Anwendung dieser Methoden ergeben sich bei der Mitarbeiterschulung, bei Betriebsversammlungen, in der Öffentlichkeitsarbeit usw.

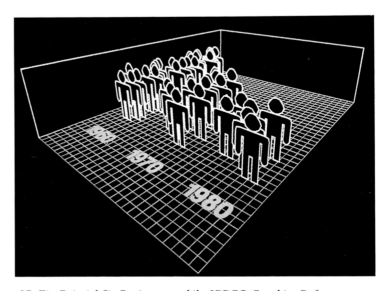

37 Ein Beispiel für Businessgraphik, ISSCO Graphics Software

CAD/CAM

Die aktuellste und zukunftsträchtigste Entwicklung der Computergraphik verbirgt sich hinter den Abkürzungen CAD *(computer-aided design)* und CAM *(computer-aided manufacturing)*. Unter CAD faßt man die interaktive graphische Datenverarbeitung für Design- und Konstruktionszwecke zusammen. Die Leuchtscheibe des Bildschirmgeräts wird hier als eine Art elektronisches Reißbrett verwendet. Die durch den Computer gegebenen Vorteile liegen insbesondere in allen Arten von Veränderungen innerhalb von Zeichnungen, die mit Hilfe der herkömmlichen mechanischen Mittel höchst zeitraubend waren, nun aber praktisch verzögerungsfrei erfolgen: Übertragung in andere Maßstäbe, Verschiebung und Drehung von Bildteilen, Vervielfältigung und Löschung von Teilbereichen usw. Die unverzögerte Möglichkeit der Abwandlung bringt nicht nur einen Zeit- und Kostenvorteil mit sich, sondern ermöglicht eine weitaus freiere Arbeit, in die Phasen des Probierens weitaus stärker einbezogen sind als vorher. Das kommt insbesondere einer der häufigsten Aufgaben von Konstrukteuren, der Variantenkonstruktion, zugute; hier dreht es sich darum, bereits fertig vorliegende Ausarbeitungen so zu verändern, daß sie wechselnden Aufgabenstellungen angepaßt sind. Ergänzend sei erwähnt, daß natürlich auch die rasche Ausgabe auf Papier, Folie oder Film zu den nützlichen Möglichkeiten gehört, die diese Arbeitsweise bietet. Zu den wichtigsten Aufgaben des CAD gehört der Entwurf mechanischer Maschinenteile, für die meist noch die zweidimensionalen Pläne – Grundrisse und Aufrisse – gefordert werden. Einige der modernen CAD-Systeme bieten aber auch die Möglichkeit dreidimensionaler, perspektivischer Darstellung aus beliebig wechselnden Blickrichtungen. Von diesen ist dann jederzeit auch der Übergang zu Projektionen oder Schnitten möglich. Immer öfter werden aber auch die perspektivischen Darstellungen selbst gebraucht, die dann mechanische Modelle ersetzen.
Die ersten dreidimensionalen Darstellungen waren sogenannte Drahtmodelle: zur Darstellung eines räumlichen Gebildes beschränkte man sich auf die Wiedergabe seiner Kanten ohne Berücksichtigung der Hinterschneidung. Inzwischen liegen schon

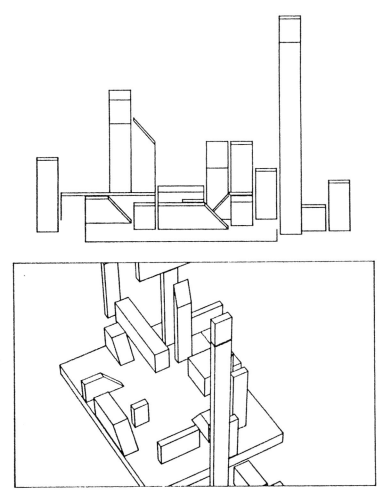

38 SHAPE, zwei Beispiele für ein Computerprogramm zur perspektivischen Darstellung dreidimensionaler Formen; Robert Mallary, University of Massachusetts, Amherst

mehrere Programmpakete vor, mit denen das Problem der Abdeckung dahinterliegender Bereiche gelöst wurde. Vom Drahtmodell unterscheidet sich die resultierende Darstellung dann dadurch, daß die dargestellten Kanten dort abgeschnitten werden, wo sie durch andere Teile verdeckt erscheinen. Weiterentwicklungen der 3D-Programme führten schließlich auch zur Darstellung der Flächen; die jeweils auftretende Helligkeit wird in bezug auf die beliebig angenommene Position von Lichtquellen vorgenommen. Ergänzend kann noch die Wiedergabe des ebenfalls automatisch berechneten Schattenwurfs dazukommen. Die raffiniertesten Programme dieser Art erlauben Bilder nur im Entwurf vorliegender Gegenstände, die von Realphotographien nicht zu unterscheiden sind. Mit ihrer Hilfe ist es sogar möglich, durchsichtige Körper mit physikalisch richtig eingezeichneten Spiegelungen wiederzugeben oder oberflächliche Texturen – beispielsweise matt oder zieliert – mit konsequent erfaßten Effekten der Lichtbrechung und -streuung. Lassen sich diese Objekte auch in Bewegung wiedergeben, dann spricht man von Realanimation.

Die Methoden des CAD sind vielfach mit jenen des CAM koordiniert; manche Phasen der Prozeßsteuerung lassen sich aus den Ergebnissen des CAD ableiten. So enthält beispielsweise jene Vorrichtung, die das resultierende Werkstück durch einen Preß- oder Gußvorgang herstellen soll, häufig eine Negativform von diesem selbst, seine Geometrie kann also aus dem Ergebnis der computerunterstützten Konstruktion übernommen werden. Auch jene Programme, die numerisch gesteuerte Werkzeugmaschinen steuern, gehen in wesentlichen Teilen auf die Vorarbeit des CAD zurück. Für die Computerkunst eröffnet sich hier übrigens die Möglichkeit der computerunterstützten Skulptur, von der bisher allerdings nur in Ausnahmefällen Gebrauch gemacht wurde.

Prozeßüberwachung

Die Aufgaben der Prozeßüberwachung ähneln jenen der betrieblichen Planung, allerdings mit dem Unterschied, daß Echtzeitdarstellung Voraussetzung ist: die graphischen Ausgabegeräte müssen den Zustand des überwachten Systems verzögerungsfrei anzeigen. Außerdem ist größtmögliche Übersicht zu fordern, so daß Abweichungen vom Normalbetrieb sofort erkannt werden. In die graphische Ausgabe des Kontrollsystems sind nicht nur die Kontrolleinheiten mit ihren Sensoren und Umsetzern inte-

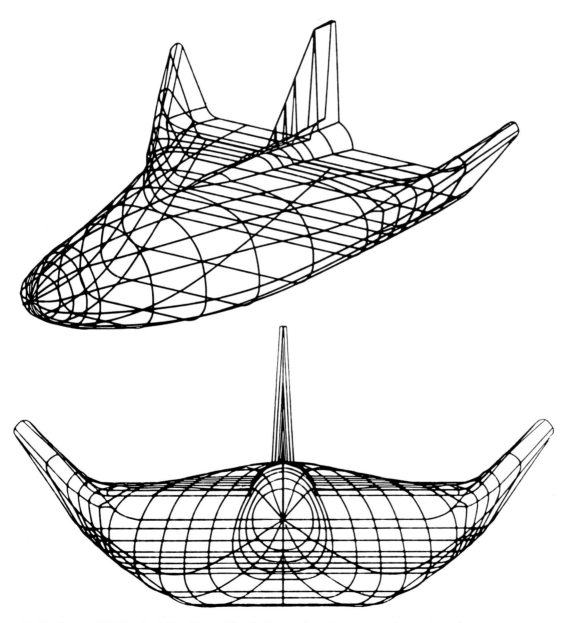

39 Flugkörper HL-10, ein früher Space-Shuttle-Entwurf von Boeing; Drahtnetzdarstellung von Univac

40 Eine Lösung des Hinterschneidungsproblems stammt von John Warnock, University of Utah. Das Bild wird in Teilbereiche zerlegt, durch ein Vergleichsverfahren wird bestimmt, welche Linien frei und welche verdeckt liegen

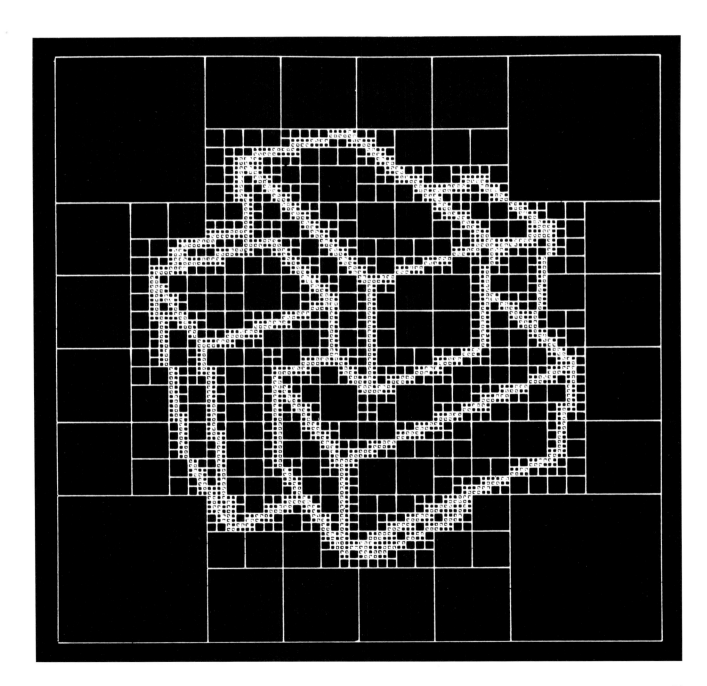

griert, sondern auch Prozeßrechner, die die laufenden Betriebsdaten überwachen. Jede Situation, die das Eingreifen des Menschen nötig macht, muß durch Signale gekennzeichnet werden, aus denen auch der Ursprung deutlich wird. Aus all diesen Gründen sind zur Ausgabe vor allem Bildschirmgeräte mit Farbwiedergabe nötig.

Zur Anwendung von computergraphischen Prozeßüberwachungssystemen bieten sich alle zentral gesteuerten Betriebe an, insbesondere jene der automatischen Fabrikation. Weitere, wenn auch selten erwähnte, Anwendungsgebiete liegen im Bereich von Militär und Polizei.

Simulation

Unter Simulation wird manchmal auch die numerische Wiedergabe von Prozessen verstanden; wir beschränken uns hier auf die bildliche Wiedergabe. Diese kann von einer symbolischen Erfassung der betreffenden Vorgänge bis zu einer realistischen, bewegten Darstellung reichen.

Anwendungsbereich der Simulation ist speziell die Wissenschaft; mit ihrenMitteln gelingt es beispielsweise, verschiedenste physikalische Prozesse in vereinfachten Bildern zu erfassen. Bekannte Beispiele sind die Überwindung eines Potentialwalls in der Umgebung eines Atomkerns durch ein Elektron oder die Explosion einer Supernova. Zu den spektakulärsten Ergebnissen der Simulation gehören jene Systeme, die insbesondere zur Schulung von Zugführern, Piloten und Raumfahrern dienen. Hier kommt es darauf an, daß die Situation möglichst wirklichkeitsecht dargeboten wird, so daß zwischen der Lernsituation und der Wirklichkeit möglichst wenig Unterschied besteht. Aus diesem Grund werden einige der leistungsstärksten Computersysteme speziell für Simulationen eingesetzt. Die Software enthält dann alle Routinen, die die wechselnden Perspektiven betreffen, wie sie beim Überfliegen von Landschaften, bei schlechten Wetterverhältnissen während einer Bahnfahrt oder bei komplizierten Manövern von Raumflugkörpern auftreten. Obwohl die Aufgaben hier rein technisch-kommerziell gestellt waren, führten sie doch zu Ergebnissen, die auch aus der Sicht des Künstlers bemerkenswert sind.

Animation

Unter dem Begriff Animation faßt man alle Verfahren zusammen, die zur Erzeugung bewegter Bildsequenzen insbesondere bei der Anfertigung von Trickfilmen verwendet werden. Da es sich hier um eine vorwiegend künstlerisch orientierte Problematik handelt, wird die Computeranimation an anderer Stelle behandelt; es soll aber auch hier darauf hingewiesen sein, daß sich aus den besonderen Problemen Impulse für Softwareentwicklungen ergeben, die wieder in anderen, verwandten Bereichen, beispielsweise in jenen des CAD oder der Simulation, eingesetzt werden können.

Bildverarbeitung (Picture Processing)

Als Vorläufer der computergesteuerten Bildverarbeitung können jene photographischen Verfahren gelten, die ursprünglich eine Bildverbesserung oder verbesserte Bildanalyse zum Ziel hatten. Ein Beispiel dafür ist etwa der Äquidensitenfilm, der es erlaubt, Grauabstufungen in Farben zu verwandeln.

Die Bildverbesserung auf elektronischem Wege wurde bekannt, als es gelang, qualitativ recht mäßige Aufnahmen von der Hinterseite des Mondes, die von Sonden aus aufgenommen und auf die Erde gefunkt wurden, so weit aufzubereiten, daß die Kraterstruktur einigermaßen zu erkennen war. Dieses Verfahren wurde inzwischen bis zur Perfektion entwickelt; der für die NASA arbeitende Informatiker James Blinn hat aus dem zur Erde gefunkten Bildmaterial von Jupiter und Saturn mit Hilfe des Picture Processing Ergebnisse erhalten, die zu den eindrucksvollsten Photodokumentationen überhaupt gehören. Da sie in ihrer Farbzuordnung weit über technisch gegebene Notwendigkeiten hinausgehen, sind sie eher künstlerische Verarbeitungen als wissenschaftliches Dokumentationsmaterial. Der Ort ihres Einsatzes liegt daher auch weniger in der wissenschaftlichen Auswertung als in populären Büchern und Fernsehsendungen, beispielsweise in Carl Sagans berühmter Fernsehserie *Cosmos*.

Zu den frühesten Anwendungen des Picture Processing sind solche der medizinischen Diagnostik zu zählen. Insbesondere geht es hier um die Verbesserung der Bilder, die die Szintigraphie in-

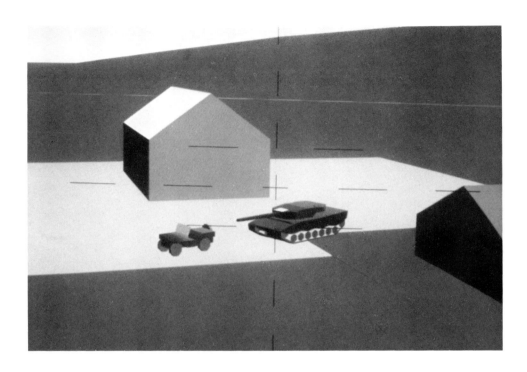

41 Echtzeitsimulation einer Landschaft für Ausbildungszwecke, Link-Division, Singer (s. auch Abb. 80, S. 96)

korporierter radioaktiver Tracer-Substanzen liefert. Das Szintiskop tastet die erkrankten Körperpartien punkt- und zeilenweise ab und stellt die Intensität der radioaktiven Prozesse fest. Die aufgenommenen Werte werden dann in ein Bild umgewandelt. Da man versucht, mit möglichst geringen radioaktiven Dosen auszukommen, stellen die Resultate meist nicht viel mehr dar als punktuell verteilte Intensitätswerte, die erst durch die Verrechnung in ein Äquidensitenbild umgewandelt werden; die als Resultate ausgegebenen Farbbilder bieten gute Voraussetzungen für die Lokalisierung des Krankheitsherdes wie für die visuelle Beurteilung durch den Arzt.

Zu den einfachsten Picture-Processing-Methoden gehören die Verstärkung von Kontrasten, die Heraushebung von Konturen, die veränderte Farbzuordnung und dergleichen mehr – Umwandlungen, die auch noch durch photographische Labormethoden möglich waren. Die flächenhafte Integration, die aufgrund einiger Stützpunkte eine flächenhafte Darstellung ergibt, gehört schon zu den anspruchsvolleren Methoden. In der letzten Zeit wurden insbesondere zur Verbesserung von Bildern aus der Fernerkundung Transformationsprozesse eingesetzt, die bisher kaum für möglich gehaltene Eingriffe in die Bildstruktur erlauben, beispielsweise die Unterdrückung von Texturen eines bestimmten Grobheitsgrads oder einer bestimmten Vorzugsrichtung. Dazu verwendet man u.a. Fourier- und Cosinustransformationen, eine Art von Bildumwandlung, bei der ohne Verlust relevanter Information völlig andere Bildstrukturen entstehen; im wesentlichen werden dabei alle Arten von Regelmäßigkeiten, Wiederholungen und dergleichen durch Positionen in der transformierten Darstellung ausgedrückt. Schneidet man in dieser bestimmte Teile heraus, beispielsweise Ringflächen oder Kreissektoren, dann erhält man bei der Rücktransformation Abwandlungen des ursprünglich eingegebenen Bildes, die gezielte Veränderungen – normalerweise im Sinn einer besseren Auswertung – aufweisen.

44 Serie B. Die Bilder entstanden durch Fouriertransformation eines Buchstaben B und Rücktransformation des leicht veränderten Ergebnisses; System DIBIAS, DFVLR, Oberpfaffenhofen, Herbert W. Franke und Horst Helbig

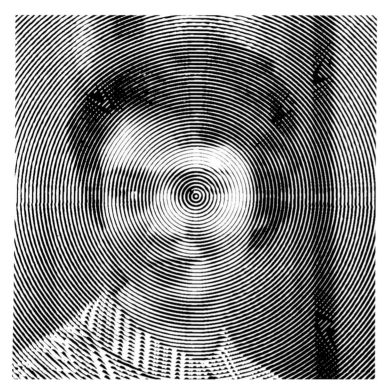

42 Circles Around Eye von Manfred R. Schroeder. Die Helligkeit wurde in die Strichdicke der konzentrischen Kreise umgesetzt

43 Leprosy von Manfred R. Schroeder. Die Konturen sind durch die Punkte gleicher Helligkeit im Originalphoto gegeben, die Helligkeit drückt sich in der Strichdicke aus

Hier scheint sich dem Computerkünstler ein ergiebiges Feld zu eröffnen, einerseits durch die Erprobung bestimmter Arten von Transformationen auf ihren ästhetischen Effekt, andererseits aber auch in Richtung auf graphisch reizvolle Bildverfremdungen und -abstraktionen.

Im Zusammenhang mit der Auswertung von Flug- und Satellitenaufnahmen steht auch die Aufgabe der computerunterstützten Erstellung von Landkarten, in der Fachsprache als Mapping bezeichnet. Bei der geometrisch-geographischen Datenverarbeitung kommen zur Bildverbesserung noch weitere Aufgaben hinzu, beispielsweise der Ausgleich der bei der Aufnahme erfolgten Verzerrungen, die maßstabgerechten Anschlüsse zwischen einzelnen Aufnahmen.

Zur graphischen Datenverarbeitung, bei der Bilder sowohl eingegeben werden wie auch als Resultate herauskommen, ohne daß man sie deshalb als typische Picture-Processing-Methoden bezeichnen würde, gehören des weiteren einige Aufgaben, die mit der Verteilung geometrischer Elemente auf einer Bildfläche zusammenhängen. Ein Beispiel dafür ist die Verschnittoptimierung; dabei geht es darum, aus großen Blechplatten bestimmte Teile so herauszuschneiden, daß möglichst wenig Abfall entsteht. Ähnliche Probleme ergeben sich auch bei der Anordnung elek-

tronischer Schaltelemente auf Platinen; die Ausarbeitung der günstigsten Verteilung in Abhängigkeit von den vorgegebenen leitenden Verbindungen ist eine jener Aufgaben, in denen sich die Methoden des CAD und des Picture Processing überschneiden. Vorderhand sind Überschneidungen solcher Art eher die Ausnahme; es ist aber zu erwarten, daß sich die drei großen Bereiche – Computergraphik, Picture Processing und Pattern Recognition – mehr und mehr verzahnen werden. Die Generierung der Bilder und die nachfolgende Verarbeitung mit Einschaltung von automatischen Analyseprozessen dürfte sich bei einer Vielzahl von Aufgaben als wünschenswert erweisen – insbesondere dort, wo künstlerisch-kreative Komponenten mit einbezogen sind. Beispiele dafür sind Layout-Aufgaben im Druckgewerbe, bei Film und Video. Ähnliches ergibt sich in der Werbung wie auch im Textilwesen – vom computerunterstützten Muster bis zum Stoffverschnitt, wo die computerunterstützte Arbeitsweise eine bessere Anpassung an die individuellen Körpermaße des Benutzers ermöglicht und zugleich die Aufgabe der Verschnittoptimierung übernimmt.

Zu nennen wären schließlich Aufgaben im Bereich der Architektur, wo sich ebenfalls künstlerische Intentionen mit technischen vereinen. Neben dem Entwurf steht hier die Anordnung von Gebäudeteilen auf einer vorgegebenen Fläche sowie die zwischengeschaltete Kontrolle technischer Daten, etwa die Tragfähigkeit von Gerüstkonstruktionen betreffend. Während sich die einschlägigen Methoden bei akademisch ausgebildeten Architekten nur langsam durchsetzen, sind sie in das Ingenieurwesen längst fest eingeführt.

Mustererkennung (Pattern Recognition)

Der jüngste Ableger der Computergraphik ist die Mustererkennung, nicht zuletzt deshalb, weil sie bestimmte hochkomplexe Aufgaben des menschlichen visuellen Datenverarbeitungssystems nachzuahmen versucht. Wie auch im menschlichen Gehirn, ist der Analyse selbst eine Reihe von Transformationsprozessen vorgeschaltet, technisch ausgedrückt etwa durch Kontrasterhöhung, Farbzuordnung, Filterung, Rauschunterdrückung, geometrische Korrektur und Entzerrung, Reduktion der Redundanz (Abstraktion) usw. Aus diesem Grund ist die Pattern Recognition ohne die Methoden des Picture Processing kaum denkbar.

Während die Gewinnung einfacher physikalischer Angaben über Bilder – Helligkeit, Kontrastumfang, Farbspektrum usw. – wenig Probleme aufwirft, wird das Problem schon weitaus schwieriger, wenn Aufgaben der Gestaltwahrnehmung oder gar der semantischen Zuordnung verlangt werden. In einfacheren Fällen handelt es sich dabei um das Erkennen von bestimmten Strukturen und Gestalten, eine Anforderung, die schon erheblich schwerer zu erfüllen ist, wenn der Identifikationsprozeß auch unter erschwerten Bedingungen, beispielsweise bei teilweiser Verdekkung, bei Verzerrung usw. gelingen soll. Beispiele solcher Auswertungen sind aus der Wetterkunde, der Geologie, der Forstwirtschaft, der Limnologie, aber auch aus dem militärischen Bereich bekannt. Ähnliche Probleme ergeben sich bei der Interpretation von Mikroaufnahmen; ein Beispiel ist die Identifikation von Bakterien oder Genen bei der Untersuchung des Zellinhalts. Viele dieser Aufgaben lassen sich nur schwer durch numerische Angaben erfassen; viel öfter sind logische Beziehungen zu berücksichtigen, wobei es um den Vergleich mit vorgegebenen Grundformen geht, oft unter Berücksichtigung von Ähnlichkeitsrelationen. Je komplexer die Erfordernisse sind, desto mehr nähert man sich der Arbeitsweise menschlicher Wahrnehmungs-, Interpretations- und Denkleistungen, die heute unter dem Stichwort „künstliche Intelligenz" einen wichtigen Forschungsschwerpunkt bilden. Somit erweist sich die Pattern Recognition auch als experimenteller Beitrag zur Wahrnehmungstheorie.

8 Das gegenständliche Bild in der Computergraphik

Auch heute noch gehört ein beträchtlicher Teil der Computergraphiken der konstruktivistischen Richtung an, dies obwohl nun Einrichtungen zur Verfügung stehen, die auch das gegenständliche Bild erfassen helfen. Am Anfang der Entwicklung war das noch recht umständlich: eine Gestalt, die durch mathematische oder logische Formeln nicht beschreibbar ist, mußte Punkt für Punkt eingegeben oder aus kleinen Strichelementen zusammengesetzt werden. Trotzdem verzichteten die Pioniere der künstlerischen Computergraphik nicht auf gegenständliche Darstellungen, insbesondere deshalb, weil die Datenverarbeitung auch in diesem Gestaltungsbereich interessante Möglichkeiten bietet. Das gilt beispielsweise dann, wenn die dargestellten Objekte auf relativ einfache Konfigurationen zurückgehen und die Vielfalt des Bildes durch Abwandlung der Grundfigur oder ihrer Wiederholung, eventuell unter Variationen, entsteht. Einige Beispiele dafür stammen von Charles Csuri und James Shaffer, etwa das Bild *Flies in a circle*, bei dem das Element, die Fliege, in verschiedenen Orientierungen und Größen immer wieder in Erscheinung tritt. Verschiedene Beispiele für eine sukzessive Transformation eines Umrißbildes bietet Leslie Mezei in seiner Bildtransformation *Beavers* (s. Abb. 23, S. 32). Durch einfaches Verkleinern und Vergrößern in beiden Koordinatenrichtungen läßt er die Grundfigur zu seltsamen Monstern wachsen oder schrumpfen.

Die Möglichkeiten, die der Digitalrechner für die Umwandlung von Bildern aufweist, sind damit aber erst zu einem geringen Teil ausgeschöpft. Einige Andeutungen von dem, was möglich ist, bietet etwa die CTG (Computer Technique Group) mit ihrem Bild *Return to Square*. Hier wird eine quadratische Kontur unter stetiger Verkleinerung und Verzerrung allmählich in ein menschliches Profil verwandelt, das bei weiterer Abwandlung schließlich wieder zu einem Quadrat wird. Eindrucksvoll ist auch das Beispiel *Transformation* von Csuri und Shaffer, wobei das Gesicht eines jungen Mädchens in das einer alten Frau verwandelt wird. Es sind also völlig neue Methoden der abstrakten Malerei, die sich hier andeuten; dabei folgen die Abstraktionen viel stren-

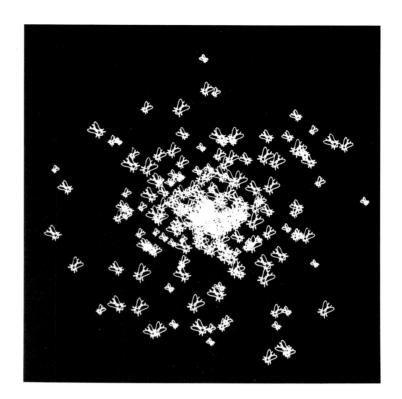

45 Flies in a circle, *1966, von Charles Csuri und James Shaffer. Die Strichzeichnung einer Fliege dient als Bildelement – ein Zufallsgenerator verteilt es über konzentrische Ringflächen, weiter werden auch Größe und Orientierung nach einem Zufallsprinzip bestimmt. Diese Zeichnung gehört zu einer Serie, bei der der Übergang von einer Darstellung zur andern nach Transformationsregeln erfolgt, wie sie bei der Landkartenherstellung eingesetzt werden*

46 Return to Square, *die schrittweise Verwandlung eines Quadrats in das Profil eines Frauenkopfes; CTG, Japan*

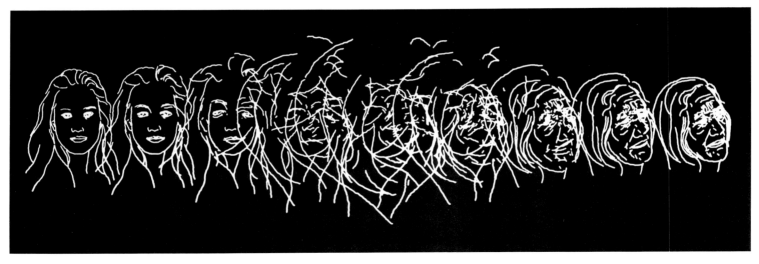

47 Transformation *von Charles Csuri und James Shaffer. Das Gesicht eines jungen Mädchens geht schrittweise in jenes einer alten Frau über*

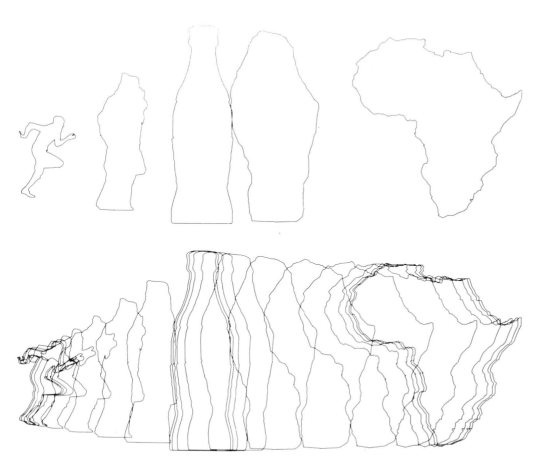

48 Running Cola is Africa, *ein Beispiel für die zeichnerische Überführung beliebiger Objekte in andere; CTG, Japan*

49 Mural, *eine Computergraphik von Kenneth C. Knowlton und Leon D. Harmon aus dem Jahr 1966, ein typisches Beispiel für Picture Processing. Das Bild entstand durch Aufrasterung einer photographischen Vorlage und Umsetzung nach einer Grauwertskala, wobei die Grauwerte durch Mikrozeichen dargestellt werden*

geren Regeln, als sie dem manuellen Maler zugänglich sind. Der Zufall, den man zur Veränderung des Bildes einsetzt, läßt sich beliebig dosieren.

Es sind aber noch kompliziertere Methoden der Bildtransformation bekannt, solche, die man als Verrechnungen des Bildes bezeichnen könnte. Frieder Nake hat in seiner *Matrizenmultiplikation* (s. Abb. 58, S. 74) gezeigt, wie das geschehen kann. Was er mit Quadratrastern getan hat, läßt sich prinzipiell mit jedem Bild wiederholen. Man kann Bilder voneinander subtrahieren, zueinander addieren, was einer einfachen oder einer Positiv-Negativ-Überlagerung entspricht, wie sie in der Photographie üblich ist; es lassen sich aber auch Multiplikationen oder Potenzierungen vornehmen. Auf diese Weise erhält man Zwittergebilde aus zwei verschiedenen Bildern. Ein einfaches Beispiel dieser Art ist die Computergraphik *Running Cola is Africa* der CTG – eine Kontur von Afrika, die sich über mehrere Zwischenphasen in eine Coca-Cola-Flasche verwandelt.

Für solche Bildverrechnungsprozesse sind sehr komplizierte und aufwendige Mittel und Methoden nötig, und das dürfte der Grund dafür sein, daß erst wenige und relativ simple Beispiele dafür vorliegen; doch besteht kein Zweifel daran, daß sich hier ein nahezu unerschlossenes, reizvolles Feld für graphische Experimente eröffnet.

Picture Processing in der Computerkunst

Wie erwähnt, liegen Arbeiten aus dem Verfahrenskreis des Picture Processing an der Grenze zwischen Wissenschaft und Kunst. Kenneth C. Knowlton von den Bell Telephone Laboratories, der

50 Mona by the Numbers
von H. Philip Peterson

51 Elefant,
*Picture-Processing-Abwandlungen;
System DIBIAS, DFVLR,
Oberpfaffenhofen,
Herbert W. Franke und Horst Helbig*

als einer der Pioniere dieser Methode gelten kann, hat sie beispielsweise in Zusammenarbeit mit B. Julesz und C. Bosche zur Herstellung von Testbildern für die Untersuchung des menschlichen Wahrnehmungsvermögens verwendet. Die Ergebnisse waren nicht nur wissenschaftlich, sondern auch ästhetisch interessant. Gemeinsam mit Leon D. Harmon hat Knowlton die Scanner-Methode aber auch verwendet, um zweckfreie ästhetische Graphiken herzustellen. Bekannt geworden ist eine Serie, bei der Bildvorlagen aufgerastert und in eine Serie von Grauwertangaben umgesetzt wurden. Den Grauwerten wurden dann Mikrozeichen zugeordnet, bei denen das Verhältnis Schwarz zu Weiß genau dem angegebenen Grauwert entspricht. Diese Mikrozeichen wurden schließlich zum Wiederaufbau des Bildes verwendet. Dadurch kamen Bilder zustande, die einerseits eine übergeordnete Gestalt erkennen lassen, andererseits aber auch im herausgegriffenen Detail interessant sind. Bilder, die nach einem ähnlichen Aufbauprinzip generiert wurden, liegen auch von H. Philip Peterson von den Control Data Corporation, Digigraphics Laboratories, Burlington, Massachusetts, vor. Beachtung fand vor allem sein Bild *Mona by the Numbers*.

Künstlerische Computergraphiken, die mit Picture-Processing-Methoden hergestellt wurden, sind auch von Manfred R. Schroeder bekannt, der seine Versuche wie Knowlton in den Bell Telephone Laboratories vornehmen konnte (s. Abb. 42 u. 43, S. 54, und Abb. 60, S. 76).

Genaugenommen fällt auch die gegenständliche Computergraphik, beispielsweise die bekannte Kennedy-Serie der CTG (s. Abb. 96, S. 118), unter den Begriff des Picture Processing.

Neue Aufgaben des Picture Processing

Gegenwärtig gewinnt die Ausgabe wissenschaftlich-technischer Daten als visuelle Information immer mehr an Bedeutung; in diesem Zusammenhang ist für das Picture Processing eine progressive Entwicklung und weite Verbreitung zu erwarten. Seit die Kybernetik das menschliche Nervennetz als ein datenverarbeitendes System erkannt hat, werden die Techniken des Picture Processing im Hinblick auf die Untersuchung der visuellen Wahrnehmung wie auch als Ausgangsbasis bionischer Forschung interessant. (Bionik ist die Bezeichnung einer technischen Methode, die aus Vorbildern der Natur Anregungen für Problemlösungen gewinnt.) Die technischen wie auch die ästhetischen Erfahrungen mit dem Picture Processing werden schließlich ihren Niederschlag in der Aufbereitung von pädagogischer Information für den audiovisuellen Unterricht finden.

9 Weitere Gestaltungsbereiche

Wenn es nicht um die Ausführung, sondern um die Konzeption von Kunstwerken geht, so ergibt sich eine bemerkenswerte Verwandtschaft in den Methoden – ob es sich um Graphik, Musik oder Dichtung handelt. Die Computerkunst erlaubt es, alle Kunsterzeugungsprozesse unter gemeinsamen Gesichtspunkten zu sehen. Unterschiede werden nur durch die Verschiedenheit der menschlichen Wahrnehmungsbereiche erzwungen. Stets muß berücksichtigt sein, daß die Ordnungen, die von den einzelnen Sinneskanälen erfaßt werden, nicht nur von der physikalischen Qualität her verschieden sind, sondern auch in informationeller Hinsicht – z. B. in Dimension und Komplexität. So ist das Gehör beispielsweise im wesentlichen auf lineare Abläufe beschränkt, während der Gesichtssinn flächenhafte und auch räumliche Erstreckungen überblickt. Handelt es sich schließlich um Computertexte, so sind auch die grammatikalischen und sonstigen Regeln der Sprache zu beachten. Aus diesen Gründen lassen sich die Stilregeln nicht ohne weiteres von einem Medium auf das andere übertragen; ein Programm für Computergraphik eignet sich nicht zur Notation für Musik. Aber es ist nun leichter gemacht, Multi-Media-Werke einheitlich zu konzipieren. Die Arbeitsweise mit dem Computer vereinfacht die Abstimmung einer Kunstform auf die andere, besonders im visuellen Bereich, und sie erleichtert auch den Wechsel von einem Medium zu andern; viele Computerkünstler haben sich sowohl mit Graphik wie auch mit Musik beschäftigt.

Bewegte Bilder

Zu den naheliegenden Erweiterungen der Computergraphik gehört der Übergang zum bewegten Bild. Er wird umso leichter, als durch die Methode des Programmierens die Möglichkeit zur Veränderung vorgegeben ist. In der Praxis wird kaum ein Programm für die Anfertigung eines Einzelbildes geschrieben; jedes Programm enthält veränderliche Größen, Parameter, durch deren Änderung man eine beliebige Zahl von Bildvarianten erhält. Macht man die Übergangsschritte genügend klein, so bekommt man das Rohmaterial für filmische Darstellungen.
Im Zeitalter der mechanischen Plotter war es unumgänglich, den Film durch Aufnahme der Bildserie in Einzelbildschaltung zusammenzusetzen, ein Verfahren, das etwas langwierig ist, aber doch wesentlich einfacher, als wenn jede Zeichnung manuell angefertigt werden müßte. Wesentlich schneller ist der Fertigungsprozeß, wenn man direkt vom Bildschirm des elektronischen Sichtgeräts filmt oder über eine Anpassungsschaltung auf Videoband überspielt. Steht ein System hoher Arbeitsgeschwindigkeit zur Verfügung bzw. begnügt man sich mit relativ einfachen Konfigurationen, gelingt das sogar in Echtzeit. Es bringt aber auch keinen wesentlichen Nachteil mit sich, die Kamera mit dem Bildgerät zu synchronisieren und entsprechend verlangsamt – Bild für Bild – aufzunehmen.

Film

Die Möglichkeit zur automatischen Erzeugung von Bildvarianten bot sich schon früh für den kommerziellen Einsatz an, und zwar zur Produktion von Zeichentrickfilmen (Cartoons). Die Graphiker brauchen nicht mehr alle Phasen selbst zu zeichnen, sondern begnügen sich mit der Ausarbeitung einer Serie von Einzelbildern, die die Bewegung lediglich in größeren Sprüngen erfaßt. Diese werden dem Computer eingegeben; zusätzlich wird ihm mitgeteilt, welche Punkte der vorhergehenden Darstellung in welche der nachfolgenden übergehen sollen. Der Computer benutzt nun bestimmte Formeln, die eine sogenannte Interpolation erlauben: die Errechnung von Zwischenbildern, deren Abstände beliebig wählbar sind. Durch weitere Programmroutinen lassen sich die Flächen farbig anlegen. Entsprechende Interpolationsverfahren wurden später auch für den Übergang zwischen Tonbildern angewandt.

Animation

Das geschilderte Verfahren war der Anfang jener Technik, die man heute als Animation bezeichnet und die inzwischen geradezu sensationelle Fortschritte gemacht hat. Sie wurden insbesonder durch die heute zur Verfügung stehenden Computersysteme hoher Speicherkapazität und hoher Arbeitsgeschwindigkeit möglich. Voraussetzung war weiter der Übergang vom Vektor- zum Rasterverfahren, der zur graphischen Datenverarbeitung von Tonbildern führte. Eine der Konsequenzen ist der Übergang von 2D zu 3D, also von der Fläche zur perspektivisch-räumlichen Darstellung. Die zugrundeliegenden Programmsysteme verfügen über Routinen, die die Projektionen bewegter, beispielsweise rotierender Objekte auf die Zeichenebene zu bringen erlauben. Sie lösen das Hinterschneidungsproblem: die hinten liegenden Teile werden von den vorne liegenden topologisch richtig abgedeckt. Weiter wird die Leuchtdichte unter der Annahme beliebig verteilter Lichtquellen berechnet, den Flächen also der richtige Helligkeitswert zugeordnet. In ähnlicher Weise wird auch der Schattenwurf berechnet. Einige raffinierte Programme erlauben sogar die realistische Darstellung beliebig strukturierter Oberflächen mit den dazugehörigen Spiegelungseffekten sowie die Erfassung der Transparenz mit optisch richtiger Lichtbrechung.
Die Ergebnisse der Realsimulation sind von Foto- bzw. Filmaufnahmen nicht zu unterscheiden. Der Rechenaufwand ist allerdings so groß, daß er in Echtzeitdarstellung vorderhand nicht zu bewältigen ist; die Berechnung der Einzelbilder erfordert oft einige Minuten, so daß für die Produktion von längeren Szenenfolgen Tage oder Monate nötig sind. Die Kosten für Arbeiten dieser Art können kaum von Künstlern aufgebracht werden; Anwendungen finden sich daher vor allem in finanzkräftigen Industriezweigen, beispielsweise in der Werbung und im Unterhaltungsfilm. Insbesondere bei Science-Fiction-Produktionen hat die Realsimulation zu erstaunlichen Resultaten geführt, beispiels-

weise bei der Darstellung von Raumschiffen oder Planetenszenerien. Ein weiteres Anwendungsfeld dieser Methoden ergibt sich, wie bereits ausgeführt, in der Ausbildung von Piloten, Raumfahrern und Lokomotivführern, die die nötigen Handgriffe anhand möglichst realistisch inszenierter Situationen beherrschen lernen sollen. Da hier die Bildausgabe in Echtzeit erfolgen muß, versucht man den Engpaß der unzureichenden Rechengeschwindigkeit durch die Beschränkung auf etwas vereinfachte, schematische Darstellungen zu überwinden.

Video

Während die Videotechnik im Rahmen des kommerziellen Fernsehens bereits eine gewisse Reife erlangt hat, erfolgte ihr Durchbruch im Amateurbereich erst vor relativ kurzer Zeit. Damit aber eröffnet sich auch für die künstlerische Darstellung ein neues, verheißungsvolles Medium.
Obwohl von Anfang an in die Videotechnik auch digitale Schaltfunktionen integriert waren, rechnet man sie doch der analogen Seite zu. Erst in letzter Zeit haben sich Verbindungen zwischen Video- und Computertechnik ergeben. Der erste Anstoß dazu kam vom Einsatz von Bildschirmgeräten, und hier wieder vom Übergang zur Rastergraphik – prinzipiell dieselbe Ausgabemethode wie jene des Fernsehens. Da die für professionelle Zwecke der Computertechnik eingesetzten Bildschirmsysteme nicht mit denen des Fernsehens übereinstimmen, ist meist der Einsatz einer Anpassungselektronik nötig, die Zeittakt und Zeilenanordnung des einen Systems in jene des andern überführt. In letzter Zeit sind einige einfache Computersysteme, insbesondere Heimcomputer, auf den Markt gekommen, die handelsübliche Fernsehempfänger als Ausgabegeräte verwenden. Die mit ihnen erzeugten Bilder und Abläufe lassen sich direkt, ohne zusätzliche elektronische Schaltungen, mit Videorekordern aufnehmen.
Die Kooperation zwischen Video- und Computertechnik ist aus mehreren Gründen wünschenswert. Einerseits gibt es eine ganze Reihe von visuellen Effekten, die sich nach dem Analogprinzip leichter verwirklichen lassen als mit Hilfe digitaler Schaltungen; und andererseits werden auf diese Weise die Fortschritte der digitalen Animation für die Videoseite nutzbar. Einige der Firmen, die als Dienstleistungsbetriebe elektronisch erzeugte Bildabläufe für Film, Fernsehen und Werbung anbieten, benützen Hybridsysteme, Kombinationen aus digitalen und analogen Schaltungen.
Auch in jenen Trickfilmstudios, die sich der Computeranimation bedienen, arbeitet man mit analogen und digitalen Methoden. Meist werden Szenen mit Schauspielern mit der Fernsehkamera aufgenommen und mit Hilfe der Blaustanze *(blue screen)* vor Hintergründe geblendet, die vollsynthetisch elektronisch erzeugt wurden. Auch bei den digitalen Methoden sind zwei prinzipiell verschiedene Möglichkeiten zu unterscheiden. Mehr und mehr kommen Malsysteme in Gebrauch, die die Arbeitsweise des herkömmlichen Malers nachahmen. Allerdings arbeitet dieser nun an einem Bildschirm, wobei er Bildteile, Stützpunkte usw. entweder mit dem Lichtstift direkt auf dem Bildschirm oder mit Fadenkreuz oder elektronischem Zeichenstift auf dem Tablett einträgt. Dabei sind ihm dieselben Möglichkeiten des Farbauftrags gegeben wie bei der üblichen Malerei, darüber hinaus aber zusätzliche Möglichkeiten wie die Simulation der Spritzpistole, die Zufallsverteilung von Strichen über eine gegebene Linie, die beliebige Einfärbung von Flächen usw. Auf diese Weise entstehende Bildteile lassen sich dann mit computergenerierten Konfigurationen kombinieren, beispielsweise mit 3D-Darstellungen von Gebäuden, Fahrzeugen, Städten und Landschaften.

Skulptur

Zur Anfertigung dreidimensionaler Darstellungen im Sinne von Skulpturen sind die verfügbaren Computersysteme derzeit nur beschränkt geeignet. Allenfalls könnte man programmgesteuerte Werkzeugmaschinen verwenden, um kleinere Gebilde herzustellen. Eine andere Möglichkeit ist es, größere dreidimensionale Produkte aus kleineren Einzelteilen zusammenzusetzen.
Bei den ersten Beispielen für die computerunterstützte Produktion von Skulpturen wurde die Rechenanlage nur als Mittel des Entwurfs herangezogen, zur Bereitstellung von Bauplänen oder von perspektivischen Zeichnungen. Zu bemerkenswerten Ergebnissen verhilft der Computer, wenn man ihn – im Sinn der Con-

52 Ansicht eines Dorfes, *Bildabwandlung mit dem System SMC (Systeme Multimedia Conversational), LACTAMME, Paris; Jean-François Colonna*

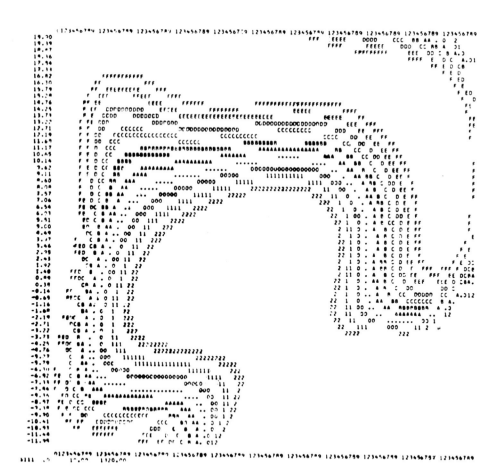

53 *Vorarbeit für die Anfertigung einer aus Scheiben zusammengesetzten Skulptur von J. L. Alexanco – Darstellung von Höhenlinien durch den Schnelldrucker*

cept Art – zur Ausfertigung von Entwürfen verwendet und auf eine Realisation verzichtet. Dann braucht man sich nämlich nicht mehr nach Materialeigenschaften und Naturgesetzen zu richten, sondern kann beispielsweise frei schwebende Teile beliebig miteinander kombinieren oder phantastische Bauwerke in utopische Landschaften einordnen.

Eine reizvolle Abart solcher Bilder sind jene, die auf pseudoperspektivischer Grundlage beruhen; der mit topologisch unmöglichen Baukonstruktionen operierende holländische Maler Maurits C. Escher ist hier zum Vorbild einiger Computergraphiker geworden.

Eine auch für künstlerische Zwecke interessante Methode, die – sofern 3D-Programme verfügbar sind – mit den Mitteln der Computergraphik leicht zu praktizieren ist, ist jene der Stereographie. Dabei ist sowohl die Methode der Rot-Grün-Brille wie auch jene der Polarisationsfolien anwendbar. Es kommte nur darauf an, zwei in ihrer Perspektive – dem Augenabstand entsprechend – etwas voneinander abweichende Darstellungen des Motivs bereitzustellen.

Im Zusammenhang mit der Skulptur muß auch die Reliefdarstellung erwähnt werden. Geeignetes Mittel zur computerunterstützten Verwirklichung ist die programmgesteuerte Fräsmaschine. Gegenüber den üblichen computergraphischen Systemen wird hier gewissermaßen der Plotter durch die Fräsanordnung und das Papier durch eine Metallscheibe ersetzt.

In Zukunft könnte im Rahmen der Computerkunst auch die Methode der Holographie, der dreidimensionalen Darstellung mit Hilfe von Laserlicht, Bedeutung gewinnen. Aufgrund von Berechnungen würde dann mit computergraphischen Mitteln das

54 *Computerplastik von Georg Nees. Als Grundmuster dient eine Verteilung von Quadraten über ein quadratisches Feld nach einem Programm, in dem einige Bestimmungsschritte dem Zufall überlassen sind. Der Digitalrechner, eine Datenverarbeitungsanlage des Siemens Systems 4004, gibt einen Lochstreifen aus. Dieser steuert eine automatische, nach dem System SINUMERIK arbeitende Werkzeugmaschine, die das Reliefmuster aus Holz oder Aluminium ausfräst*

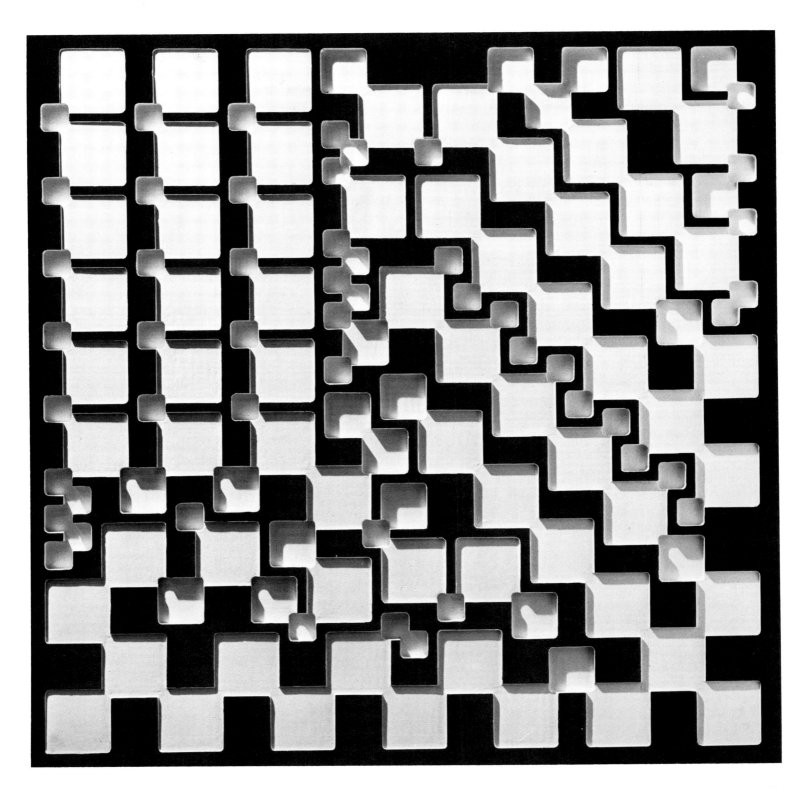

holographische Bild berechnet und ausgegeben, das auf dem üblichen Weg holographischer Wiedergabe zu einer dreidimensionalen Darstellung nicht real existierender Objekte oder Szenen umgesetzt werden könnte.

Tanz

Gelegentlich wurden Versuche unternommen, den Computer für die Konzeption von Choreographien heranzuziehen. Am Anfang begnügte man sich mit der Darstellung von Strichmännchen zur Kennzeichnung der Tanzfiguren, in neuerer Zeit wurden auch schon räumlich dargestellte schematische Figuren von Tänzern zur Veranschaulichung der Abläufe herangezogen.

Musik

Während die Entwicklung der künstlerischen Computergraphik noch voll im Gang ist, hat die Computermusik bereits eine gewisse Reife erlangt. Auf der einen Seite ist sie, zumindest in den USA, in den Betrieb der Musikakademien einbezogen; auf der anderen Seite aber hat sie auch eine weite Verbreitung in der populären Musikszene erfahren. Offenbar ist der Widerstand gegen die computergenerierte Musik weitaus geringer als der gegen die computergenerierte Graphik. Die Gründe dafür sind leicht zu ermitteln. Für die Realisation musikalischer Ideen war es schon seit vorgeschichtlicher Zeit üblich, physikalische Werkzeuge, später sogar sehr komplizierte physikalische Maschinen – wie es die Musikinstrumente sind – heranzuziehen. So war der Übergang zur Elektronik nur ein letzter Schritt in einer lange währenden Entwicklung. Außerdem neigt die Musik mit ihrem strengen, formal faßbaren Aufbau und abstraktem Regulativ harmonischer und kontrapunktischer Gesetze von vornherein zur Quantifizierung und Programmierung.

Das Spektrum des Einsatzes elektronischer Mittel in der Musik ist heute so weit gespannt, daß seine Beschreibung ein Buch füllen würde – und es gibt auch schon mehrere Publikationen über das neuentstandene Fachgebiet (s. die Bibliographie, S. 179f.). Dennoch sei hier wenigstens kurz angedeutet, welche Methoden

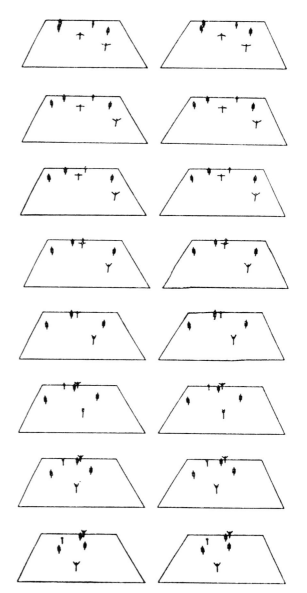

55 Beispiel einer Computerchoreographie von A. Michael Noll. Durch einen Stereofilm werden die Positionen und Bewegungen der Tänzer auf der Bühne räumlich sichtbar

und Mittel in der computergenerierten Musik eingesetzt werden, und zwar vor allem deshalb, weil gerade die Computerkunst manche zwischen den klassischen Künsten bestehenden Schranken abbaut, nicht zuletzt jene zwischen visuellen und auditiven Kunstwerken. Insbesondere ist es die bewegte Graphik, die doch gerade dazu herausfordert, sie mit Musik zu kombinieren. Im einfachsten Fall kann das dadurch geschehen, daß die graphischen Prozesse einer vorhandenen Musik angepaßt werden oder umgekehrt. Die fortschrittlichste Methode dagegen ist es, mit ein und demselben Programm die Ausgabe sowohl der optischen wie der akustischen Effekte zu steuern.

Beim Vergleich zwischen Graphik und Musik ist allerdings ein wesentlicher Unterschied zu beachten, der der gegenseitigen Koppelung gewisse Schwierigkeiten bereitet: Die Musik ist ein typisch analoger Vorgang, und auch das Ohr, das für akustische Phänomene bestimmte Aufnahmeorgan, arbeitet nach dem Analogprinzip; dementsprechend gehören alle klassischen Musikinstrumente der analogen Gattung an. Sieht man von der Ebene der Lichtquanten ab, so präsentieren sich uns Bilder ebenso als Analogerscheinungen, das Auge jedoch, mit seiner Auflösung mit Hilfe von Stäbchen und Zäpfchen, ist ein typisch digitales Instrument, und auch die meisten Hilfsmittel der Bildwiedergabe und -dokumentation – vom Rasterdruck bis zum Fernsehschirm – arbeiten auf digitaler Grundlage. Versucht man, dem heutigen Trend folgend, die aus verschiedenen Gründen günstigere digitale Arbeitsweise auf akustische Erscheinungen, insbesondere auf die Musik, anzuwenden, so bedarf es zusätzlicher Vorrichtungen zur Analog/Digital-Umwandlung. Und die ersten elektronischen Hilfsmittel zur Produktion von Musik waren dementsprechend Analoggeräte, bei denen das Problem der Digitalisierung nicht auftrat.

Im Prinzip handelte es sich bei allen elektronischen Musikinstrumenten nach klassischen Vorbildern um Systeme elektronischer Schwingkreise, deren Wellen über Lautsprecher hörbar gemacht werden. Das Grundmaterial sind Sinusschwingungen in einem Frequenzbereich von einigen Hertz bis zwanzig Kilohertz. Nach einem Gesetz der Mathematik ist es möglich, alle anderen Wellenformen durch die Kombination von Sinusschwingungen zu erzeugen. Durch die Vorarbeit technikinteressierter Musiker kam es zu Konstruktionen sogenannter Synthesizer, die es erlauben, Töne in verschiedensten Höhen, Lautstärken und Klangfarben zu produzieren und zu überlagern. Darüber hinaus stehen auch Schaltelemente zur Verfügung, mit denen man Geräusche hervorbringen kann, etwa das sogenannte statistische Rauschen.

Die einfachste Art des digitalen Zugriffs ist der Gebrauch einer Tastatur, über die man die einzelnen Elemente, Schwingkreise, Rauschgeneratoren und dergleichen ein- und ausschalten kann. Auf diese Weise ist es möglich, die Musikproduktion von der Eingabe des Programms und der willkürlich wählbaren Parameter bis zur musikalischen Aufführung und der Tonbandaufzeichnung in einem Zug durchzuführen. Erwähnenswert ist auch der Einsatz von Computern zur Herstellung von Partituren, eine Methode, die auf der Linie der europäischen Musiktradition liegt und u. a. von Jannis Xenakis und Gottfried Michael Koenig angewandt wurde. Computerkompositionen unter Einbeziehung von Tonband, Instrumenten und Stimmen sind beispielsweise eine von IRCAM, Paris, bevorzugte Methode.

Von der üblichen Musikpraxis abgeleitet ist der Wunsch, zur digitalen Verarbeitung auch in üblicher Weise realisierte Tonfolgen, Klänge oder andere akustische Abläufe zu verwenden. Dazu benötigt man Analog/Digital-Umsetzer, die natürliche Klänge nach einer Art Stichprobenmethode (Sampling) digitalisieren. Um Verzerrungen zu vermeiden, muß der Tonverlauf mindestens zweieinhalbmal so schnell abgetastet werden, als es einer Einzelschwingung der höchsten Frequenz entspricht. Für Zwecke der Computermusik verwendet man Abtastraten von 5000 bis 50 000 Stichproben pro Sekunde. Mit Geräten, die nach dem Sampling-Prinzip arbeiten, steht dem Musiker eine Art Picture-Processing-Methode für Töne zur Verfügung – er braucht seine Sequenzen nicht vom Grund auf digital aufzubauen, sondern kann sie auch mit einem üblichen Instrument, wenn gewünscht auch mit der eigenen Stimme, eingeben, um sie dann in beliebiger Weise zu abstrahieren, zu verfremden, zu kombinieren usw. (digitale *musique concrète*). Die ersten Geräte, die Transformationen dieser Art erlaubten, die sogenannten Vocoder, entstanden übrigens nicht, wie allgemein angenommen wird, für Zwecke der Klangforschung, sondern zur digitalen Sprachverschlüsselung in der Kryptographie. Während die ersten Vocoder außerordentlich teuer waren, hat die Welle der Mikrominiaturisierung auch bei ihnen zu erheblichen Preissenkungen geführt, so daß sie schon zur üblichen Ausstattung mittlerer Studios für elektronische Musik gehören.

In der Computermusik, insbesondere dort, wo sie musikwissenschaftlichen Zwecken dient, verwendet man häufig ein Verfahren, bei dem die Vorschriften für die stilistischen Eigenheiten nicht explizit angegeben zu werden brauchen. Der erste Schritt ist die Phase der Analyse. Man bietet dem Computer einige Musikstücke jenes Stils an, den man auch für die fertige Komposition wünscht. Es können dies Werke einer bestimmten Zeitepoche oder auch Kompositionen eines bestimmten Musikers sein. Der Computer sammelt nun signifikante Daten für die betreffende Musik; dabei handelt es sich vor allem um Wahrscheinlichkeiten für die Aufeinanderfolge und den Zusammenklang von Tönen. Man bedient sich dabei meist des Verfahrens der Markoff-Ketten, bei dem die Wahrscheinlichkeit für das Auftreten eines Tons in Abhängigkeit von einigen vorhergehenden Tönen bestimmt wird. In der zweiten Phase des Produktionsvorgangs benützt der Computer die festgestellten Gesetze, um aus einem Angebot von Zufallszahlen passende herauszusuchen. Das Ergebnis ist eine Komposition, die im Stil den vorgegebenen Beispielen entspricht.

Bei diesem Weg erspart man sich, musikalische Stile in Programme zu fassen – der Computer schafft sich sein Programm auf Grund der Stilanalyse selbst. Ein Nachteil des Verfahrens besteht darin, daß man damit nur Beispiele bekannter Stile generieren kann. Nichts steht aber im Wege, in bestimmten Punkten von den Analyseergebnissen abzugehen und auf diese Weise etwas Neues zu erreichen. Für die Wissenschaft erweist es sich dabei als günstig, daß man hiermit Kontrollmöglichkeiten erhält, um festzustellen, auf welche Weise bestimmte Stilmittel die auditive Wirkung beeinflussen. Man betreibt dann experimentelle Ästhetik im besten Sinn des Wortes – mit Ergebnissen, die jenen der klassischen Kunst nicht nachstehen, und mit Erkenntnissen, die nicht nur für die Musikwissenschaft, sondern auch für die Sinnespsychologie wertvoll sind.

In den letzten Jahren kam es zu einem bemerkenswerten Aufschwung im Bereich programmierbarer elektronischer Musikinstrumente auf digitaler Basis. Für den professionellen Gebrauch stehen eine Reihe von Musikcomputern, wie der Fairlight CMI, das Synklavier und das McLevyier Klavier zur Verfügung. Neben verschiedensten Synthese- und Transformationsmöglichkeiten erlauben es solche Geräte, jede beliebige Wellenform mit einem Lichtstift auf den Bildschirm zu zeichnen und die entsprechenden Schwingungen ins Hörbare umzusetzen. Ein anderes professionelles Gerät ist der Crumar/MTI, der 32 Oszillatoren zur Klangerzeugung enthält. Seit der Homecomputer die Erzeugung von frei gestalteten graphischen Abläufen in Echtzeit bietet, sind auch mit den üblichen Mikrocomputertypen kompatible Musikcomputer für die Elektronikanbieter interessant geworden. Waren die ersten, Ende der sechziger, Anfang der siebziger Jahre entwickelten Erzeugnisse dieser Art in ihren Möglichkeiten noch recht beschränkt, so kamen um 1980 schon weitaus flexiblere Geräte auf den Markt, beispielsweise ein Wellengenerator der Firma ALF für den Anschluß an den Apple oder – mit weitaus größerer Leistungsbreite – der Casheab, der 32 Stimmen von 16 verschiedenen Wellenformen erzeugt und noch einige weitere Fähigkeiten üblicher Synthesizer besitzt.

Computergenerierte Musik, insbesondere aus dem Amateurbereich, verbunden mit Computergraphik und Video ist bevorzugtes Thema der laufend veranstalteten *Personal Computer Arts Festivals* des Computer Arts Forum, Philadelphia. Erwähnenswert in diesem Zusammenhang auch der *Große Preis* der in zweijährigen Abständen durchgeführten ARS ELECTRONICA Linz, wo die originellsten Neuentwicklungen elektronischer Instrumente sowohl aus dem professionellen wie aus dem Amateurbereich prämiert werden.

Literatur

So reizvoll es ist, den Computer auch zur Generierung von Texten zu verwenden – die Computerdichtung ist zweifellos die problemreichste Aufgabe des Computers in der Kunst. Das hängt damit zusammen, daß die menschliche Sprache das komplizierteste Verständigungssystem ist, das wir kennen, so wie das menschliche Gehirn, das sie hervorbringt und auch wieder aufnimmt, das komplexeste System ist, mit dem sich die Wissenschaft bisher beschäftigt hat. Wir sind noch weit davon entfernt, seine Funktion zu verstehen, und auch die Erforschung der Sprache befindet sich erst in den Anfängen.

Der Versuch, sprachliche Äußerungen mit Hilfe von Computern hervorzubringen, steht auch im Zusammenhang mit praktischen Zwecken, nämlich mit dem Problem der automatischen Übersetzung. Heute gibt es Programme, die eine einigermaßen verständliche Übersetzung, beispielsweise aus dem Russischen ins Englische, zuwegebringen. Sie bewähren sich bei der Übersetzung von Tagesnachrichten, etwa bei Zeitungstexten, sowie bei wissenschaftlichen Publikationen, bei denen es auf sprachliche Eleganz nicht ankommt. Eine brauchbare Übersetzung literarischer Texte ist noch nicht möglich, und somit ist es kaum sinnvoll, diese Art des Computereinsatzes unter künstlerischen Gesichtspunkten zu sehen. Strebt man aber an, künstlerische Produkte mit Hilfe des Computers zustandezubringen, so wird man genau jene Kenntnisse brauchen, die im Fall der Sprachübersetzung noch fehlen, nämlich jene über die Regeln, die den sprachlichen Ausdruck bestimmen. Sie betreffen nicht nur die Grammatik oder die Phonetik, sondern vor allem den Sinnzusammenhang, die Semantik. Hier dürfte der Schlüssel für die Erforschung des Phänomens Sprache liegen - sie hat sich als Werkzeug für die Verschlüsselung und Weitergabe von Sinnzusammenhängen gebildet.
Trotz dieser Schwierigkeiten liegen bereits Beispiele für Computerlyrik vor. Sie beruhen zumeist auf relativ einfachen Programmen, sind aber als Andeutung dessen, was sich daraus entwickeln kann, von Bedeutung. Zunächst ist es nötig, die Syntax der Sprache in Programme zu fassen, wobei man sich bisher auf vereinfachte Modelle beschränkt hat. Weiter wird dem Computer ein Lexikon eingegeben, also eine Liste der verfügbaren Wörter.

Diese treten dabei in allen möglichen Abwandlungen auf - durch Kenndaten wird angezeigt, unter welchen Umständen diese oder jene Form zu verwenden ist. Auf diese Weise ist es möglich, eine begrenzte Anzahl von Satztypen in grammatikalisch richtiger Form herzustellen. Wieder bedient man sich des bei der Musik bewährten Verfahrens: Ein Zufallsgenerator bietet eine Folge von Wörtern an, das Programm prüft, ob sie zulässig sind. Wenn das zutrifft, wird das betreffende Wort zum Aufbau des Textes verwendet. Ebenso bestimmt der Zufallsgenerator die Länge des Textes wie auch die Reihenfolge der verwendeten Satztypen. Rücksicht auf den Sinnzusammenhang wird innerhalb eines Programmes nicht genommen, es ist aber möglich, das Lexikon aus Begriffen eines bestimmten Zusammenhangs auszuwählen. So entstand etwa das bekannte Weihnachtsgedicht von Rul Gunzenhäuser:

Der Schnee ist kalt
und jeder Friede ist tief
und kein Christbaum ist leise
oder jede Kerze ist weiß
oder ein Friede ist kalt
oder nicht jede Kerze ist rein

und ein Engel ist rein
und jeder Friede ist still
oder jeder Friede ist weiß
oder das Kind ist still
ein Engel ist überall

Auf diese Weise wird die Wahrscheinlichkeit für das gemeinsame Auftreten zueinander passender Begriffe erhöht; doch handelt es sich dabei nur um Zufallseffekte. Es ist aber denkbar, das Regelsystem immer weiter auszubauen und so Texte zu erhalten,

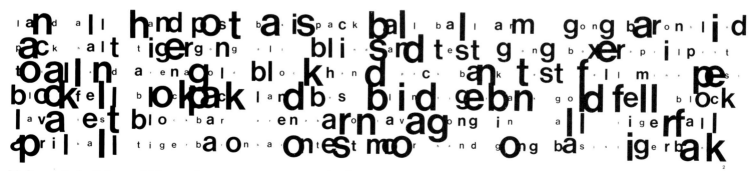

56 *Semantische Infra- und Metastruktur, computergenerierter konkreter Text von Marc Adrian*

die der normalen Sprache allmählich ähnlicher werden. Das bedeutet allerdings nichts anderes als einen anderen Weg zu den vollständigen sprachlichen Regeln, die die Computerübersetzung anstrebt.

Die relativ einfachen Sprachmuster, die der Computerlyrik heute zugänglich sind, erinnern an die Stilmittel der konkreten Poesie. Diese ist dadurch gekennzeichnet, daß sie sich auf einfachste sprachliche Elemente beschränkt, Zusammenhänge zerbricht, Fragmente aneinanderreiht und dergleichen mehr. Setzt man für derartige Versuche Computer ein, so sind befriedigende Ergebnisse durchaus denkbar. Ein Beispiel bieten dafür die Arbeiten von Alan Sutcliffe.

Auch jener Typ der konkreten Poesie, bei dem die flächenhafte Verteilung sprachlicher Elemente zur gestalterischen Komponente wird, gewissermaßen ein Übergang zur Graphik, steht dem Zugriff des Computers offen. Arbeiten dieses Typs stammen von Marc Adrian.

Viele Möglichkeiten aus dem Spielfeld solcher Experimente, die sich dem Computereinsatz anbieten, sind noch nicht genutzt worden. Ebenso wie es möglich ist, Bilder sukzessive abzubauen, nach bestimmten Gesichtspunkten zu verändern oder auch mit anderen Bildern zu verrechnen, kann das mit Texten geschehen. Die Überlagerung von Störungen, der Austausch von Wörtern gegen solche eines anderen semantischen Umfelds, die Mischung zweier völlig verschiedener Texte nach streng vorgegebenen oder auch statistischen Regeln könnte zweifellos in reizvolles Neuland führen.

Inzwischen hat die Linguistik neue Grammatiktheorien ausgearbeitet, die auch als Programmsysteme vorliegen und zur Generierung von Texten dienen können. Mit ihnen wäre es möglich, weitaus komplexere Sätze mit mehr Sinnzusammenhang und somit variantenreichere dichterische Texte herzustellen.

Gelegentlich wird auch noch eine andere Möglichkeit des Computereinsatzes für literarische Zwecke diskutiert: der Einsatz zur Konzeption von Handlungsabläufen. Es liegen bereits einige – nicht unbedingt für den ernsten Einsatz gedachte – Programme für abenteuerliche Handlungen vor.

Zu recht interessanten Anwendungen solcher Verfahren könnte es in jenen Bereichen kommen, in denen es nicht um fest vorgegebene, sondern um flexible, beispielsweise von Entscheidungen des Benutzers abhängige, Handlungsabläufe geht. Erste Ansätze dazu zeigen sich bereits beim Entwurf von Computerspielen; es sind aber auch künftige Formen einer Art „Erlebnistheater" denkbar: der Benutzer befindet sich in einer Simulationsanlage; über Bildschirme, durch holographische Darstellung usw. werden ihm Geschehnisse gezeigt, in die er selbst einbezogen ist; gemäß den von ihm getroffenen Entscheidungen werden verschiedene Varianten des Programms aktualisiert. Der prinzipielle Unterschied dieser neuen Unterhaltungsform gegenüber den herkömmlichen Angeboten liegt in der Rückkopplung zwischen Benutzer und Programm.

Es ist anzunehmen, daß diese Möglichkeiten zuerst im Trivialbereich realisiert werden, doch steht auch künstlerischen Anwendungen nichts im Wege. Somit könnte der Computer auch in diesem Bereich zu völlig neuen Praktiken in Kunst und Unterhaltung führen, die ohne die interaktiv arbeitende Elektronik nicht denkbar wären.

Multi-Media

Für die Arbeit mit dem Computer bedeutet der Vorstoß in den Multi-Media-Bereich nur die Kombination verschiedener einzelner Methoden unter einer gewissen Abstimmung der Abläufe. Beispiele wären etwa der von Musik untermalte Film oder das Ballett. Für solche Versuche bietet der Computer ausgezeichnete Voraussetzungen, da er direkt oder über Lochstreifen und Magnetbänder die Steuerung und damit die Synchronisation der Abläufe vornehmen kann. Gerade dort, wo die Komplexität so groß wird, daß sie die zusammenarbeitenden ausführenden Künstler überfordert, beginnt ein neues Feld des sinnvollen Computereinsatzes.

Umweltgestaltung

Umweltgestaltung, Stadtplanung und Architektur stellen Aufgaben, bei deren Lösung der Computer immer häufiger eingesetzt wird. Da es sich dabei kaum um freie ästhetische Gestaltung handelt, soll dieser Bereich hier nur beiläufig erwähnt werden.

57 Saturn mit Ringen, Picture Processing von James Blinn, JPL, NASA

58 Matrizenmultiplikation, 1967, von Frieder Nake, ein Beispiel für die Visualisierung mathematischer Prozesse. Aufgrund elementarer Operationen der Matrizenrechnung wurden Zahlen auf dem Besetzungsfeld angeordnet. Jeder Zahl ist eine Farbe zugeordnet, die mit dem Zeichenautomaten Graphomat in dickstmöglicher Strichstärke auf dem Elementarquadrat des Grundrasters aufgetragen wurde

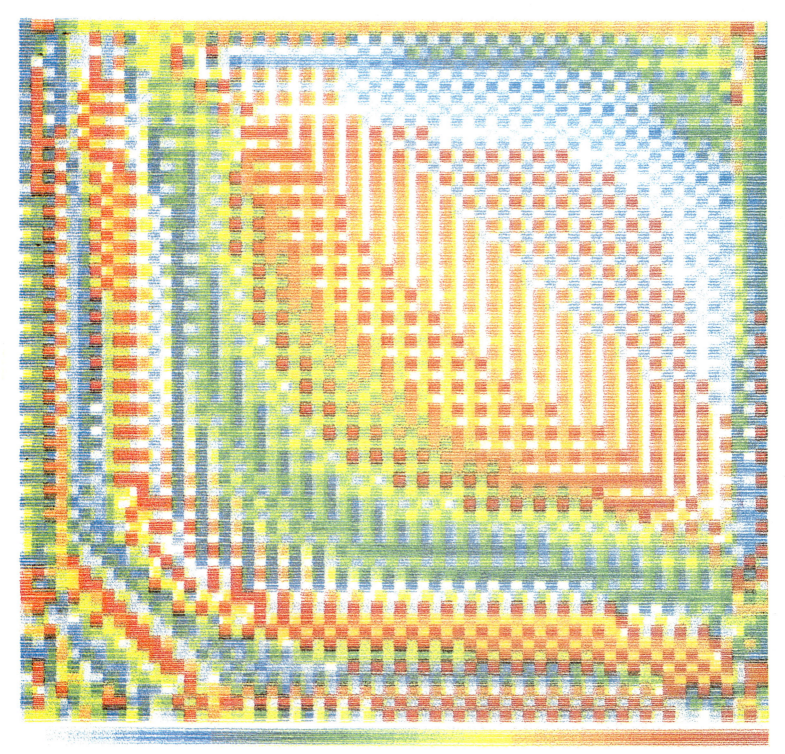

59 Farbraster 75, *Computergraphik, auf dem Monitor komponiert und mit einem Tintensprühgerät ausgegeben; System SICOGRAPH*, Herbert W. Franke

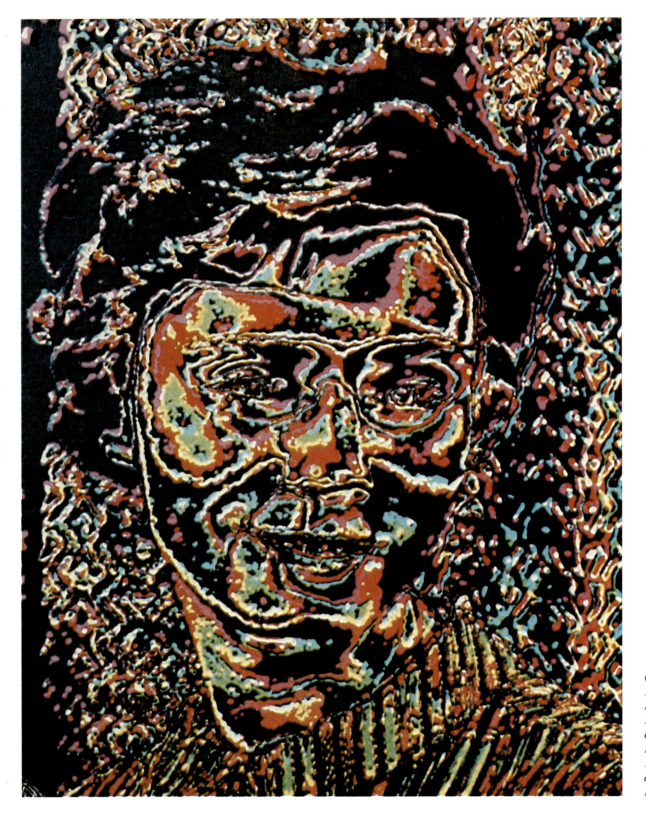

60 Ein Motiv der Picture-Processing-Serie von Manfred R. Schroeder, eines der frühesten Beispiele in Farbe; 1968 entstanden bei den Bell Telephone Laboratories

61 Anton Bruckner, *Picture Processing nach einer alten Schwarzweißphotographie;* System DIBIAS, DFVLR, Herbert W. Franke

62 Pineapple, *Computergraphik, A.R.T.A. (Atelier de Recherches Techniques Avancées), Centre Georges Pompidou; Christian Cavadia*

63 Diamand-Variation II, *entstanden durch Verzerrung eines regelmäßigen Ausgangsmusters;* Ruth Leavitt

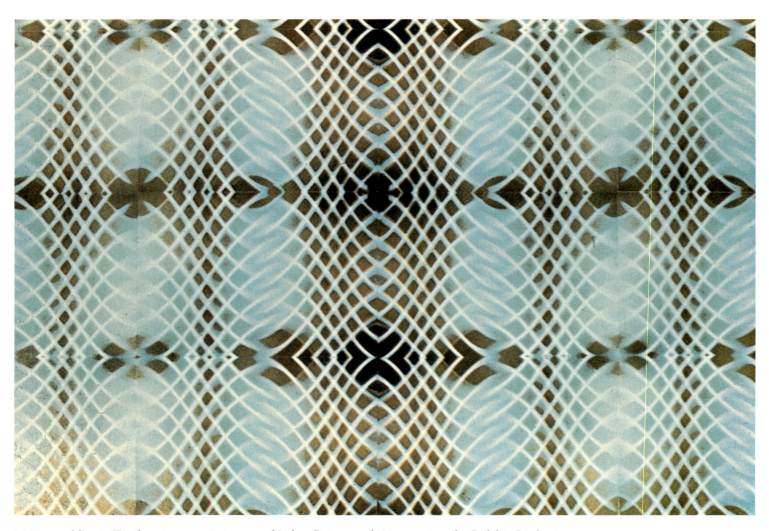

64 *Entwurf für ein Textilmuster, generiert am graphischen Datenverarbeitungssystem der Dolphin Productions, New York; Susan Casey*

65 Computergenerierte Phasenbilder aus dem Farbfilm Pixillation von Lillian F. Schwartz, in dem Farbabläufe üblicher Entstehungsweise mit computergenerierten Abläufen wechseln. Diese entstanden nach dem System BEFLIX von Kenneth C. Knowlton, die Musik wurde mit dem System GROOVE von Max V. Mathews komponiert

66 Apfelmännchen, *Figur nach Benoit B. Mandelbrot, durch die ein mathematischer Zusammenhang im Bereich der Julia-Mengen veranschaulicht wird; im Rahmen einer „experimentellen Mathematik" generiert von Heinz-Otto Peitgen und Peter H. Richter, Universität Bremen*

67 Freie Form, *entstanden durch die Kombination mathematischer und logischer Umsetzungen; System DIBIAS, DFVLR, Herbert W. Franke und Horst Helbig*

68 Farbige Computergraphik von John C. Mott-Smith, entstanden durch sukzessive Überlagerung durch Farbfilter hindurch aufgenommener Bildschirmmuster, nach einem Programm, das ursprünglich der Demonstration von Teilchenbewegungen in Kraftfeldern diente

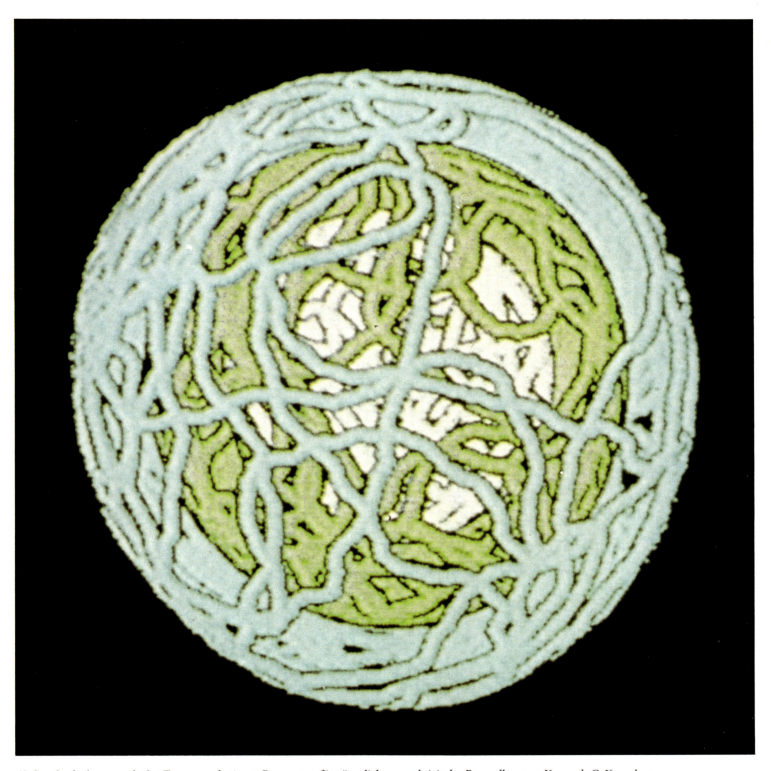

69 Synthetische organische Form, *nach einem Programm für räumlich-perspektivische Darstellungen; Kenneth C. Knowlton*

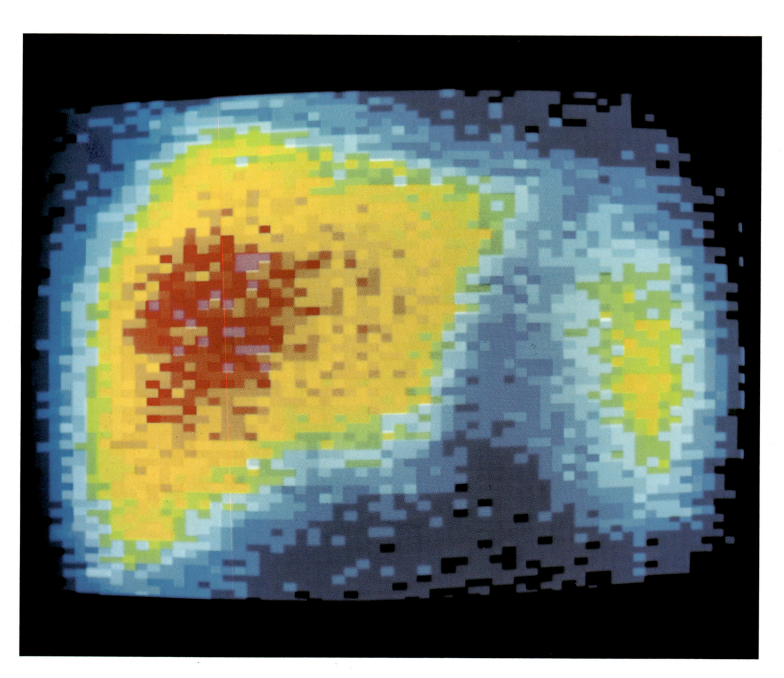

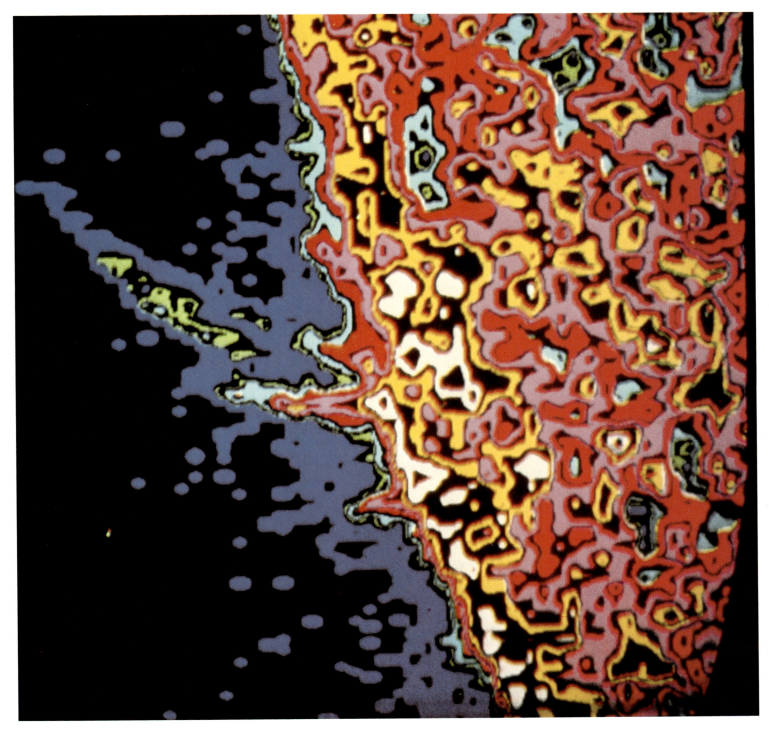

71 Eruptionen am Sonnenhorizont, vom Sonnenteleskop von Skylab aus aufgenommen; Picture Processing, Aufnahme USIS

◁70 Szintigramm von Leber und Milz, ein Beispiel für Picture Processing in der Medizin; Siemens, SICOGRAPH

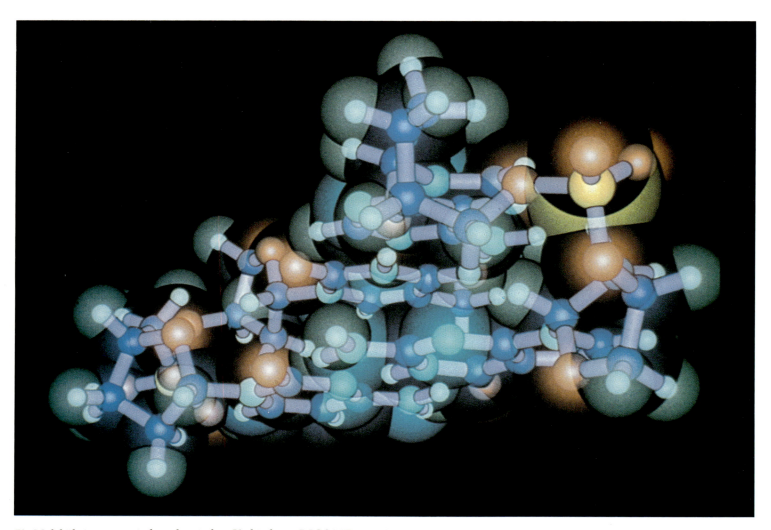

72 *Molekül einer organischen chemischen Verbindung,* DICOMED D 48; *Lawrence Livermore Laboratory*

73 Kugelaggregat, *freie Komposition; Digital Effects Inc., New York* ▷

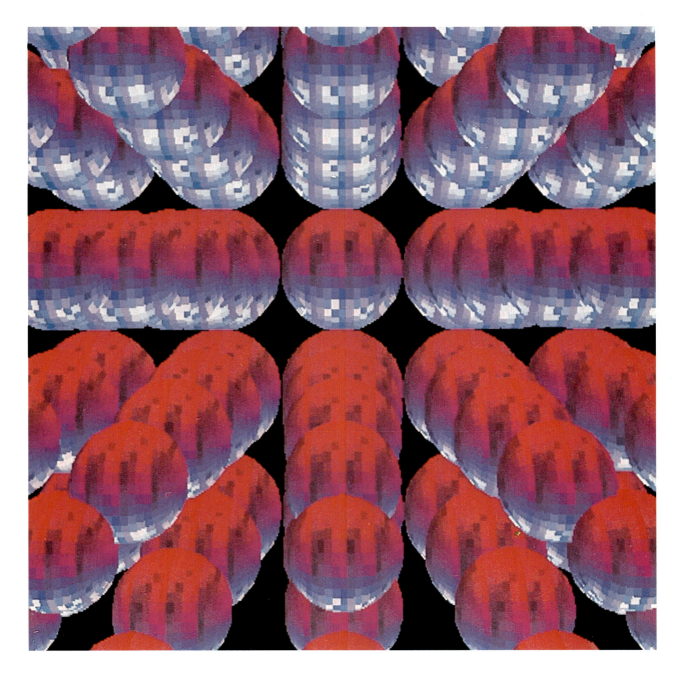

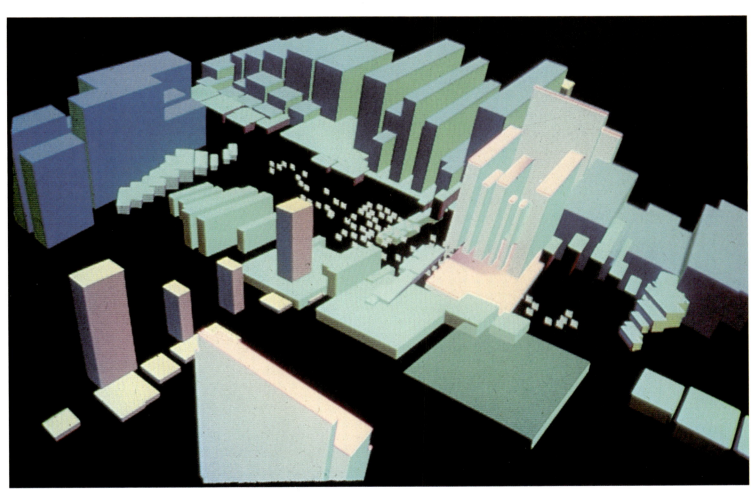

75 Design for a Fractal Cityscape, *Lee Anderson, School of Architecture, University of Minnesota, and Richard A. Weinberg, Cray Research Inc.*

◁ 74 Polyhedral Stellation, *Norman I. Badler, Kathy McKeown and Gary Rathsmill, University of Pennsylvania*

76 Phasenbild einer dynamischen Sequenz, Electronic Visualization Laboratory, University of Illinois at Chicago Circle; Thomas A. DeFanti und B. Sykes

77 Kosmische Vision von David Em; *Software von James Blinn*

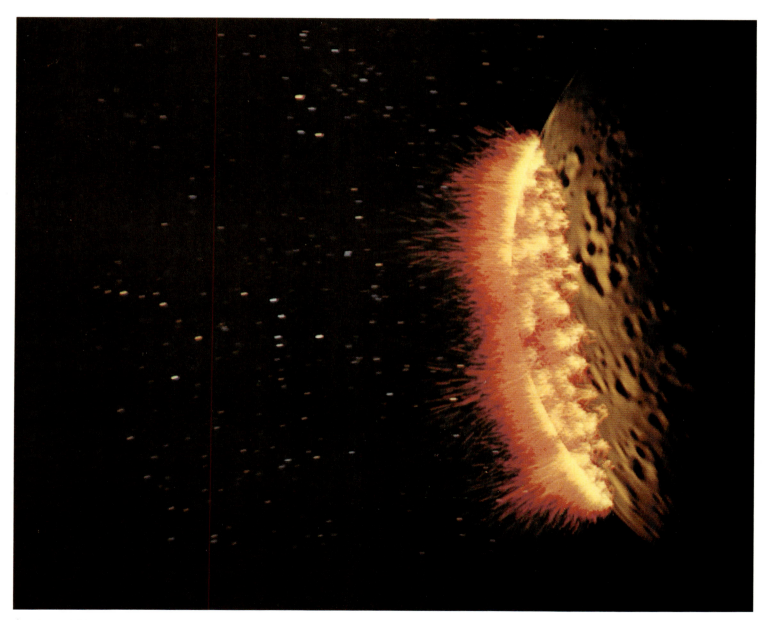

78 *Phasenbild aus* Star Trek II: The Wrath of Khan, *Lucasfilm, Ltd.*

79 Phasenbild aus Star Trek II: The Wrath of Khan, *Lucasfilm, Ltd.*

80 Echtzeitsimulation einer Landschaft für Ausbildungszwecke, Link-Division, Singer (s. auch Abb. 41, S. 53)

Geschichte der Computerkunst

1 Trends zur Computergraphik

Die künstlerischen Arbeiten aus dem Computer wurden von der breiten Öffentlichkeit mit Überraschung aufgenommen. In Wirklichkeit aber sind sie nur die logische Konsequenz einer Entwicklung, die Jahrhunderte, ja Jahrtausende alt ist.

Technisierung

Die Entfaltung des Menschen ist eng mit dem Prozeß der Technisierung verknüpft, mit dem Einsatz immer wirksamerer Maschinen und maschineller Systeme. Als Gewinn, der dieser Entwicklung zu verdanken ist, ergibt sich ein gewisses Maß an freier Zeit, die nicht für die unmittelbaren Belange des Lebens eingesetzt werden muß. Diesem Gewinn sind unter anderem die zweckfreie Wissenschaft und die Kunst zu verdanken, Aktivitäten, von denen oft wichtige Impulse für die Weiterentwicklung des Menschen ausgehen.
Die Technisierung geht über mehrere Schritte vor sich, und zwar durchläuft sie im großen und ganzen folgende Phasen:

- Handwerk,
- mechanische Maschinisierung,
- klassische Physikotechnik,
- Elektrotechnik und schließlich
- elektronische Automatisierung.

Im Laufe dieser Entwicklung ist es dem Menschen gelungen, immer größere Anteile der vormals von ihm geleisteten Arbeit an Maschinen zu delegieren. Offensichtlich besteht eine Tendenz zur möglichst umfassenden Maschinisierung aller Tätigkeiten, die von Maschinen geleistet werden können.
Tendenzen dieser Art haben sich auch in der Kunst bemerkbar gemacht. Am frühesten war die Musik der Technisierung zugänglich, und zwar einfach deshalb, weil man Töne mit relativ einfachen mechanischen Werkzeugen hervorbringen kann. Schon aus prähistorischer Zeit sind Trommeln, Saiten- und Blasinstrumente bekannt. Vielleicht ist dieser frühe Beginn der Grund dafür, daß gegen den Einsatz von Maschinen in der Musik keine Tabus errichtet wurden.

	Informationspsychologische Bedingungen		Physiophysikalische Bedingungen
	Informationsbedingung	Redundanzbedingung	
Handwerkliche Kunst	Mensch	Mensch	Mensch
Instrumentelle Kunst	Mensch	Mensch	Physikalische Maschine
Deterministische Computerkunst	Mensch	Klassischer Automat	Physikalische Maschine
Stochastische Computerkunst	Zufallsgenerator	Klassischer Automat	Physikalische Maschine

81 Delegierung ästhetisch-kreativer Prozesse an Maschinen. Zuerst wird die physikalische Ausführung an Maschinen delegiert (Beispiel Musikinstrumente oder Guillochiermaschinen), dann auch die Konzeption der ästhetischen Ordnungen (klassischer Automat). Mit dem probabilistischen Automaten, dem Zufallsgenerator, ist es schließlich möglich, auch die eigentlich kreative Phase, die Erzeugung von Information, der Maschine zu überlassen

Die Maschinisierung setzte sich über die komplizierten Musikinstrumente - die zum Teil hochentwickelte physikalische Maschinen sind - bis zur Phase der Automatisierung fort.
Visuelle oder gar sprachliche Muster sind der Maschinisierung schwerer zugänglich. Zur Visualisierung bedarf es Maschinen, die über die Stufe der Mechanisierung weit hinausreichen, solche optischer und elektronischer Art. Die Automatisierung der Sprache setzt den Bestand hochleistungsfähiger Computer voraus, wie wir sie heute noch nicht besitzen.
Das wichtigste Ergebnis auf dem Weg zur Maschinisierung der bildenden Kunst ist die Photographie. Es hat aber auch vielfältige weitere Versuche in dieser Richtung gegeben, die allerdings nie populär geworden sind. Zu erwähnen sind etwa die Guillochiermaschinen, bei denen ein mechanisches Getriebe einen Stahlstift zu komplizierten Bewegungen veranlaßt. Dieser graviert eine Kalligraphie in Metall ein - Muster, die zur graphischen Gestaltung von Geldscheinen und Bankpapieren dienen.

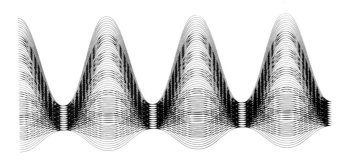
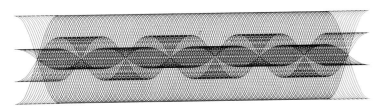
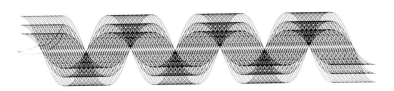
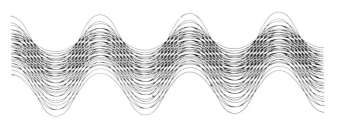

82 Schwingungsfiguren von Bruno Sonderegger, aus sinusförmigen Kurven aufgebaut. Sie entstanden mit dem CORAGRAPHEN der Fa. Contraves AG, Zürich, Schweiz, und dienten als Vorstudien für die Gestaltung von Bankpapieren für die Fa. Joh. Enschede en Zonen, Grafische Inrichtingen N.V., Haarlem, Holland

Besonders in den letzten Jahren vor Bekanntwerden der Computergraphik kam es zu vielerlei Versuchen maschineller Bildkomposition, meist auf der Basis der Photographie, verbunden mit mechanischen Hilfsmitteln.

Zu erwähnen sind etwa die „photomechanischen Transformationen" von Hein Gravenhorst sowie die „Lochblendenstrukturen" von Gottfried Jäger - Ergebnisse einer generativen Photographie, die in programmierten Arbeitsgängen entsteht. Von ihnen ist es nur noch ein Schritt zur elektronischen Automation und damit zum Computer.

Rechengraphik

Mathematisch konzipierte Figurationen legen eine Maschinisierung der Produktion nahe. Solche Formen sind uralt, zu ihnen gehören die Ornamente, die mit ihren geometrischen Verläufen, Wiederholungen und Symmetrien mathematisch klar faßbaren Regeln folgen. Meilensteine in der Entwicklung zur Mathematisierung der Kunst sind auch alle Versuche, ästhetische Strukturen mathematisch auszudrücken. In der Musik führten solche Überlegungen schon bei den Griechen zu den Anfängen einer Harmonielehre, in der bildenden Kunst sind Leonardo da Vinci und Albrecht Dürer Vorläufer ähnlicher Bemühungen. Sie setzen sich über Piet Mondrian, Le Corbusier, Victor Vasarely bis zu den Anhängern der exakten Ästhetik fort. Die Konstruktivisten und die Angehörigen der Stijl-Bewegung benützten bei ihren Arbeiten noch relativ einfache mathematische Beziehungen, beispielsweise Proportionen. Allmählich zog man auch andere mathematische Regeln heran, etwa solche der Permutation; bekannte Arbeiten dieser Art stammen von Alvir Mavignier und Klaus Basset. Schließlich gibt es manuell gefertigte Arbeiten, die auf Programmen beruhen, wie sie sich ohne weiteres durch Computer realisieren ließen - z.B. die Schmetterlingsformen von Hermann Stiegler.

Was viele Anhänger konstruktivistischer Richtungen anstreben, nämlich eine Abwendung von der persönlichen Handschrift, eine absolut klare, objektive Darstellung, ein Höchstmaß an Präzision, kann der Computer in bisher unerreichtem Maß verwirklichen. Einen wesentlichen Vorteil bedeutet natürlich auch der beträchtliche Zeitgewinn, den man durch den Einsatz der Rechenmaschine erzielt.

Der Computer führt aber nicht nur zu einer Arbeitserleichterung, sondern er eröffnet auch völlig neue Wege. Mathematische Kurven höherer Ordnung sind aus vielen Gründen ästhetisch reizvoller als Geraden und Kreise, die die Konstruktivisten mit Lineal und Zirkel - also auch schon mit Hilfe von Werkzeugen - realisieren konnten und häufig als Bildelemente ihrer Arbeiten einsetzen. So brauchen sie etwa am Rand der Zeichenfläche nicht willkürlich abgebrochen zu werden, sondern führen zu geschlossenen Gebilden. Außerdem ist die von ihnen gebotene Vielfalt weitaus größer als jene von Geraden und Kreisen.

Einzelne Kurven höherer Ordnungen könnte man manuell mit einiger Mühe noch aufs Papier bringen. Geradezu unmöglich aber ist es, viele verschiedene, womöglich sukzessive abgewandelte Kurven zu komplizierten Gebilden zu vereinigen. Doch erst durch solche Zuordnungen, Überlagerungen, Symmetriebeziehungen und dergleichen mehr kommt jenes reiche Angebot von Zuordnungsbeziehungen zustande, an denen die Wahrnehmungsprozesse ansetzen. Wie später begründet wird, beruht darauf eine wesentliche Wirkung der Kunst. Die durch den Computer erreichte Präzision rückt die Graphik in die Nähe der (klassischen) Musik, die ebenfalls auf hochkomplexen Ordnungsgefügen beruht.

Verfremdete Wissenschaft

Noch eine dritte Entwicklung führt zur Computergraphik als logische Konsequenz. Sie ist dadurch charakterisiert, daß man Objekte der Umwelt, die der Kunst fernstehen, als ästhetische Gegenstände zu sehen beginnt. Ein Pionier dieser Betrachtungsweise ist Ernst Haeckel, der den Begriff „Kunstformen der Natur" geprägt hat. Ein entsprechender Prozeß ist die Entdeckung der Schönheit wissenschaftlicher Strukturen. Wilhelm Ostwald und Friedlieb Ferdinand Runge haben diesen Weg begonnen. Unter den heute wirkenden Naturwissenschaftlern, die den ästhetischen Aspekt ihrer Forschungsgegenstände hervorheben, sind Adolf Portmann und Horst Reumuth zu nennen.

Die Entdeckung der Schönheit kunstferner Bereiche bedeutet einen aktiven Eingriff in das Begriffs- und Bewertungsschema der Ästhetik, aber sie ist kein gestalterischer Akt. Übergeordnetes Ziel bei der Anfertigung wissenschaftlicher Bilder ist die fachliche Erkenntnis. Die Grenzen beginnen erst zu zerfließen, wenn der Forscher aus Freude am graphischen Experiment mit wissenschaftlichen Medien zu operieren beginnt, wenn er, jetzt ohne fachorientierte Absicht, Strukturen nach ästhetischen Vorstellungen manipuliert. Beispiele dafür haben etwa Wilhelm Stürmer und Manfred Kage geliefert - Kristallgraphiken, Produkte gesteuerten Kristallwachstums, die ihre Buntheit unter dem Polarisationsmikroskop gewinnen. Hans Jenny entwickelte die Kymatik, ein Formenspiel mit schwingenden Substanzen.

Mit seinem Buch *foto-auge* - etwa 1930 erschienen - hat Franz Roh einen Markstein in dieser Entwicklung gesetzt. Er war es, der zum erstenmal Aufnahmen der medizinischen Diagnostik, der Flugaufnahmetechnik, der Astronomie und dergleichen mehr als ästhetische Gegenstände sah. Auch Beispiele für ästhetisch verfremdete wissenschaftliche Aufnahmen sind in seinem Band enthalten. Diese Änderung der Aspekte hat sich auch bei der Computergraphik vollzogen, die ja zunächst ein Ergebnis wissenschaftlich-technischer Zielsetzungen ist.

Unter den ersten in Ausstellungen gezeigten oder bei Wettbewerben eingereichten Graphiken befanden sich solche, die ursprünglich ohne jegliche ästhetischen Ambitionen entstanden waren. Typisch dafür sind etwa die Darstellungen geometrischer Raumflächen oder elektrischer Felder. Am bekanntesten wurden wohl die menschlichen Figuren, die William A. Fetter zum Studium ergonomischer Situationen vom Computer zeichnen ließ (s. Abb. 88 u. 89, S. 106/107). Noch häufiger trifft man Computergraphiken an, die aus verfremdeten wissenschaftlich-technischen Programmen entstanden. Oft bedarf es nur eines geringfügigen Eingriffs, einer Symmetrisierung, eines Überlagerungseffektes, um aus einer wissenschaftlichen Struktur ein ästhetisches Gebilde zu machen. Ein Beispiel dafür stammt von John C. Mott-Smith, der seine Computergraphiken mit Hilfe eines Programms zur Simulation von Teilchenbewegungen entwarf (s. Abb. 68, S. 84).

Ein völliges Zerfließen der Grenzen zwischen Wissenschaft und Kunst ist dort festzustellen, wo Computergraphiken für Zwecke der experimentellen Ästhetik, also als Hilfsmittel der Kunstwissenschaft, entstehen. Hier lassen sich Grenzen besonders schwer

83 Oscillon 7 von Ben F. Laposky, mit einem Analogsystem generiert ▷ und auf dem Bildschirm eines Kathodenstrahloszillographen sichtbar gemacht; eine der ersten Analoggraphiken

ziehen; eigentlich kann man jede Computergraphik als einen Beitrag zur Untersuchung von ästhetischen Wahrnehmungsprozessen auffassen. Auch wenn das ursprünglich nicht die Absicht des Autors war, leistet er durch die Logifizierung des Entstehungsschemas Vorarbeit für wissenschaftliche Untersuchungen.

2 Anfänge der Computergraphik

Der graphische Reiz der Lissajous-Figuren (s. zum Beispiel Abb. 11/12, S. 14/15) fiel den Mathematikern und Physikern schon auf, ehe es Kathodenstrahloszillographen gab, und ästhetische Experimente an diesem Apparat haben schon stattgefunden, ehe man den Begriff der Computerkunst kannte. Einer der ersten, der mit Computerkunst an die Öffentlichkeit trat, Maughan S. Mason, wurde zu seinen graphischen Experimenten durch Pendelschwingungen angeregt. Beispiele für Lissajous-Figuren aus dem Digitalrechner stammen von R. K. Mitchell vom Batelle Memorial Institute, Columbus, Ohio, sowie von Ivan L. Finkle von der Rand Corporation, Santa Monica, California. Sehr früh gab es auch schon Vorschläge für die Verwertung solcher Effekte für Entwurfszwecke - beispielsweise für Tapetenmuster und dergleichen. Nach einer Mitteilung von Ben F. Laposky kommt dafür C. Burnett die Priorität zu, der schon 1937 eine Verwendung von Lissajous-Figuren in diesem Sinn empfahl. Ein Patent für ähnliche Zwecke erhielt später auch G. H. Hille in Deutschland zuerkannt. In diesem Zusammenhang ist eine weitere Information von Leslie Mezei erwähnenswert: 1958 schrieb A. P. Rich vom Applied Physics Laboratory der Johns Hopkins University ein Programm zum Entwurf von Wellenmustern für Textilien. 1963 wurden am Massachusetts Institute of Technology Systeme für Designarbeiten entwickelt.

Die erste großangelegte Initiative und damit der Beginn der von elektronischen Automaten und Rechenanlagen generierten Graphiken stammt von Ben F. Laposky. Seine Arbeit, mit der er 1950 begann, beruht auf der Überlagerung von elektrischen Schwingungen verschiedener Zeitfunktion - beispielsweise Sinusschwingungen, Sägezahnkurven, Rechteckkurven -, die auf die Ablenkplatten eines Kathodenstrahloszillographen geleitet wurden. Damit wird die figurative Variationsbreite der Schwingungsfiguren außerordentlich gesteigert. Die von Laposky hervorgebrachten Gebilde, die er *oscillons* oder *electronic abstractions* nannte, können heute noch in ihrer Art als vollendet gelten. Eine wesentliche Verbesserung ist auch mit den heute verfügbaren Apparaturen kaum zu erreichen. Ben F. Laposky zeigte seine Arbeiten erstmals 1953 im Sanford-Museum in Cherokee, Iowa, und anschließend in über hundert weiteren Städten der USA. Ab 1956 hat sich Laposky auch den farbigen Analoggraphiken, wie man sie heute nennen würde, zugewandt. Dazu setzte er rotierende Farbfilter vor den Bildschirm. Auch auf dem Gebiet des Films hat Ben F. Laposky Pionierarbeit geleistet.

In Europa wurden die Analoggraphiken aus dem Kathodenstrahloszillographen vor allem durch die Ausstellung *Elektronische Graphik* bekannt, die teils für sich, teils im Rahmen der Ausstellung *Experimentelle Ästhetik* in Deutschland, Österreich, Großbritannien und der Schweiz gezeigt wurde - das erstemal im Museum für Angewandte Kunst, Wien, im Januar 1959. Es handelt sich dabei um die vom Verfasser ab 1956 entwickelten „Oszillogramme" oder „elektronischen Graphiken", die auf ähnliche Weise entstanden wie die Arbeiten von Ben F. Laposky. Die Superposition der Spannungsformen erfolgt über ein Mischpult, außerdem können die Spannungen über Verrechnungsschaltungen geleitet werden, die Operationen wie die Multiplikation oder die Integration zulassen. Konstrukteur des Mischpults ist der Wiener Physiker Franz Raimann.

1960 begann Kurd Alsleben gemeinsam mit Cord Passow, Graphiken mit Hilfe eines Analogsystems und einer mechanischen Zeichenanlage herzustellen. Die Ergebnisse sind der zeichnerische Ausdruck einer Differentialgleichung, die durch Veränderung der Parameter oder durch Aufschaltung statistischer Störungen abgewandelt wurde.

Ab 1963 wurden die ersten ästhetischen Computergraphiken bekannt, die mit Hilfe digitaler Großrechner entstanden. Eine bahnbrechende Rolle spielte dabei die Zeitschrift *Computers and Automation*, die im August 1963 erstmalig einen Wettbewerb für computergraphische Arbeiten ausschrieb und ihre Auswahl nach ästhetischen Gesichtspunkten traf. Das Echo war zunächst noch spärlich, doch konnte die Redaktion in ihrem Augustheft zwei Arbeiten der Ballistic Research Laboratories, Aberdeen, Maryland, prämiieren, die heute noch beachtenswert sind.

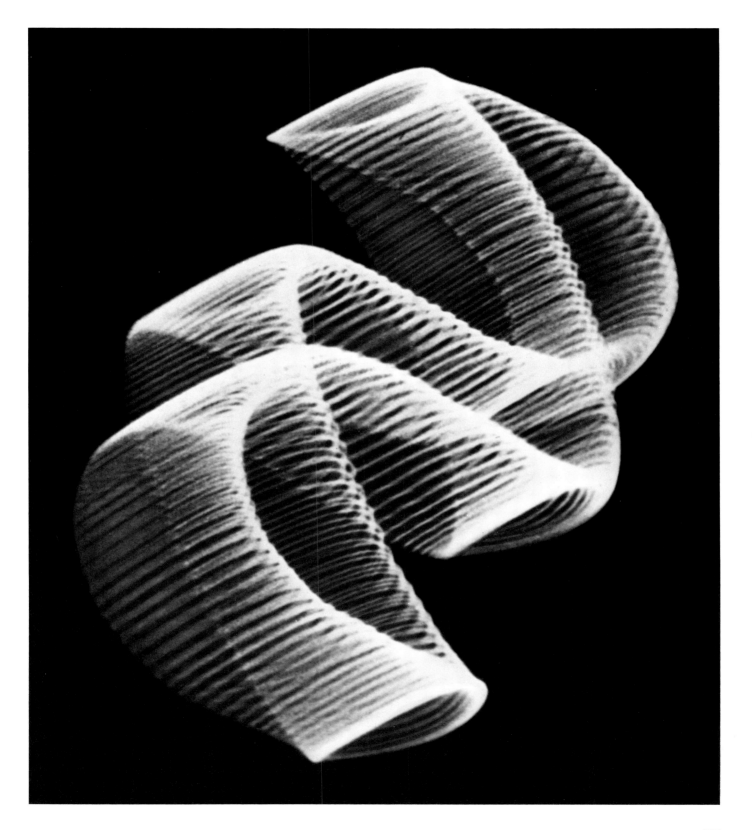

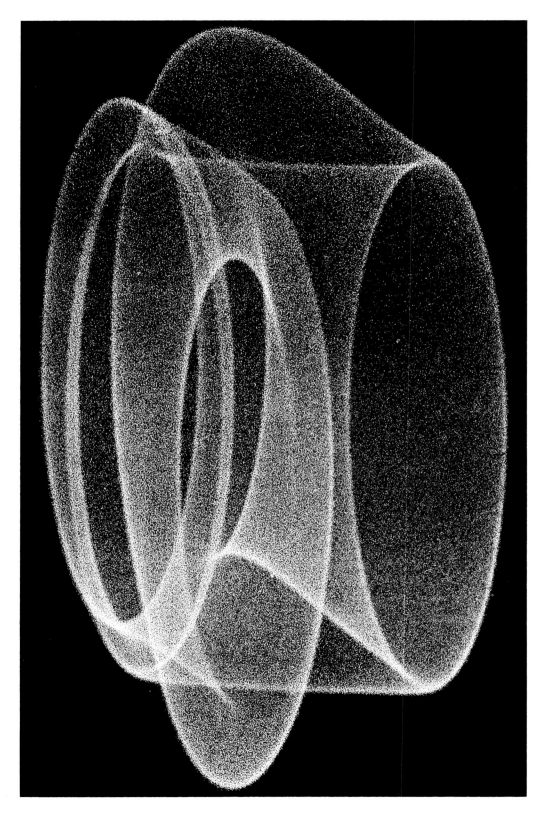

85 Waveform *von A. Michael Noll, eine Darstellung, die den Irritationseffekt sich wiederholender Linienmuster im Sinne der Op Art ausnutzt (© A. Michael Noll 1965)*

84 *Elektronische Graphik von Herbert W. Franke, entstanden mit Hilfe eines Analogrechensystems und eines Kathodenstrahloszillographen. Als Elemente dienten verschiedene Spannungsformen, wie sie aus Spannungsgeneratoren zu erhalten sind – Sinuskurven, Sägezahnkurven und dergleichen. Zur Generierung der Spannungsformen wurde ein „Siemens-Vorführgerät" verwendet. Die einzelnen Spannungsformen wurden zweikanalig verwendet – entsprechend der Ordinate und Abszisse der ebenen Darstellung. Die elementaren Formen wurden in einem Schaltaggregat in verschiedener Weise verrechnet – addiert, subtrahiert, integriert, differenziert usw. Die Manipulation erfolgte über ein Mischpult. Konstrukteur dieses Verrechnungssystems ist der Wiener Physiker Franz Raimann. Meist entstehen solche Konfigurationen nicht als ruhende Bilder, sondern als Abläufe; das Beispiel ist ein Phasenbild eines solchen Ablaufs. Es wurde photographisch aufgenommen*

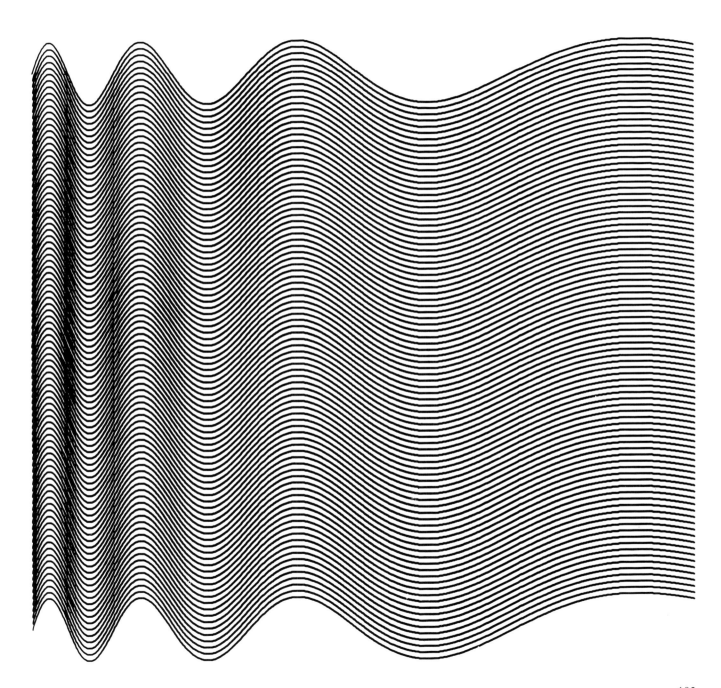

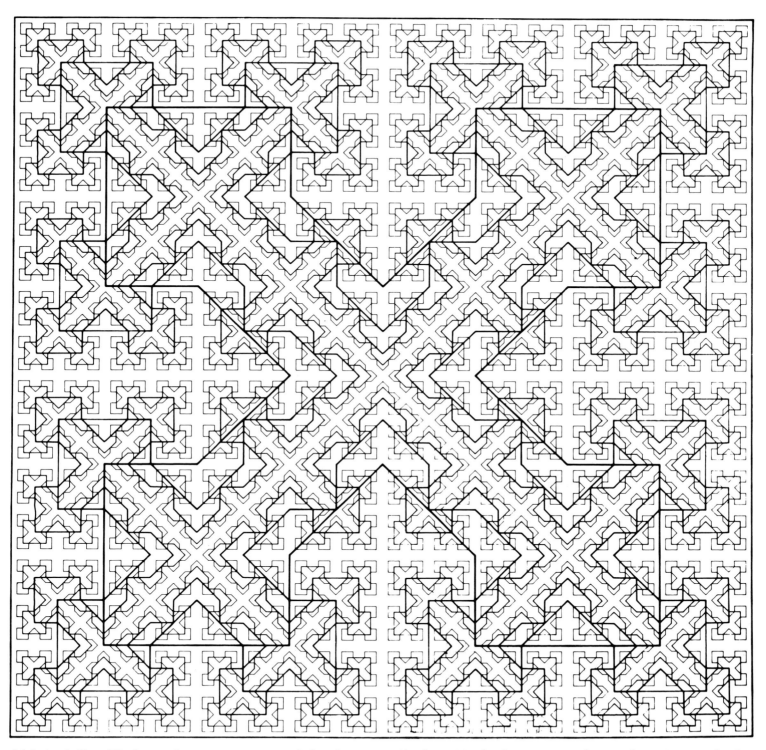

86 Stained Glass Window – *Autor ungenannt* –, nach dem Prinzip *der* Schneeflockenkurve *mit einem Dataplotter generiert. Diese Arbeit wurde im Jahr 1963 vom US Army Ballistic Research Laboratory, Aberdeen, Maryland, zum ersten Computerkunst-Preisausschreiben der Zeitschrift* Computers and Automation *eingereicht und erhielt den zweiten Preis*

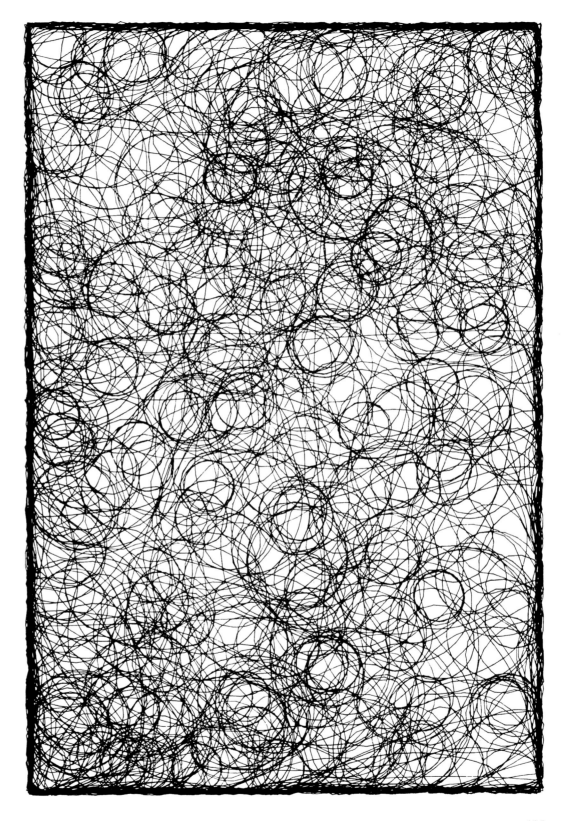

87 Locken, *Überlagerung von Kreisbögen;* Georg Nees

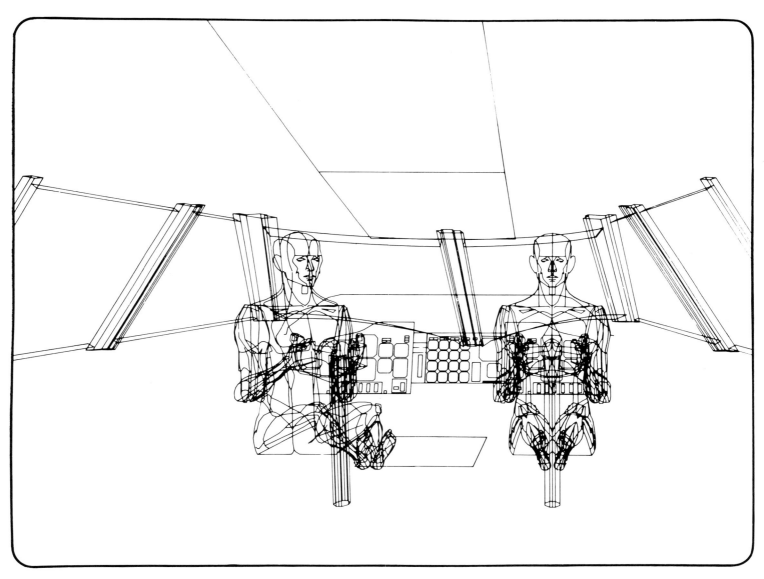

88 Computerzeichnung von William A. Fetter. Aufgabe war es, ein Flugzeug-Cockpit so zu gestalten, daß die Anordnung der Schalttafel, der Sitze usw. dem Bewegungsspielraum des Piloten bestmöglich entspricht

Seither wurden diese Wettbewerbe jedes Jahr wiederholt, und die besten Arbeiten jeweils im Augustheft publiziert. In den Jahren zwischen 1963 und 1966 waren die ersten Preisträger:

1963: U.S. Army Ballistic Research Laboratory, Aberdeen, Maryland, mit *Slatter Pattern;*
1964: U.S. Army Ballistic Research Laboratory mit *Flugbahn eines Querschlägers;*
1965: A. Michael Noll mit *Computer Composition with Lines;*
1966: Frieder Nake mit *Komposition mit Quadraten.*

In die breitere Öffentlichkeit gelangte die Computergraphik im Jahr 1965. Drei Mathematiker hatten gleichzeitig mit systematischen Arbeiten zur Entwicklung ästhetischer Computergraphiken mit Digitalrechnern begonnen – es waren das die beiden Deutschen Frieder Nake (s. Abb. 58, S. 74) und Georg Nees sowie der Amerikaner A. Michael Noll. Die erste Ausstellung veranstaltete Georg Nees im Januar 1965 in der Studio-Galerie der Technischen Hochschule (heute Universität) Stuttgart, im Institut von Max Bense. Im selben Jahr stellte Nees gemeinsam mit Frieder Nake in Niedlichs Galerie in Stuttgart aus. 1966 trat P. Hartwig mit Digitalgraphiken an die Öffentlichkeit; im November dieses Jahres stellte er gemeinsam mit Kurd Alsleben, Frieder Nake und Georg Nees in der Galerie d, Frankfurt am Main, aus.
Auch in den USA kam es 1965 zur ersten Ausstellung von Digitalgraphiken, und zwar in der Howard Wise Gallery, New York, im April des Jahres – nur einige Wochen nach der ersten Ausstellung von Georg Nees. Ihr Titel war *Weltausstellung der Computergraphik.* Gezeigt wurden Arbeiten von A. Michael Noll und Bela Julesz. Einer Aufstellung von Leslie Mezei sind die wichtigsten weiteren Veranstaltungen in den USA zu entnehmen:

W. Gale Biggs, Fred V. Brock, Paul R. Harrison; Forsythe Gallery, Ann Arbor, Michigan, April bis Mai 1965;

Maughan S. Mason, Bela Julesz, A. Michael Noll; 1965 Fall Joint Computer Conference, Las Vegas, Nevada, November bis Dezember 1965;

Maughan S. Mason; Salt Lake Center, Salt Lake City, Utah, April bis Mai 1966;

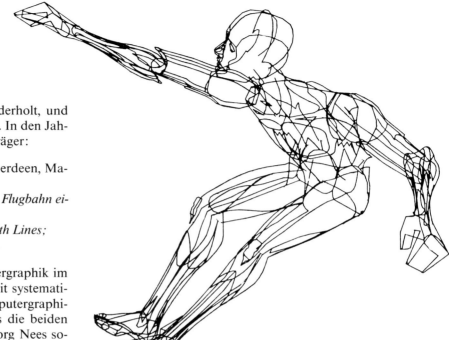

89 Ein weiteres Beispiel aus der Serie von Zeichnungen von William A. Fetter zur günstigsten Gestaltung eines Cockpits. Der Mensch wurde so programmiert, daß alle möglichen Positionen, die mit seinen körperlichen Verhältnissen in Einklang stehen, darstellbar sind

Maughan S. Mason; Dartmouth College, Hanover, New Hampshire, November bis Dezember 1966; Wanderausstellung, inszeniert von der Western Association of Art Museums.

Aus den USA kamen auch die ersten Beispiele figürlicher Computergraphik. Eine großangelegte Versuchsreihe stammt von William A. Fetter, von dem auch erstmalig der Begriff *computer graphics* verwendet wurde. Im Rahmen seiner Arbeiten bei der Boeing Company, Renton, Washington, sollte die günstigste Anordnung der Einrichtungen eines Flugzeug-Cockpits ermittelt werden. Fetter arbeitete ein Programm aus, mit dessen Hilfe Plotterzeichnungen von Menschen in verschiedenen Positionen und Perspektiven entstanden. Weiter konnte Fetter auch verschiedene Ansichten des Flugplatzes, wie sie sich dem Piloten beim Anflug präsentieren, durch Zeichnungen veranschaulichen. Obwohl diese Arbeiten zunächst rein wissenschaftliche Funktionen hatten, war ihre ästhetische Komponente so auffallend, daß

91 Sine Curve Man von Charles Csuri und James Shaffer, die Darstellung eines menschlichen Gesichts durch Kombination von Sinuskurven. Dieses Bild erhielt beim Computerkunst-Wettbewerb Computers and Automation *1967 den ersten Preis*

90 Computerzeichnung von William A. Fetter. Die Landepiste eines Flugplatzes ist zum Studium der Anflugbedingungen in verschiedenen perspektivischen Ansichten darstellbar

sie von Anfang an im Zusammenhang mit Computerkunst gesehen wurden.

Gegenständliche Computergraphik für rein künstlerische Zwecke entstand in Zusammenarbeit von Charles Csuri, Professor an der School of Art, und James Shaffer, Programmierer, an der Ohio State University. Sie gingen von Realfigurationen aus, beispielsweise Gesichtern, und unterwarfen sie komplizierten mathematischen Verfahren. Dadurch lenkten sie die Aufmerksamkeit auf eine Fülle von Möglichkeiten, die der Computer als Hilfsmittel für Bildabwandlungen bietet – beispielsweise Abstraktionen, sukzessiver Abbau usw. Csuri und Shaffer gewannen 1967 mit ihrem Bild *Sine Curve Man* den Computerkunstpreis der Zeitschrift *Computers and Automation* (s. auch Abb. 45 und 47, S. 57/58).

Mit ihren Methoden kamen sie schon in die Nähe des Picture Processing, das sich der Zielsetzung gemäß bevorzugt mit Realformen beschäftigt. Hier ist vor allem die Pionierarbeit zu erwähnen, die von Kenneth C. Knowlton, Manfred R. Schroeder und anderen an den Bell Telephone Laboratories geleistet wurde (s. zum Beispiel Abb. 60, S. 76, und Abb. 69, S. 85). Mit ihren Experimentalserien wurden sie richtungweisend für die gegenständliche Computergraphik.

3 Internationale Ausstellungen

Weltweites Interesse für die Computerkunst, insbesondere für die Computergraphik, weckte die Ausstellung *Cybernetic Serendipity*, die Max Bense angeregt und Jasia Reichardt inszeniert hatte; sie fand im Sommer 1968 in London statt. Hier war zum erstenmal alles zusammengetragen worden, was bisher im Rahmen computerästhetischer Bemühungen entstanden war. Alle Pioniere der Computergraphik waren mit Arbeiten vertreten, dazu kamen Aufführungen von Musik und Filmen sowie ein reichhaltiges Vortragsprogramm.

Noch im selben Jahr veranstaltete das Museum für moderne Kunst in Zagreb eine kleinere Ausstellung von Computergraphiken. Bis zu diesem Zeitpunkt hatte die Aufmerksamkeit des Veranstalterteams unter der Leitung von Boris Kelemen der Op Art gegolten – die Zuwendung zur Computerkunst war eine Konsequenz dieser Entwicklung. Die mit einer Studioausstellung verbundene Tagung im Herbst 1968 diente der Vorbereitung des Internationalen Symposiums *Computer and Visual Research* und einer großen Ausstellung über Op Art und Computergraphik, *Tendencija 4*, im Frühjahr 1969.

Einen wesentlichen Beitrag zum Bekanntwerden der Computer-

kunst in Mitteleuropa und besonders im deutschen Raum leistete die Ausstellung *Computerkunst - On the Eve of Tomorrow* im Jahr 1969 in Hannover, zusammengestellt von Käthe Schröder. Die Ausstellung wurde dann von München und Hamburg übernommen. Als Veranstaltung des Goethe-Instituts war sie in den folgenden Jahren in verschiedenen europäischen und außereuropäischen Städten, darunter Oslo, Brüssel, Rom und Tokyo, zu sehen.

Von Anfang an waren Ausstellungen von Computerkunst in weit größerem Rahmen mit Aussprachen und Diskussionen verbunden als Kunstveranstaltungen traditioneller Art. Viele davon hatten Tagungen zum Anlaß, beispielsweise die Ausstellung *Auf dem Weg zur Computerkunst* der Gruppe *parallel* anläßlich der gemeinsamen Sommertagung des Massachusetts Institute of Technology und der Technischen Universität in Berlin im Sommer 1968. Sie enthielt nicht nur computergenerierte Arbeiten, sondern auch Beispiele ihrer Vorläufer Rechengraphik und apparative Graphik. Später wurde sie - ebenfalls unter dem Patronat des Goethe-Instituts - in mehr als 150 Städten in aller Welt gezeigt.

Zu jenen Kongressen, die vorwiegend der Computergraphik, darunter auch der ästhetischen, gewidmet waren, gehören das Symposium der holländischen Werkgroep voor Computers en Woord, Beeld en Geluid im März 1970 in Delft und Amsterdam, das *International Symposium of Computergraphics 70* im April 1970 an der Brunel University, Uxbridge Middlesex, England, sowie die *International Conference on Systems, Networks and Computers* der IEEE in Oaxtepec, Mexiko, im Januar 1971.

1970 veranstaltete das Mathematische Institut der Universität Madrid eine mit einem Seminar verbundene Ausstellung *Generación automática de formas plásticas*. Zur Mitwirkung waren insbesondere spanische Konstruktivisten, unter anderem Manuel Barbadillo, José Luis Gómez Perales, Eusebio Sempere, Gerardo Delgado, José M. Yturralde und Soledad Seville. Diese Zusammenarbeit zwischen den Künstlern und den Informatikern des Instituts, angeregt von dessen Leiter E. García Camarero, wurde noch einige Zeit hindurch fortgesetzt. 1970 fand eine ähnliche Veranstaltung - Ausstellung und Seminar - unter internationaler Beteiligung statt.

Auch in Südamerika sind Bemühungen zur Zusammenführung von Künstlern und Mathematikern zu verzeichnen. Der erste Anstoß dazu kam von dem leider früh verstorbenen Waldemar Cordeiro, der 1971 die Ausstellung *Arteónica* in São Paulo organisierte. Kunst/Technik-Initiativen gingen in den folgenden Jahren insbesondere vom CAYC (Centro de Estudios de Arte y Comunicación) in Buenos Aires und seinem Direktor Jorge Glusberg aus. 1971 wurde dort die Ausstellung *Arte y Cibernética* veranstaltet. Zu einer ähnlichen Präsentation von computergenerierten Bildern - *Arte y Computadoras* - kam es 1973 in Zusammenarbeit mit der University of Minnesota, Minneapolis, im Rahmen der ersten ICCH (International Conference on Computing in the Humanities). Auch die folgenden Tagungen der ICCH waren mit großen Computergraphik-Ausstellungen verbunden, zunächst, 1975, in Los Angeles, organisiert von Grace Hertlein, und 1977 an der Universität von Waterloom, Kanada. Ein beachtlicher Beitrag zur Computerkunst wurde auch in Frankreich geleistet, wo mehrere internationale Veranstaltungen stattfanden. Die erste dieser Art, *Art et Ordinateur,* Seminar und Ausstellung, fand in Bordeaux statt, noch im selben Jahr veranstaltete die SESA (Software et Engineering des Systèmes d'Informatique et d'Automatique) eine Computergraphik-Show *Ordinateur et Création Artistique,* und schon ein Jahr darauf, 1974, wurde in Angers eine Veranstaltung *Art et Informatique* - Ausstellung und Vorführung computergenerierter Filme - veranstaltet. Mit Ausstellungen verbunden waren auch einige Seminare in Paris: 1977 *L'ordinateur et les arts visuels,* 1978 *Arts et Informatique* und 1979 *Artiste et Ordinateur,* veranstaltet vom Schwedischen Kulturzentrum und bemerkenswert auch durch die Mitwirkung mehrerer schwedischer Computergraphiker und -künstler, unter anderem Holger Bäckström und Bo Jungberg (die unter den Pseudonymen Beck und Jung zusammenarbeiten), Sven Höglund, Bror Wikström und Torsten Ridell. 1982 organisierte die CISI (Compagnie Internationale de Service en Informatique) ein Seminar und eine Ausstellung *L'art et l'ordinateur,* und zwar wieder in Paris.

Nach wie vor fanden sich die besten Gelegenheiten zur Präsentation von Computergraphiken bei wissenschaftlichen Kongressen, insbesondere solcher der Informatik, wogegen nur relativ wenige Veranstaltungen rein künstlerisch ausgerichteter Institutionen der Computerkunst gewidmet waren. So fand etwa 1972

92 *Ein Beispiel aus einer Serie computergenerierter perspektivisch unmöglicher Figuren von José Maria Yturralde*

in der Staatsgalerie Stuttgart die Ausstellung *Grenzgebiete der Bildenden Kunst* statt, die auch Computergraphik mit einbezog. 1973 veranstaltete die Computer Art Society in Zusammenarbeit mit künstlerischen Gremien die Ausstellung *Interaction, Machine: Man: Society* in Edinburgh, verbunden mit einer Konferenz und verschiedenen Life-Veranstaltungen.

Auch Belgien war der Schauplatz wichtiger Präsentationen von Computergraphik. 1974 fand in Brüssel die Ausstellung *Art et Ordinateur* statt, veranstaltet vom Institut Supérieur pour l'Étude du Langage Plastique, eine Initiative von Frau G. Brys-Schatan. 1981 organisierte Peter Beyls das *Internationaal Festival voor Elektronische Muziek, Video en Computer Art* in Brüssel; 14 Tage lang wurde, zum Teil in vier nebeneinander laufenden Reihen von Veranstaltungen, eine großangelegte Übersicht über den heutigen Stand computerunterstützter Kunst gegeben. Zu einer bemerkenswerten Veranstaltung kam es 1974 in Jerusalem, dem *Bat-Sheva-Seminar on the Interaction of Art and Science,* zu dem der Initiator, Vladimir Bonačić, eine internationale Teilnehmerschaft eingeladen hatte. Ziel der insgesamt 14 Tage dauernden Vorträge und Vorführungen sollte eine andauernde internationale Zusammenarbeit im Rahmen der Computerkunst sein, mit dem insbesondere dem künstlerischen Design gewidmeten Bezalel-Institut, Jerusalem, als Zentrum. Infolge der politischen Ereignisse kam es zu keiner Fortführung der Initiative. Auch eine Reihe jährlich wiederholter Ausstellungen mit dem Titel *International Computer Art Exhibition* in Tokyo wurde zum Anstoß für künstlerische Arbeiten am Computer – eine Weiterführung der Ideen, die schon von der CTG (s. S.57f.) vertreten worden waren.

1979 fand unter Beteiligung zahlreicher mit dem Computer arbeitender Graphiker und Musiker die erste ARS ELECTRONICA in Linz, Österreich, statt. Diese in das Internationale Bruckner-Festival integrierte Veranstaltung findet alle zwei Jahre statt. Die ARS ELECTRONICA geht übrigens zum Teil auf die Konzeption zurück, die für eine im Künstlerhaus Wien geplante Ausstellung *ars ex machina* ausgearbeitet worden war; leider kam es hier wegen finanzieller Schwierigkeiten nicht zur Realisation.

Trotz vieler der Computerkunst gewidmeter Veranstaltungen in Europa liegt der Schwerpunkt der Entwicklung nach wie vor in den USA. Zu den bedeutendsten Ausstellungen der letzten Jahre gehören die folgenden:

- 1978: *Art of the Space Era;* Museum of Art, Huntsville, Alabama
- 1978: *Arts and the Computer;* Worcester Art Museum, Worcester, Massachusetts
- 1978: *Computer Generated Art Exhibit;* Old Dominion University, Norfolk, Virginia
- 1979: *Cybernetic Symbiosis;* Lawrence Hall of Science, Berkeley, Californien
- 1980: *Art In/Art Out;* Ukrainian Institute of Modern Art, Chicago, Illinois

Zu nennen wären weiter mehrere Ausstellungen anläßlich der Tagungen ICCH (International Conference on Computing in the Humanities) in Minneapolis, Minnesota, Los Angeles, Californien, und Waterloo, Ontario (Canada).

4 Publikationen über Computerkunst

Während die Publikationen über Computerkunst heute kaum noch zu übersehen sind, gibt es aus den ersten Jahren nur wenige Beispiele. Bahnbrechend waren dabei die theoretischen Arbeiten von Max Bense von der Universität Stuttgart, der in den Jahren 1954 bis 1960 die vier Bände seines Werks *Aesthetica* herausbrachte. Bezeichnenderweise trug ein Band den Titel *Die Programmierung des Schönen.* Bense hat in diesen Arbeiten vieles von dem vorweggenommen, was heute als theoretische Grundlage der Computerkunst gelten kann.

Unter den Publizisten, die sich schon früh mit Nachdruck für die Computerkunst einsetzten, ist Leslie Mezei, Universität Toronto, zu nennen, der sich auch als Förderer aller Initiativen in dieser Richtung hervorgetan hat; seine Arbeiten sind in vielen Zeitschriften erschienen. Unter anderem hat er Frieder Nake Gelegenheit gegeben, in Toronto zu arbeiten, wodurch er wesentlich zur Verbesserung der Kontakte zwischen amerikanischen und europäischen Computerkünstlern beitrug.

Eine der ersten der Computerkunst gewidmeten Publikationen ist die im April 1966 erschienene *Programm-Information PI-21* des Deutschen Rechenzentrums Darmstadt. Sie enthielt einen Aufsatz von Frieder Nake über Computergraphik, einen kurzen Text über Computermusik, dem Umschlag der Schallplatte *Music from Mathematics* entnommen, sowie einen Beitrag von G. Stickel, *Monte-Carlo-Texte,* mit Beispielen computergenerierter Gedichte (s. S. 139). Anlaß zu dieser Publikation war eine Ausstellung von Computergraphik von Frieder Nake im Darmstädter Rechenzentrum.

Die Zagreber Gruppe, auf deren Initiative die Computerkunstausstellung *Tendencija 4* zurückgeht, gab von 1969 an eine (inzwischen eingestellte) Zeitschrift heraus, *bit international,* deren erste drei Hefte der Computerkunst gewidmet waren und eine Fülle von Material, darunter Aufsätze von Max Bense, Abraham A. Moles und Leslie Mezei, enthielten.

Ein Heft der Zeitschrift *Exakte Ästhetik,* und zwar Nr. 5, 1967, stand unter dem Motto *Kunst aus dem Computer* und behandelte Computergraphik, Computermusik, Computerdichtung sowie Computerdesign. Diese Hefte wurden von der Gesellschaft für exakte Ästhetik herausgegeben, eine Gründung des Psychologen William E. Simmat, Frankfurt am Main, die den theoretischen Aspekten der Kunst gewidmet ist. Als Einzelbeitrag zum Thema ist der Artikel *Kunst und Computer* von Günter Pfeiffer zu nennen, erschienen im *Magazin Kunst,* Heft 39, 1970. Er war die zu diesem Zeitpunkt vollständigste Übersichtsdarstellung der Computerkunst, vor allem ihrer Geschichte und Theorie.

Zwei wichtige Publikationen kamen anläßlich von Ausstellungen heraus, *Event One* anläßlich der gleichnamigen Veranstaltung der Computer Arts Society, London, 1969, sowie *Cybernetic Serendipity,* ein über 100 Seiten starker Katalog mit vielen Einzelbeiträgen, der auch in Buchform vorliegt.

Unter den Buchpublikationen ist *Computer Art and Human Response* von Lloyd Sumner zu erwähnen, worin dieser seine sehr persönliche Ansicht über Computerkunst darlegt. Als wichtiges Werk ist *Generative Computergraphik* von Georg Nees, Siemens-Verlag, München 1968, hervorzuheben; es ist ein Nachdruck seiner bei Max Bense verfaßten Dissertation und behandelt die von Georg Nees benutzten und zum Großteil auch selbst entwickelten Methoden der Programmierung.

1966 entstand in Amerika die Arbeitsgruppe Experiments in Art and Technology, EAT, die sich die Aufgabe stellte, die Zusammenarbeit zwischen Naturwissenschaft, Technik und Kunst zu fördern. Sie brachte ein Nachrichtenblatt *EAT-News* mit kurzen Beiträgen heraus. Die Computerkunst steht allerdings nur am Rande ihrer Bemühungen. Auf ihren Ausstellungen waren aber auch Beispiele von Computergraphik zu sehen und fanden besondere Beachtung.

Der wichtigste Zusammenschluß von Computerkünstlern erfolgte mit der Gründung der Computer Arts Society durch Alan Sutcliffe als Teilorganisation der British Computer Society. Ihr Publikumsorgan ist die Gazette *Page;* sie wurde von Gustav Metzger herausgegeben (heute von Dominic Boreham) und veröffentlicht vor allem aktuelle Kurznachrichten aus allen Bereichen der Computerkunst.

Der Beziehungen zwischen Kunst und Technik und damit auch der Computerkunst hat sich auch die Zeitschrift *Leonardo* angenommen, die von Frank J. Malina gegründet wurde und derzeit von seinem Sohn Roger F. Malina, Art Department der San Francisco State University, herausgegeben wird.

Mit der expandierenden Entwicklung der Computergraphik wuchs auch die Zahl der Publikationen. Das gilt insbesondere für solche wissenschaftlich-technischer Orientierung, von denen viele zweifellos auch für den Künstler von Interesse sind. In diesem Zusammenhang sei auf die neueste und umfangreichste Bibliographie dieses Fachgebiets hingewiesen, von Günther F. Schrack von 1980 bis 1982 in drei Teilen in der Zeitschrift *Computer Graphics and Image Processing* publiziert: *Computer Graphics: A Keyword-Indexed Bibliography for the Years 1976 ... 1980*. Die Fortsetzung für das Jahr 1981 erschien 1983 in *Computer Graphics, A Quarterly Report of SIGGRAPH (ACM)*. Aber selbst die speziell künstlerischen Fragen gewidmeten Arbeiten über Computergraphik sind kaum noch zu überblicken, eine Aufzählung würde jedenfalls den Rahmen dieser Arbeit sprengen; deshalb auch hier der Hinweis auf die wohl vollständigste Übersicht, die *Computer-Generated Visual Arts Bibliography*, die Roger Coqart zusammengestellt und in eigener Regie in hektographierter Form herausgegeben hat.

Gemessen an der Flut einschlägiger Artikel, sind Buchpublikationen noch immer äußerst selten. Insbesondere die Lehrbücher, von denen die *Generative Computergraphik* von Georg Nees das erste war, sind an den Fingern einer Hand abzuzählen. Das wichtigste neuere Werk ist *Ästhetik als Informationsverarbeitung* von Frieder Nake, 1974, das in allgemeiner Form sowohl auf praktische Fragen ästhetischer Programmierung wie auch auf die theoretische Basis eingeht. 1977 erschien die Staatsexamensarbeit *Computergraphik* von Lothar Limbeck, die eine gute Übersicht über das gesamte Gebiet gibt. Unter demselben Titel, aber in erweiterter Form, erschien diese Publikation 1979, wobei Reiner Schneeberger als Mitautor hinzukam; die Erweiterung betrifft insbesondere einen auch für Nichtfachleute gangbaren Weg zur Programmierpraxis, den Schneeberger mit seinem Graphiksystem SNE COMP ART gewiesen hat.

Mehrere Publikationen kamen im Zusammenhang mit Veranstaltungen heraus, darunter ausführliche Kataloge, beispielsweise für die vom Goethe-Institut veranstaltete Ausstellungsserie *Computerkunst,* oder der Katalog *Grenzgebiete der Bildenden Kunst* der Staatsgalerie Stuttgart, 1972. In einigen wenigen Fällen gehen die Publikationen über die Form von Ausstellungskatalogen weit hinaus und enthalten auch ausführliche theoretische Teile. In dieser Hinsicht sind insbesondere einige Broschüren zu erwähnen, die anläßlich der Computergraphik-Aktivitäten an der Universität von Madrid herauskamen, allerdings nur in kleiner Auflage. Umfangreiches Material wurde als eine Serie loser Blätter, auch zur Veranstaltung *Arteónica,* São Paulo 1971 vorgelegt. Einen guten Überblick über das Werk verschiedenster Künstler – auch aus dem Bereich der Musik – bietet der Katalog zum *Internationaal Festival voor Elektronische Muziek, Video en Computer Art,* 1981 in Brüssel.

Einige Aspekte der Anwendung des Computers im Design wurden bei einem Symposium der Vereinigung Gesamttextil im Jahr 1971 in Mainz behandelt, worüber eine gut bebilderte Publikation unter dem Titel **Computer-Design in der Textilindustrie** erschien. Darin wurde insbesondere auch eine dem Textildesign angepaßte Programmsprache vorgestellt, die einer gemeinsamen Arbeit von Stephan Eusemann und Georg Nees entsprang.

1972 gab Ugo Volli das Buch *La scienza e l'arte* heraus, das unter anderem auch den Beitrag *Computer Art* von Ernesto García Camarero enthält; er geht insbesondere auf die mathematischen Grundlagen der Generierung ästhetisch interessanter Formen ein. Eine informative Publikation aus dem Jahr 1976 ist das Buch *Artist and Computer* von Ruth Leavitt, in dem die meisten wichtigen Vertreter der künstlerischen Computergraphik mit kurzen Artikeln und Bildbeispielen vertreten sind.

Eine reich illustrierte Publikation, die die visuelle Computergraphik aus verschiedensten Blickwinkeln heraus beleuchtet, ist das von der IBM France herausgegebene Sonderheft *IBM-Informatique,* das später auch in einer italienischen und einer deutschen Fassung erschien. Neben den Amerikanern kamen insbesondere auch europäische und speziell französische Künstler zu Wort.

Japanischen Ursprungs sind zwei Übersichten über computergraphische Aktivitäten, wobei insbesondere die beschriebenen Arbeiten japanischer Künstler interessant erscheinen: *Cybernetic Artrip,* erschienen 1973, und *Digital Image,* erschienen 1981.

Dem 1980 verstorbenen Förderer von Kunst-Technik-Verbindungen Frank J. Malina ist der großformatige Band *Visual Art, Mathematics and Computers,* erschienen 1979, zu verdanken, der die in der Zeitschrift *Leonardo* publizierten Aufsätze zu diesem Thema zusammenfaßt.

Eine Reihe weiterer Bände behandelt die Aktivitäten von Künstlern oder Künstlergruppen. Graphisch hervorragend ausgestattet ist das Buch *Open Research,* erschienen 1972, über Aktivitäten holländischer Künstler, die mit technischen Mitteln arbeiten; als Benutzer des Computers tritt hier Peter Struycken hervor. Einen Prachtband hat Johann Willsberger 1972 unter dem Titel *Computer Graphics* herausgebracht. Er gibt eine Übersicht über die Resultate einer Arbeitsgruppe, die sich in der Firma MBB (Messerschmitt-Bölkow-Blohm) zusammenfand. Zunächst war geplant, Künstler zur Kooperation mit Informatikern und Mathematikern einzuladen, doch war es den meisten Künstlern nicht möglich, sich die Denkweise der Computerlogik anzueignen – nur Sylvia Rouboud schloß sich dem Team an, das im übrigen aus Frank Böttger, Aron Warszawski, Gerold Weiß und Rolf Wölk bestand. Die vorliegenden Arbeiten sind mathematisch-geometrisch geprägt und gehören zweifellos zu den eindrucksvollsten Ergebnissen einer wissenschaftlich orientierten Denkweise. Nach der Präsentation in einigen Ausstellungen und der Publikation des Buchs löste sich die Arbeitsgruppe leider auf.

Erwähnenswert ist weiter ein Bildband, der ebenfalls unter dem Tiel *Computer Graphics* erschien und von Melvin L. Prueitt 1975 in den USA zusammengestellt wurde; bei ihm ist, insbesondere bei den Abbildungen von Raumflächen, die Anlehnung an mathematische Aufgabenstellungen noch stärker als bei der MBB-Veröffentlichung.

Einer Computergraphik-Serie von Edvard Zajec ist das Buch *Informatrix* gewidmet, eine 1979 erschienene großformatige Mappe mit Einzelblättern. Bemerkenswert ist schließlich der Band *Graphic Design Education* von Igildo G. Biesele, erschienen 1981 in der Schweiz, der technisch orientierte Methoden des Design vorstellt – an erster Stelle die Computergraphik, dargestellt von Reiner Schneeberger.

Damit ist die Reihe gut gestalteter und informativer Publikationen zum Thema längst nicht erschöpft. Dies gilt insbesondere für diejenigen, die als Kataloge zu verschiedenen Ausstellungen erschienen sind. Zu den hervorragenden gehören sicher jene von Roger Coqart, Manfred Mohr und Vera Molnar, von denen jeweils mehrere Publikationen vorliegen. Besondere Beachtung verdienen aber auch zwei Schriften über schwedische Aktivitäten: Arbeitsdokumente von Torsten Ridell, *Linjepermutationer,* und des Teams Beck und Jung, *Chromo Cube,* aus dem Jahr 1982. Vielleicht darf man die Künstlerkataloge als die wichtigsten Dokumente des Fortschritts in der künstlerischen Computergraphik betrachten; umso bedauerlicher, daß es keine Zentralstelle gibt, die sie sammelt und archiviert.

5 Die expansive Phase

Die ersten Initiativen zur Computerkunst gingen von Wissenschaftlern und Mathematikern aus. Nur sie hatten die Kenntnisse, um ästhetische Programme erzeugen zu können, nur ihnen standen die Geräte zur Verfügung. Die ersten Ausstellungen von Computerkunst fanden in relativ bescheidenem Rahmen statt, und stets wurden nur Computerarbeiten für sich gezeigt. Dennoch war das Echo beachtlich.

Über diese Stufe ist die Entwicklung inzwischen hinausgegangen. Die Öffentlichkeit nimmt regen Anteil an der Computerkunst. Computergraphik und Computermusik präsentieren sich neben Werken traditioneller Entstehungsart. Beispiele dafür sind die Ausstellungen der EAT 1967 in New York, die Ausstellung *Auf dem Weg zur Computerkunst* 1968 in Berlin sowie einige wei-

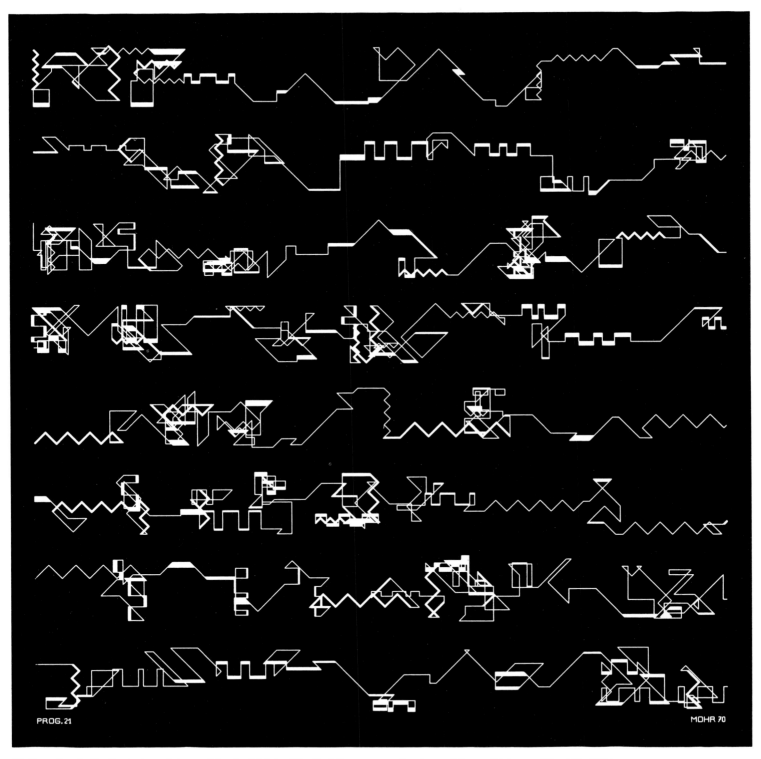

93 Pseudoschrift, *Digitalgraphik von Manfred Mohr. Ein Zufallsgenerator bestimmt Länge, Richtung (0°, 45°, 90°), Strichstärke usw. einer kalligraphischen Linienfolge; die Berechnung erfolgte mit einem BENSON-1284-Zeichenautomaten*

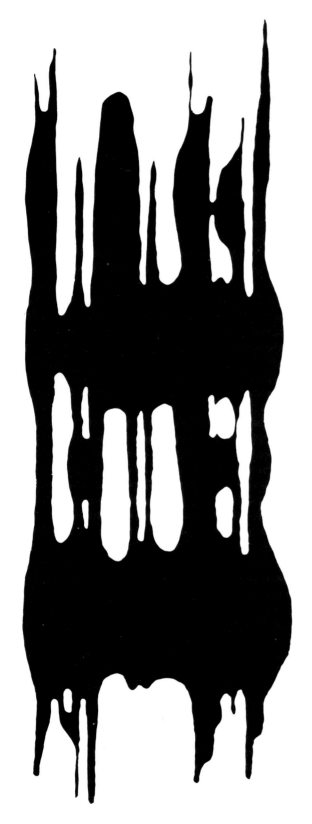

tere Ausstellungen der Gruppe *parallel* in Ludwigshafen, Stuttgart und Bonn.

1969 gründete Wilhelm Bleicher in München die Galerie Franzius, die sich speziell der computergenerierten Graphik widmete; im Zusammenhang damit erschien in der Werkstatt-Edition Kroll die erste deutsche Serie von Siebdrucken computergenerierter Motive.

Schließlich – und das kann man als das endgültige Fallen der Schranken bezeichnen – wurden in einer Sonderschau der Biennale in Venedig 1970 Arbeiten der Computergraphik von A. Lecci, F. Nake, G. Nees, H. P. Peterson, der Computer Technique Group und dem Verfasser neben solchen von Konstruktivisten wie Josef Albers und Max Bill gezeigt.

Inzwischen hatten sich auch schon Künstler einige zur Programmierung nötige Kenntnisse angeeignet. In den USA beschäftigte sich der Maler Lloyd Sumner seit dem Jahr 1964 mit Computergraphik (s. Abb. 27, S. 35); er gründete die Firma Computer Creations, die seine eigenen Arbeiten vertreibt. Auch der durch seine Computerfilme weithin bekanntgewordene John Whitney sen. (s. Abb. 116, S. 138) war ursprünglich Maler und Produzent abstrakter Filme. Zu einer Teambildung mit dem Ziel ästhetischer Computergraphik kam es schon 1967 zwischen dem Künstler Charles Csuri und dem Programmierer James Shaffer (s. Abb. 45 u. 47, S. 57/58, sowie Abb. 91, S. 109). 1969 wandte sich der freischaffende Künstler Manfred Mohr in Frankreich der Computergraphik zu. Auch Zdeněk Sýkora, CSSR, stieß von der Kunstseite her zur Computergraphik.

In den folgenden Jahren schlossen sich einige Gruppen von Technikern wie auch Künstlern zu mehr oder weniger losen

◁ *94 Computergraphik von Otto Beckmann und Alfred Graßl, Vorwurf für eine Skulptur, hergestellt mit einem Hybridsystem und ausgegeben auf einem Speicheroszillographen*

95 Computerunterstützte Graphik (Ausschnitt) von Zdeněk Sýkora. ▷
Die Grundstruktur wurde mit Hilfe eines Computerprogramms entworfen, das Bildelemente über einen Raster verteilt und die Bildkonzeption in einer Art Notenschrift ausdrückt. Nach dieser Vorlage wird in einem zweiten manuellen Arbeitsgang die fertige Graphik erstellt

96 Cubic Kennedy, *CTG, Japan,
ein Beispiel einer Serie, für die ein
Porträtphoto Kennedys als Basis diente*

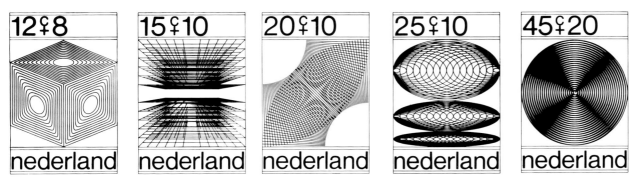

97 Serie holländischer Sonderbriefmarken nach Computerzeichnungen von R. D. E. Oxenaar

Gruppen zusammen, die sich in gemeinsamer Arbeit oder auch im Gedankenaustausch mit Computerkunst beschäftigten. Zu den bekanntesten zählt die CTG (Computer Technique Group), Japan, bestehend aus Haruki Tsuchiya, Systemingenieur; Masao Komura, Produktgestalter; Kunio Yamanaka, Flugtechniker; Junichiro Kakizaki, Elektroniker; Makoto Ohtake, Architekt; Koji Fujino, Systemingenieur; Fujio Niwa, Systemingenieur. Ihr Arbeitsgebiet reicht von geometrischen Arbeiten bis zu solchen aus der gegenständlichen Kunst. Besondere Beachtung fanden die Variationen eines Portraits von John F. Kennedy, bei der der Bildaufbau durch die Überlagerungen einfachster Bildelemente, beispielsweise Striche oder Kuben, erfolgte (s. auch Abb. 46, S. 57, und Abb. 48, S. 58).

In Wien ging die Initiative zur Schaffung computerästhetischer Arbeiten vor allem von Otto Beckmann aus, von Beruf akademischer Maler und Bildhauer. 1966 gründete er die Gruppe ars intermedia, zu der auch die beiden Ingenieure Alfred Graßl und Oskar Beckmann gehören. Wie schon der Name andeutet, ist das besondere Arbeitsgebiet dieses Teams jene Art der künstlerischen Darbietung, die verschiedene Bereiche der Kunst in sich vereinigt - beispielsweise Film oder Tanz. Teils als eigenständige Arbeiten, teils auch als Vorarbeiten für Skulpturen und Filme sind von der Gruppe ars intermedia auch verschiedene graphische Darstellungen bekannt geworden. Sie entstanden mit einem Hybridrechner und zeigen Figurationen, die an stilisierte Menschengruppen erinnern.

Eines der wenigen Beispiele einer systematischen Zusammenarbeit großen Stils zwischen Künstlern und Mathematikern stammt von der Universität Madrid. Am dortigen Rechenzentrum wurden die Ergebnisse dreimal in Ausstellungen gezeigt. Die letzte - *Generación automática de formas plásticas,* veranstaltet von E. García Camarero - fand in internationalem Rahmen statt. Die wichtigsten spanischen Vertreter der Computerkunst sind J. L. Alexanco, M. Barbadillo, M. Quejido, S. Seville und J. M. Yturralde (s. Abb. 92, S. 111).

Bemerkenswert sind insbesondere einige graphische und plastische Arbeiten, bei denen der Computer eine Vielzahl von Kombinationen einfacher Elemente ausgibt. Die endgültige Ausführung erfolgt dann nach der Computervorlage manuell in Kunststoffmaterial.

Angeregt von den Arbeiten der CTG, unternahm die CAYC (Centro de Estudios de Arte y Comunicación), Buenos Aires, Argentinien, den Versuch einer Zusammenführung von Computertechnikern und Künstlern. Die Ergebnisse wurden im Oktober 1969 in Buenos Aires, in einer Ausstellung *Arte y Cibernética* gezeigt, an der außer der CTG und anderen bekannten Repräsentanten der Computergraphik auch die argentinischen Künstler Luis Benedit, Antonio Berni, Ernesto Deira, Eduardo MacEntyre, Osvaldo Romberg und Miguel Angel Vidal beteiligt waren.

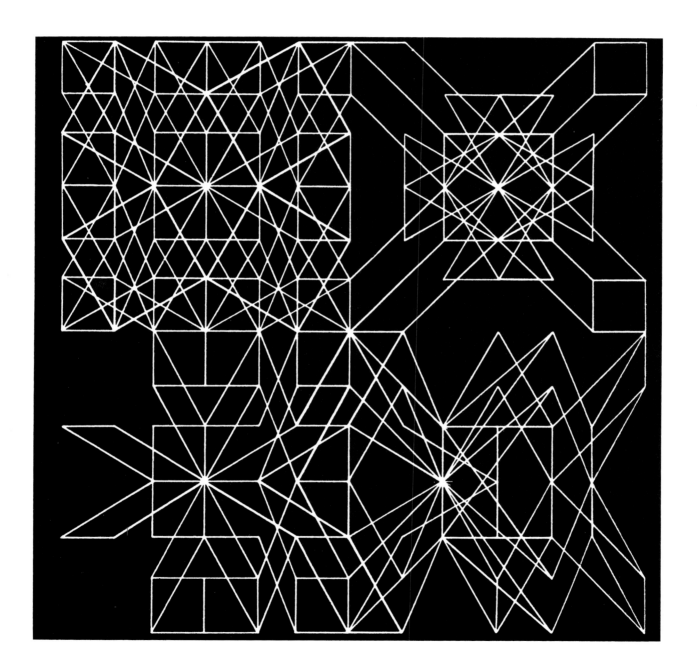

99 Shift 2, *1969, von Auro Lecci, nach einem Programm, das zweidimensionale Streifenmuster in Abhängigkeit von einem Zentralpunkt zeichnen läßt. Durch den wechselnden Streifenabstand entsteht ein räumlicher Effekt*

◁ 98 *Digitalgraphik von Miguel Angel Vidal, Ergebnis einer Initiative des CAYC (Centro de Estudios de Arte y Comunicación), Buenos Aires, zur Zusammenführung von Wissenschaftlern und Künstlern*

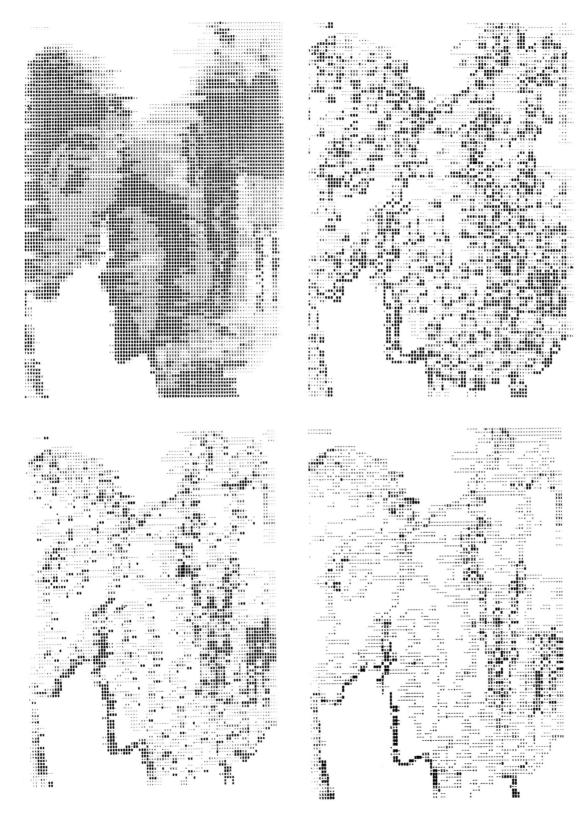

◁ *100* Derivative of an Image, *1970,* von Waldemar Cordeiro und Giorgio Moscati auf einer IBM 360/44 an der Universität von São Paulo ausgearbeitet und auf dem Schnelldrucker wiedergegeben; vier Transformationen der Grundstruktur einer photographischen Vorlage

Auch einige holländische Computergraphiker und -künstler haben von sich reden gemacht: A. Eikelenboom, H. Koetsier, R. D. E. Oxenaar und insbesondere Peter Struycken, der zu den Pionieren der Computerkunst gehört. Aufsehen erregten besonders einige Entwürfe von R. D. E. Oxenaar, die für die Gestaltung von Briefmarken in Auftrag gegeben worden waren. Weitere Initiativen entwickelten in Italien A. Lecci, Manfred Mohr in Paris, Frankreich, Zdeněk Sýkora in Prag, CSSR, und der leider früh verstorbene Waldemar Cordeiro in São Paulo, Brasilien.
Auch in der Bundesrepublik Deutschland erweiterte sich der Kreis der mit Computergraphik Beschäftigten; zu erwähnen sind Roland Fuchshuber, Peter Henne und Peter Kreis.

6 Jüngere Aktivitäten

Bei aller Willkür, die unvermeidlich ist, will man geschichtliche Entwicklungen in Abschnitte einteilen, hat es doch eine gewisse Berechtigung, die expansive Phase der Computerkunst mit dem Jahr 1970, dem Jahr der ersten Präsentation computergenerierter Graphiken bei der Biennale in Venedig, abzuschließen. Die folgenden Jahre waren unter anderem dadurch gekennzeichnet, daß man den Einsatz des Computers für künstlerische Zwecke kaum noch als Herausforderung ansah – dadurch hatte die Computerkunst ihren spektakulären Charakter verloren, die Diskussion konzentrierte sich vorwiegend auf ästhetische Fragen. Im vergangenen Jahrzehnt ist aber auch eine progressive Weiterentwicklung der Halbleiterelektronik und Computertechnologie zu verzeichnen; insbesondere war es die Erfindung der integrierten Schaltkreise, der Mikroprozessoren, die die Anwendungsbreite der Rechentechnik bis zum privaten Gebrauch hin erweiterten. Die dadurch erreichten Fortschritte kamen auch der graphischen Datenverarbeitung zugute, die mehr und mehr in den Vordergrund rückte und heute gleichbedeutend neben der alphanumerischen Datenverarbeitung steht. Alles das führte auch zu verstärkten Aktivitäten im Bereich der Computerkunst, und hier vor allem auf dem Gebiet der visuellen Gestaltung. Es ist heute kaum noch möglich, den Überblick über alle einschlägigen Publikationen, Symposien, Ausstellungen und dergleichen zu behalten; wenn im folgenden trotzdem versucht wird, die wichtigsten Arbeiten der letzten Jahre zu beschreiben, dann kann das nur noch skizzenhaft erfolgen, als ein Versuch, die Entwicklung wenigstens in den Grundzügen zu erfassen.

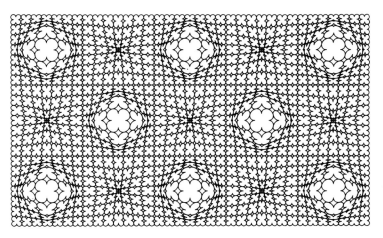

101 Netzstruktur mit Verzerrungen, die optische Vergrößerungen und Verkleinerungen nachbilden; William J. Kolomyjec, University of Columbus, Ohio

Zur Etablierung der graphischen Computerkunst haben einige Lehrveranstaltungen an Universitäten wesentlich beigetragen. Große Verdienste hat sich hier Grace C. Hertlein von der State University in Chico, Kalifornien, erworben. Von der Ausbildung her Künstlerin, hat sie sich nahezu ausschließlich der graphischen Computerkunst gewidmet. Unter ihren eigenen Arbeiten sind insbesondere solche bemerkenswert, die Landschaftselemente in einer schematisierten Weise darstellen. In umfangreichen, kunsthistorisch fundierten, aber auch auf die Praxis ausgerichteten Lehrveranstaltungen bildete sie Nachwuchskräfte aus, die inzwischen vielfach mit eigenen Arbeiten an die Öffentlichkeit getreten sind, so beispielsweise Michael I. Graves mit Impressionen aus der Popszene und der Weltraumutopie. Grace C. Hertlein ist auch Gründerin der Zeitschrift *Computer Graphics and Art,* die seit 1979 in ein Jahrbuch übergegangen ist.
Jüngere Initiativen zur Ausbildung von künstlerisch orientierten Computergraphikern sind William J. Kolomyjec von der University of Columbus, Ohio, zu verdanken; auch er hat ein umfang-

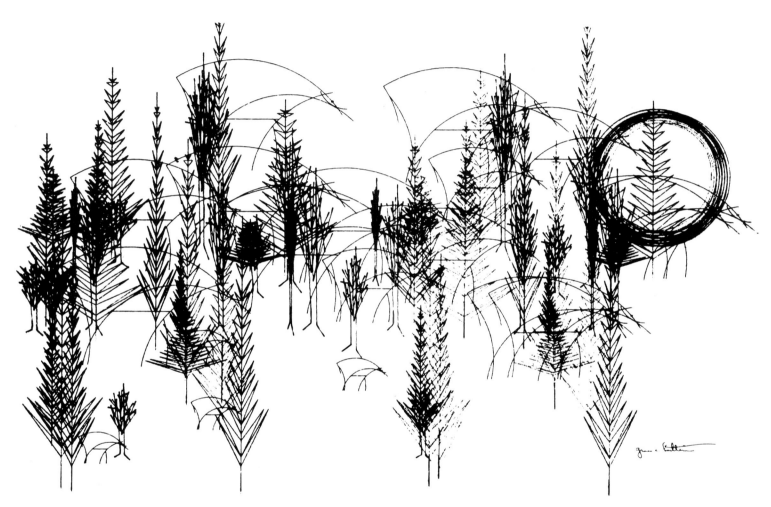

102 Beasts in the Forest, *Original in grün, blau und schwarz;* Grace C. Hertlein, California State University, Ohio

reiches computergeneriertes Oeuvre vorgelegt, in dem er unter anderem versucht, die vom Meister der optischen Illusionen, dem holländischen Maler Maurits C. Escher, gewiesene Richtung weiter zu verfolgen.

Auch an der University of Illinois am Chicago Circle werden Computergraphiker für künstlerische Aufgaben geschult, und zwar insbesondere im Hinblick auf bewegte Abläufe zur Ausgabe über Videoband. Herausragende Persönlichkeiten des UICC Electronic Visualization Laboratory sind Daniel Sandin und Thomas A. DeFanti (s. Abb. 76, S. 92), der auch das speziell für Künstler gedachte System ZGRASS entworfen hat; es erlaubt die interaktive Produktion komplizierter Rasterbilder und -ab-

103 Computergenerierte Zeichnungen von Harold Cohen, University of California, San Diego

läufe. Auch jüngere Mitarbeiter des Instituts, unter anderem Frank Dietrich und Zsuzsa Molnar, sind mit beachtlichen computergraphischen Arbeiten hervorgetreten.

Unerwartet große Resonanz finden auch die Lehrveranstaltungen von Robert Mallary an der Universität von Massachusetts in Amherst. Er hat selbst mehrere, vielfältig anwendbare Computerprogramme geschrieben, die er, zum Teil gemeinsam mit seinen Studenten, zur Ausarbeitung von Graphiken, darüber hinaus aber auch zur optimalen Landschaftsgestaltung einsetzt (s. Abb. 38, S. 49). Robert Mallary ist darüber hinaus intensiv mit theoretischen Arbeiten beschäftigt; er erhofft sich vom Computer die Lösung zentraler kunsttheoretischer Fragen.

Als Lehrer für Computergraphik an der Universität von Syracuse, New York, ist Edvard Zajec tätig (s. Abb. 4, S. 9). Bekannt wurde er durch Computergraphikserien, die in seiner Heimatstadt Triest entstanden, wo er lange Zeit als Lehrer für Zeichnen und Kunstgeschichte tätig war. Seine letzte größere Arbeit, deren theoretische Grundlage samt vielen Beispielen in dem Buch *Informatrix* zusammengefaßt vorliegen, ist ein Programmsystem für Plottergraphik, insbesondere zur Generierung und Verteilung graphischer Elemente.

Hochschullehrer, und zwar an der University of California in San Diego, ist auch der geborene Engländer Harold Cohen. Mit seinen Computergraphiken spürt er den generativen Grundlagen des Zeichnens und Malens nach. So ist es kein Zufall, daß seine Computergraphiken Ähnlichkeit mit den Ritzzeichnungen an Fels- und Höhlenwänden haben. Besonderes Aufsehen erregte er durch eine ferngesteuerte Zeichenmaschine, die er wegen ihres Aussehens „Turtle" nennt. Es ist eine Art Wägelchen, das mit einem heb- und senkbaren Stift versehen und über Kabel mit dem Computer verbunden ist. Zu Demonstrationen wurde Harold Cohen unter anderem von der Tate Gallery, London, eingeladen; in Deutschland war er Teilnehmer der documenta 3 und 6.

In Deutschland gibt es freilich weder an Universitäten noch an Akademien vergleichbare Initiativen – vielleicht deshalb, weil sich hier in den Kunstkreisen eine technikfeindliche Welle besonders stark bemerkbar macht. Umso beachtlicher sind deshalb einige Kurse, die meist auf die Bemühungen von Einzelpersonen zurückgehen, die selbst auf diesem Gebiet tätig sind. So gelang es beispielsweise Reiner Schneeberger, damals noch Gymnasiast, an der Erziehungswissenschaftlichen Fakultät der Universität München einen Lehrauftrag für Computergraphik zu erhalten. Gemeinsam mit seinen Studenten stellte er eine Serie von Bildern her, die auf das von ihm selbst entworfene Programmsystem SNE COMP ART für Plottergraphik zurückgeht. Reiner Schneeberger ist auch der Gründer der Deutschen Gesellschaft für Computergraphik und -kunst.

Künstlerisch orientierte Computergraphik wird auch an der Fachhochschule Bielefeld betrieben. Hier war es der experimentell arbeitende Photograph Gottfried Jäger, der einen Mathematiker der Bielefelder Universität, Christoph Nahrgang, als Dozenten gewann. Dieser hat die Mittel der Computergraphik für interessante ästhetische Experimente auf der Basis mathematischer Zusammenhänge angewandt.

Einen beachtenswerten Beitrag zur Popularisierung der Compu-

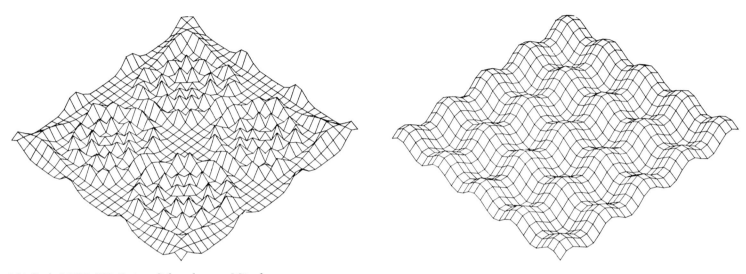

104 Serie L3DL/W, *Reiner Schneeberger, München*

terkunst hat auch der in Frankreich lebende, aus Rumänien stammende Christian Cavadia geleistet. Ursprünglich mit den bei der Gründung des Centre Pompidou anfallenden Computerarbeiten betraut, gelang es ihm, die Gründung eines kleinen computergraphischen Instituts zu veranlassen, das innerhalb des Kulturzentrums arbeitet und dessen Leiter er nun ist. Es veranstaltet Demonstrationen für die Besucher und gibt ihnen Gelegenheit zur Anfertigung einfacher Graphiken. Darüber hinaus stehen die Einrichtungen auch professionellen Künstlern für eigene Arbeiten zur Verfügung. Christian Cavadia und mehrere an seinem Institut arbeitende Gäste haben inzwischen ein umfangreiches Werk eigenständiger Prägung vorzuweisen (s. zum Beispiel Abb. 62, S. 78).

Wenn Computerkunst bisher noch an recht wenigen Stellen gelehrt wird, so liegt das nicht nur an prinzipiellen Bedenken, sondern auch und vor allem an der mangelnden Einsicht in die Bedeutung, die diese Arbeitsweise schon bald in Kunst und Design gewinnen wird. Noch immer stammt der Hauptteil computergraphischer Arbeiten von Personen, die aus eigenem Interesse heraus tätig wurden. Dazu zählt eine ganze Reihe von Wissenschaftlern, die im Rahmen ihrer Berufsausübung mit computergesteuerten Zeichensystemen in Berührung kamen und dadurch zu eigenen ästhetischen Versuchen herausgefordert wurden. Einen Anstoß dazu gab etwa die Wahrnehmungspsychologie; wie schon in der Anfangszeit der Computerkunst von Bela Julesz gezeigt, lassen sich mit dem Computer verschiedene visuelle Strukturen für Versuchszwecke entwerfen. Dominic Boreham, derzeit Redakteur der Zeitschrift *Page,* des Nachrichtenblattes der Computer Arts Society, zeichnete Strichmuster zur Überprüfung räumlicher Eindrücke, die den Übergang zu Op Art andeuten. Auch Chris French, Engländer wie Boreham, beschäftigte sich mit diesem Problem und zeichnete zu diesem Zweck Stereo-Bildpaare, die als imaginäre Skulpturen anzusehen sind.

Die stärksten Anstöße zur computerunterstützten Visualisierung aber sind sicher bei den Mathematikern zu verzeichnen, die darin ein didaktisch wirksames Mittel für ihre Lehrveranstaltungen finden. Zu erwähnen sind hier etwa die Plottergraphiken von Norton Starr vom Amherst College, Massachusetts, mit denen verschiedene mathematische Zusammenhänge veranschaulicht werden (s. Abb. 25, S. 34); oder die Computergraphiken, die Be-

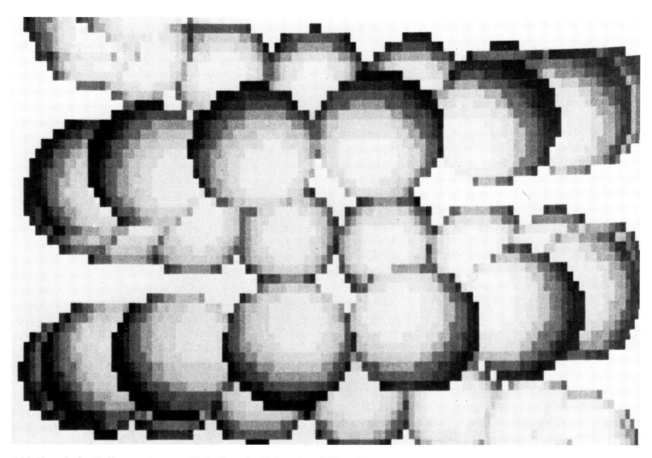

105 Kugeln in Helixanordnung, *Chris French, University of Manchester*

noit B. Mandelbrot als Illustrationen für sein Buch *Fractals – Form, Chance and Dimension* zeichnen ließ (s. auch Abb. 66, S. 82). Aber auch mehrere andere Mathematiker verstanden es, ihrem Sachgebiet bisher unbekannte graphische Formen abzugewinnen; bereits genannt wurde Christoph Nahrgang, der sich insbesondere mit mathematischen Annäherungsverfahren beschäftigt. Dazu gehören weiter Christoph Pöppe, der sich den Zusammenhängen der hyperbolischen Geometrie zuwandte (s. Abb. 30, S. 38), und der in Wien geborene, heute in Australien lebende Mathematiker Julius Guest, der sich – nach einem Vorbild von Gauss – mit siebzehnzähliger Rotationssymmetrie beschäftigt (s. Abb. 29, S. 37). Zu diesem Kreis von Wissenschaftlern gehört auch Aldo Giorgini (s. Abb. 28, S. 36), der heute an der Schule für Bauingenieure der Purdue University in West Lafayette, Indiana, über bautechnische Fragen, aber auch über Ästhetik im Bauingenieur-Design liest; mit seinen computergraphischen Ar-

107 Structure Study, *Original in rot, gelb, braun und schwarz;* Computergraphik *von Colette S. und Charles J. Bangert*

106 Peano-Collier, *Fractal-Kurve von Benoit B. Mandelbrot*

beiten hat er sich insbesondere graphisch reizvoller Veranschaulichungen von mathematischen Feldern angenommen.
Beachtenswerte computergraphische Arbeiten stammen auch von dem deutschen Mathematiker und Informatiker Ernst Schott, der mit seiner Frau Milada Schott, von Beruf Graphikerin, zusammenarbeitet. Neben mathematisch abstrakten Zeichnungen legte er auch organischen Strukturen nachempfundene Konfigurationen vor.
Auch der Amerikaner Kerry Jones hat in seinem Beruf mit Computern zu tun und nützte schon früh dessen Eignung als Instrument der Kunst; unter den zahlreichen von ihm vorgelegten Bildserien fallen insbesondere verschiedene komplizierte ornamentale Formen auf.
Von einer mathematischen Ausgangsbasis her kommen auch einige Mitarbeiter der Deutschen Forschungs- und Versuchsanstalt für Luft- und Raumfahrt (DFVLR) in Oberpfaffenhofen, Westdeutschland, die sich von Zeit zu Zeit an ästhetischen Experimenten beteiligen. Ihnen steht ein Großcomputer zur Verfügung, der normalerweise für die Auswertung von Luftbild- und Satellitenaufnahmen bestimmt ist, sowie das dazugehörige System DIBIAS (s. zum Beispiel Abb. 44, S. 55, Abb. 51, S. 61 und Abb. 121, S. 152). Es wurde von Ernst E. Triendl und Mitarbeitern in jahrelanger Arbeit für Zwecke der Bildanalyse entworfen, eignet sich aber auch gut für die Visualisierung mathematischer Zusammenhänge und darauf aufgebaute künstlerische Experimentalreihen (s. zum Beispiel Abb. 67, S. 83). Ernst E. Triendl widmete sich insbesondere Raumflächen in einer Art farbiger Höhenliniendarstellung, von Manfred Lehner stammt ein Programmteil für auch ästhetisch höchst ergiebige flächenhafte Fouriertransformationen, und Horst Helbig war maßgebend an der künstlerischen Auswertung von Verbindungen zwischen mathematischen und logischen Relationen beteiligt.
Den Übergang zu professionell-künstlerischen Arbeiten, so könnte man sagen, vollziehen Teams, an denen sowohl Künstler wie auch Wissenschaftler beteiligt sind. Hochgeschätzte Resultate stammen unter anderem vom Ehepaar Charles J. und Colette S. Bangert, University of Kansas. Colette, Zeichnerin und Malerin, und Charles, Mathematiker, fanden zu einem eigenen künstlerischen Stil, der stark an organische Strukturen und Landschaften erinnert.
Angehörige verschiedener Berufe, und zwar der bildende Künstler Paul Shao und der Architekt und Ingenieur Kenneth F. Dunker, beide an Universitäten in Iowa tätig, arbeiten seit 1970 zusammen und haben sich durch die Produktion fein strukturierter regelmäßiger oder auch zufallsgestörter Muster hervorgetan.

109 Simulacija prijelaza, *ausgegeben durch einen Schnelldrucker als Grundlage für einen Siebdruck; Vilko Žiljak, Zagreb*

◁ *108* Optic Study 101, *Computergraphik von Paul Shao, Iowa State University, und Kenneth F. Dunker, University of Oklahoma*

Zur Zusammenarbeit eines Künstlers und eines Technikers kam es auch anläßlich des Festivals ARS ELECTRONICA in Linz, Österreich. Klaus Basset, konstruktivistisch arbeitender Maler und Graphiker, hatte sich schon manuell und mit Hilfe von Schreibmaschinen mit regelmäßigen flächenhaften Anordnungen von elementaren Zeichen beschäftigt; die Zusammenarbeit mit seinem Freund Willi Plöchl versetzte ihn in die Lage, für entsprechende Aufgaben den Schnelldrucker heranzuziehen.

Waren es in der Anfangszeit der künstlerischen Versuche mit dem Computer nur wenige professionelle Künstler, die sich dieser Methode zuwandten, so ist deren Zahl heute kaum noch abzuschätzen. Einige der Pioniere, wie beispielsweise Ruth Leavitt (s. Abb. 63, S. 79) und Manfred Mohr (s. Abb. 93, S. 115) haben auf diesem Gebiet weitergearbeitet und neue, beachtliche Resultate erzielt. Versucht man hier die wichtigsten, neu hinzugekommenen Kräfte aufzulisten, dann fällt daran die Internationalität der Computerkunst auf. Neben den Amerikanern, deren Vorherrschaft unumstritten ist, traten auch Engländer auf den Plan, neben Harold Cohen und Chris French etwa Tony Longson, der sich insbesondere mit der Darstellung dreidimensionaler Gebilde beschäftigt. Interessante Arbeiten stammen von Vilko Žiljak aus Jugoslawien. Konstruktivistisch orientiert sind die Arbeiten zweier heute in Kanada lebender Künstler, Roger Vilder und Jaques Palumbo. Arbeiten dieses Stils haben auch die beiden Belgier Roger Coqart und Peter Beyls vorgelegt, wiewohl beide mit ihren Arbeiten weit über rein geometrische Strukturen hinausgehen. Coqart hat sich interessanter Kombinationen zwischen computergenerierter und photographischer Methode bedient; Beyls, von Ausbildung und Beruf her eigentlich Musiker, beschäftigt sich unter anderem auch mit verschiedenen Picture-Processing-Versuchen.

1969 bildete sich in Frankreich die Groupe Art et Informatique de Vincennes, die dem Informatik-Departement der dortigen Universität angeschlossen ist und eng mit jenen der Musik und der bildenden Kunst zusammenarbeitet. Die Mitglieder, die sich weder als Künstler noch als Informatiker, sondern als einen neuen Typ, der beide Berufszweige verbindet, ansehen, haben sich bei vielen Ausstellungen in Paris Anerkennung erworben.

Mit eigenartigen Resultaten ist in den letzten Jahren der Österreicher Ernst Havlik hervorgetreten, der eine Vielkristall-Szintilla-

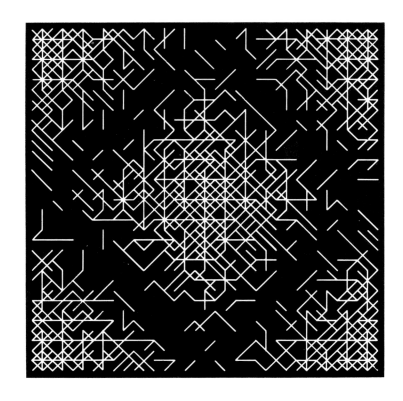

110 (links) Negative Grid Structure, *Roger Coqart, Brüssel*

111 (unten) Graphik aus dem System PTS (Picture Transformation System) von Shihaya Shimomura, Tokyo

tions-Kamera und nachfolgende Computerverarbeitung zur Erzeugung seiner Bilder verwendet.

Auch in Japan sind nach der Auflösung der CTG wieder einige Talente am Werk, allen voran Hiroshi Kawano, der sich auch mit theoretischen Arbeiten hervorgetan hat; weiter Shihaya Shimomura, der mit einem von ihm entworfenen Picture-Transformation-System dem Prinzip vertikal/horizontal neue Aspekte abgewinnt, und Sozo Hashimoto, der die formalen Eigenschaften der Mandala in sein Computerprogramm einbezogen hat, mit dem er neue Mandala-Konfigurationen ausgibt.

7 Computerskulptur

Die computergefertigte Skulptur stößt anfertigungstechnisch auf Schwierigkeiten. Bisher ist kein Weg bekannt, den Vorgang vom Programm bis zur fertigen Ausführung voll zu automatisieren. Wo der Computer für Experimente in dieser Richtung eingesetzt wurde, diente er vor allem für Entwurfsarbeiten. Otto Beckmann gibt für einige Arbeiten seiner Gruppe ars intermedia computerangefertigte Skulpturen als Ziel an. Alfred M. Duca stellte scheibenförmig zusammengesetzte Computerplastiken her.

Der spanische Maler und Bildhauer J. L. Alexanco ging von einer realistischen Figuration, einer menschlichen Gestalt, aus und veränderte unter Einsatz eines Computers die räumliche Anordnung; dazu mußte er Umwege über Höhenlinien gehen (s. Abb. 53, S. 66). Die Skulptur wurde in horizontale Scheiben zerlegt, die sich daraus ergebenden flächenhaften Elemente wurden sukzessive verändert. Der Computer gab über einen Schnelldrucker Höhenlinien für die einzelnen horizontalen Abschnitte aus. Der Aufbau der Skulptur erfolgte manuell.

Eine solche Art des Herstellungsprozesses wird als *computer assisted art* – computerunterstützte Kunst – bezeichnet. Diesen Ausdruck verwendet etwa der Physiker und Maler Richard C. Raymond, der derzeit bei der General Electric Company in New York tätig ist, für seine Mobiles, Gebilde aus beweglichen farbigen Flächen, die über dünne Traghebel in periodische Bewegung versetzt werden. Auch hier kann der Computer zwar die Anordnungen und Verläufe berechnen, die Anfertigung muß aber schließlich von Hand erfolgen.

Reliefs nach Computerentwürfen stellte auch der Schweizer Gottfried Honegger-Lavater her – bogenförmige Kerbungen in glatten Oberflächen.

Der Einsatz computergesteuerter Fräsmaschinen zur Herstellung dreidimensionaler ästhetischer Objekte geht auf Charles Csuri zurück. Später bediente sich auch Georg Nees dieser Methode, um Computerreliefs zu produzieren. Eines davon, genaugenommen eine ganze Vielfalt, die auf ein und demselben Programm beruht, wird aus Holz oder Kunststoff herausgefräst und kann nach einem Abdruckverfahren vervielfältigt werden (s. Abb. 54, S. 67). Eine andere Computerplastik von Georg Nees bedeutet bereits einen Übergang vom Relief zur Plastik – sie besteht aus einzelnen kubischen Teilen, die zwar auf einer Ebene angeordnet sind, aber durch ihre verschiedenen Höhen eine dreidimensionale Erstreckung aufweisen.

Eine Skulptur, der zwar noch eine räumliche Verteilung von Elementen zugrunde liegt, die sich aber doch grundlegend von klassischen Bildhauerarbeiten unterscheidet, stammt von dem deutschen Maler und Bildhauer K.-L. Schmaltz. Seine Zellkörperplastik *Galax K 324* hat die Form eines Kuboktaeders, der selbst aus 324 oktaedrischen Bausteinen zusammengesetzt ist. Als Konstruktionsunterlagen dienten computergezeichnete Darstellungen der Netzebenen.

Als Erweiterung der Skulptur können kinetische und Lichtobjekte gelten. Zur Steuerung eignen sich insbesondere Mikroprozessoren. Der erste, der das Rechensystem in das räumliche Kunstwerk einbezogen hat, war wohl Vladimir Bonačić. Seine Konstruktionen könnte man als Lichtraster bezeichnen; die in Zeilen und Kolonnen angeordneten Lampen werden in ständig wechselndem Takt gruppenweise geschaltet, wobei die Verteilung den mathematischen Gesetzen der Galoisschen Felder folgt. Eine solche Anlage kann jahrelang in Betrieb sein, ohne sich zu wiederholen. Hier ergibt sich ein Übergang zu den sogenannten kybernetischen Objekten. Es sind offen ausgelegte elektronische Schaltungen, die Lampen steuern oder Folgen von Tönen und Geräuschen von sich geben – zum Teil auch als Reaktion auf Äußerungen des Publikums. Mit Arbeiten dieser Art sind in Deutschland die Künstler Hans Martin Ihme, Walter Giers und Peter Vogel hervorgetreten.

Eines der ehrgeizigsten Beispiele mobiler, kybernetischer Skulp-

◁ *112 Heimito von Doderer, computerunterstützte Skulptur von Kurt Ingerl. Die Form der Betonscheiben wurde vom Computer aufgrund einer Vermessung der Totenmaske berechnet*

tur ist der von Edward Ihnatovicz, London, um 1970 entworfene *Senster.* Unter anderem sind Mikrophone und ein Radar-Sender/Empfänger-System vorgesehen, um Bewegungen und Laute aus dem Zuschauerraum aufzunehmen; die Daten werden von einem Computersystem verarbeitet, das auch die hydraulisch angetriebenen Bewegungen der Skulptur steuert. In neuerer Zeit beschäftigt sich Nigel Johnson, ein anderer in London lebender Künstler, mit dem Problem der computergesteuerten, reaktiven Skulpturen und legte verschiedene Beispiele für deren Realisation vor.

8 Computerfilm

In engem Zusammenhang mit der Computergraphik steht der Computerfilm; man kann ihn als Folge sukzessive veränderter Computergraphiken auffassen. Andererseits wurden Phasenbilder aus Computerfilmen oft auch als Computergraphiken ausgestellt. Der erste Computerfilm entstand 1963 in den Bell Telephone Laboratories; E. E. Zajac veranschaulichte die Bewegung und Eigendrehung eines Satelliten als eine Folge von Einzelphasen. Bald darauf begannen Experimente unter ästhetischen Aspekten. Kenneth C. Knowlton ist ein wesentlicher Beitrag zu dieser Entwicklung zu verdanken. Mit der von ihm ausgearbeiteten Mosaik-Methode stellte er gemeinsam mit Stan Vanderbeek den Film *Man and His World* her, ein abstraktes Spiel mit den Buchstaben dieser Sentenz. Ein anderes filmisches Ergebnis von Knowlton ist *Contour Charts,* bei dem die dreidimensionale Projektion eines nur theoretisch denkbaren vierdimensionalen Würfels in perspektivischer Darstellung sichtbar wird (s. auch Abb. 22, S. 30). Als neuerer Film, der mit Hilfe der Methode von Knowlton zustande kam, ist *Pixillation* von Lillian F. Schwartz zu nennen, bei dem computergenerierte Flächenmuster mit Effekten verfließender Farben kombiniert wurden (s. Abb. 65, S. 81). Die Musik komponierte Dick Moore nach dem System GROOVE von Max V. Mathews. Aus den Bell Telephone Laboratories stammt auch ein Film von A. Michael Noll, der eine Art räumliches Bewegungsspiel seiner Initialien zeigt, sowie ein weiterer Film von E. E. Zajac, *A Pair of Paradoxes,* der auf optischen und akustischen Täuschungseffekten beruht.

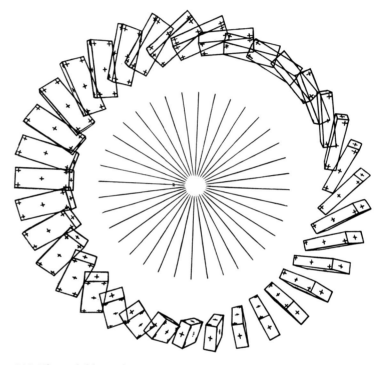

113 Phasenbild aus dem ersten computertergenerierten Film, 1963 von E. E. Zajac produziert. Im Film wird die Orbitbahn eines Satelliten durch einen perspektivisch gezeichneten Quader symbolisiert, an dessen wechselnder Position der Verlauf seiner Eigendrehung zu sehen ist. Das von einer Datenverarbeitungsanlage des Systems IBM 7090 umgesetzte Programm erzeugt zwei bis fünf Bilder je Sekunde, die in Einzelbildschaltung vom Schirm einer Bildröhre gefilmt und mit 16 Bildern je Sekunde wiedergegeben werden

1967 begannen Charles Csuri, Professor der School of Art, und James Shaffer, Programmierer, an der Ohio State University mit Arbeiten zu Computergraphik und Computerfilm. Weithin bekannt wurde der Film *Hummingbird,* ein Zehnminutenablauf, der verschiedenste graphische Manipulationen mit der zeichnerischen Darstellung eines Kolibris vorführt. Beim 4. Internationalen Experimentalfilmwettbewerb in Brüssel wurde er mit zehn

114 Vier Phasen aus dem mehrfach preisgekrönten Film Hummingbird *von Charles Csuri und James Shaffer
– der Zerfall eines Vogels in ein Chaos einzeln kreisender Bestandteile, die schließlich wieder zur Grundfigur zusammenfinden*

115 Zwei Phasen eines Films von Ronald Resch, bei dem sich eine Netzstruktur in ein einzelnes Quadrat und wieder zurück verwandelt

anderen aus einem Angebot von 335 Beispielen ausgewählt und prämiiert.

Ronald Resch vom Coordinated Science Laboratory der University of Illinois programmierte Computerfilme für architektonische Zwecke. Die dabei angewandten Mittel der Veranschaulichung, Netzstrukturen zur Darstellung der Gerüstkonstruktionen, verarbeitete Resch aber auch in einem frei gestalteten Film; ein Schachbrettmuster verwandelt sich in ein einzelnes Quadrat und nimmt schließlich seine alte Form wieder an.

Der bekannteste Produzent von Computerfilmen ist John Whitney sen., der sich vorher mit abstrakten Experimentalfilmen wie auch mit Musik und Photographie beschäftigt hatte. 1966 gab ihm die IBM Gelegenheit, eine eingehende Ausbildung im Gebrauch von elektronischen Datenverarbeitungsanlagen mitzumachen. Damals arbeitete er eng mit Jack P. Citron vom IBM Scientific Center in Los Angeles zusammen, der sich bisher vor allem mit computergenerierter Musik beschäftigt hatte. Citron wandelte ein Programm zur Schallerzeugung zu elektronischer Musik für filmische Zwecke ab.

Ein faszinierendes Beispiel für einen Computerfilm stammt von Michael Whitney, einem Sohn von John Whitney: *Binary Bit Patterns* mit Musik von Charles Villiers. Dieser Film beruht auf einer einzelnen Grundfigur, einem Sternchen, und auch das Programm ist außerordentlich einfach und durchsichtig. Das Prinzip ist aber so ausbaufähig, daß durch sukzessive Fortführung der Aufbauprozesse eine unglaubliche Vielfalt reizvoller Ornamente entsteht. Wenn man in der Computerkunst von einer Eleganz der Methode sprechen kann, dann liegt hier ein hervorragendes Beispiel dafür vor.

Zu den neueren Beispielen von Computerfilmen aus den USA gehört der Drei-Minuten-Streifen *Linesthetic* von Lloyd Sumner und ein Sieben-Minuten-Film, *Event I,* von John C. Mott-Smith, der aus demselben, aus der Physik stammenden graphischen Grundmuster besteht wie dessen statische Colorgraphik von Seite 84 in diesem Buch.

Aus England sind Computerfilme bekannt, etwa *The Flexipede* von Tony Pritchett, mit dem es erstmalig gelang, eine humoristische Note in den Computerfilm einzuführen. Auch Georg Nees hat einen kurzen Computerfilm hergestellt. Er zeigt unter anderem den Aufbau jener graphischen Struktur, der das computergenerierte Relief von Seite 67 zugrunde liegt, sowie die perspektivische Transformation eines Rasterausschnittes.

Eingehende Studien widmete die Experimentalgruppe ars intermedia, Wien und Wiener Neustadt, den computergenerierten Ton- und Filmabläufen. Bemerkenswert ist, daß diese Computer-Tonfilme durch ein Programm entstehen, das Bild und Ton aufeinander bezieht und gemeinsam ausgibt. Otto Beckmann spricht von Bild-Ton-bezogenem (B-T-Z) Computerfilm.

Es war der leider früh verstorbene gebürtige Ungar Peter Foldes, der mit einigen in Kanada hergestellten Zeichenfilmproduktionen die neuen, vom Computer gegebenen Möglichkeiten am konsequentesten für künstlerische Zwecke anwandte. In seinem Film *Faim* ließ er nicht nur die üblichen Zwischenphasen computergeneriert herstellen, sondern er wandte die Methode der Interpolation auch für Übergänge zwischen voneinander unabhängigen Bildern an, wobei sich graphisch interessante abstrakte Zwischenphasen ergaben. Dasselbe Stilmittel setzte er in dem Film *Metadata* ein, wo er unter anderem eine Blume in eine Landschaft übergehen läßt.

Durch Computergraphik-Systeme, die speziell dem Trickfilm angepaßt sind, beispielsweise dem System ANTICS von Alan Kitching, England, erfolgte der Übergang zum kommerziellen Film. Zunächst waren es gegenstandslose Sequenzen, die für Werbespots oder auch zur Darstellung ungewöhnlicher Erscheinungen in Science-Fiction-Filmen verwendet wurden; ein frühes Beispiel dafür ist die Schlußsequenz des Films *2001 - Odyssee im Weltraum* von Stanley Kubrick, an deren Entstehung John Whitney mitgewirkt hat. Mit diesem zusammen arbeitete Larry Cuba, der auch mit eigenständigen, künstlerisch gestalteten Computerfilmen hervorgetreten ist.

Einen wichtigen Schritt auch in der Geschichte der Filmtechnik bedeutet der durch die modernsten Mittel der Computergraphik gegebene Übergang von der zweidimensionalen zur dreidimensionalen Darstellung.

Diese Entwicklung ist eng mit dem computerunterstützten Design verflochten. Während man sich zunächst mit der Darstellung von statischen Bildern begnügte, ergab sich bald der Wunsch, auch dynamische Abläufe zu erfassen – beispielsweise um den Einfluß der Belastung auf einem Werkzeugteil sichtbar zu machen.

116 Sequenzen aus dem Film per-mu-ta-tions *von John Whitney, der mit der Programmiersprache GRAF von Jack P. Citron auf einer IBM 360 konzipiert und auf der optischen Ausgabe IBM 2250 ausgegeben wurde. Dem Programm liegt eine trigonometrische Funktion, als Polarkoordinatengleichung geschrieben, zugrunde, die durch 60 Parameter bestimmt ist; die im Bild gezeigten Rosetten können die Vielfalt der im Programm gefaßten Variationen nur andeuten. Der Film ist farbig; die ursprünglich schwarzweißen Muster werden auf einer Lichtbank gefärbt, überblendet und geschnitten. Aufnahme IBM*

Während bei Anwendungen im wissenschaftlichen und technischen Bereich die wirklichkeitsgetreue Darstellung, die Realsimulation, nicht unbedingt wichtig ist, erschien sie unter dem Aspekt des Filmtricks umso wünschenswerter: zum erstenmal können nun computergenerierte Filmsequenzen zur Produktion normaler Spielfilme verwendet werden. Dabei bedient man sich einer Einblendungstechnik, wobei jener Bildanteil, der die agierenden Schauspieler enthält, auf elektronischem Weg vor den computergenerierten Hintergrund gebracht wird. Besonders die Produzenten von Science-Fiction-Filmen bedienen sich dieser Methode, und zwar deshalb, weil dabei die Aufgabe auftritt, technische Objekte wiederzugeben, die es noch nicht gibt, ebenso wie die Landschaften fremder Planeten, die heute noch unerreichbar sind.

Heute ist die Realsimulation noch recht zeitraubend, doch werden sicher in absehbarer Zeit auch Echtzeitsysteme dafür zur Verfügung stehen, wie sie sich in einem anderen Aufgabenkreis, jenem der Simulatoren, schon andeuten. In einer Verbindung zwischen der Computeranimation und dem Computerspiel könnte es schließlich auch zu einer bisher noch nicht realisierten Darstellungsform kommen – zu einer Art Filmabenteuer, in dem der Benutzer selbst die Entscheidungen trifft, nach denen dann die – von Programmen vorbereitete – Weiterentwicklung der Handlung verläuft. Methoden dieser Art könnten auch im Rahmen der Kunst sinnvoll eingesetzt werden; so hat beispielsweise Charles Csuri eine Computer-Animation-Konfiguration entwickelt, mit deren Hilfe der Zuschauer selbst in die Abläufe eingreifen kann.

9 Computertexte

Versuche zur Generierung von Computertexten sind bisher relativ selten geblieben. Die ersten Computerpoeme stammen von Theo Lutz; sie wurden am Rechenzentrum der Technischen Hochschule (heute Universität) Stuttgart programmiert und 1959 veröffentlicht. Aus 16 Subjekten und Prädikaten wurden je zwei durch einen von vier vorgesehenen logischen Junktoren verbunden. Ein Beispiel, dessen Wortmaterial aus Kafkas *Schloß* stammt, ist folgendes:

Nicht jeder Blick ist nah. Kein Dorf ist spät.
Ein Schloß ist frei und jeder Bauer ist fern.
Jeder Fremde ist fern. Ein Tag ist spät.
Jedes Haus ist dunkel. Ein Auge ist tief.
Nicht jedes Schloß ist alt. Jeder Tag ist alt.

1963 trat Rul Gunzenhäuser mit computererzeugten Gedichten hervor; sein Gedicht *Weihnacht,* dessen Lexikon Wörter aus dem semantischen Umfeld des Begriffes Weihnacht verwendete, wurde oft publiziert (s. S. 71).

Zu den ersten Arbeiten über Computerlyrik gehört der Beitrag *Monte-Carlo-Texte* von Gerhard Stickel in der 1966 veröffentlichten *Programm-Information PI-21* des Deutschen Rechenzentrums Darmstadt. Stickel beschreibt kurz seine Methode und legt dann fünf *Autopoeme* vor. Zwei davon seien hier zitiert:

Autopoem Nr. 303

Wenn die Dunkelheit spielt, erstarrt ein Abend
Gold und Schönheit strahlen manchmal
Ich tanze und sinne
Oft berührt mich das Gras
Die Glocke wächst rauh und golden
Pfade und Boten sind drunten stürmisch
Wer küßt eine Pflanze? –
Der Poet

Autopoem Nr. 312

Die fröhlichen Träume regnen
Das Herz küßt den Grashalm
Das Grün verstreut den schlanken Geliebten
Fern ist eine Weite und melancholisch
Die Füchse schlafen ruhig
Der Traum streichelt die Lichter
Traumhaftes Schlafen gewinnt eine Erde
Anmut friert, wo dieses Leuchten tändelt
Magisch tanzt der schwache Hirte

In der Zeit zwischen 1966 und 1968 entstanden, ebenfalls im Deutschen Rechenzentrum, in Zusammenarbeit mit Otto Beckmann die sogenannten *Verbalen Blockmontagen* auf der IBM 7090, darunter die folgenden:

> blaues zittern sucht die sorge
> silbern sind die lüfte
> ich tröste die lerchen
>
> träume und fische
> sind schlank und zärtlich
> blau erscheint das traumhafte reh
> ein magischer klang spielt
> und morgen regnet die stille
>
> trauriges erstarren
> erlebt die bitteren minuten
> wenn der raum weint
> entdeck ich die tage
>
> das sinnbild lächelt in dem sinnbild
> der tropfen jagt das ruhende verlangen
> morgen
> schließt sich
> die Zeit

Das Programm TAPE MARK I wurde von Nanni Balestrini 1961 in Mailand ausgearbeitet. Es stützt sich auf drei von Menschen geschriebene Texte, die es unterteilt und neu kombiniert, beispielsweise wie folgt:

```
CHI MANCAVA DA UNA PARTE ALL ALTRA SI LIBRA AD ALI TESE
ASPETTANDO CHE FINISCA L ARIA DA RESPIRARE FACENDO FINTA
LE PAROLE NON DETTE NELLA BOCCA PIENA DI SANGUE TUTTO TACE
FINO AI CAPELLI APPICCICA ALLA PELLE NON CAPITERA MAI PIU
LO SGOMBERO DELLA NEVE ORA GIALLA ORA VERDE NESSUNO VOLEVA RESTARE

ATTRAVERSANDO BOCCONI LA DISTANZA ESATTA PER FARNE A MENO
LA FOLLA CAMMINAVA ADAGIO NON CAPITERA MAI PIU LE DITA IMMERSE
NELL ISTANTE INATTESO MONTACI SOPRA ORA GIALLA ORA VERDE
L ARIA DA RESPIRARE ASPETTANDO CHE FINISCA I PASSI NECESSARI
FINO AI CAPELLI L ESTATE FU CALDA NELLE NOSTRE TENEBRE

TUTTO TACE NELLA BOCCA PIENA DI SANGUE LO SGOMBERO DELLA NEVE
SU TUTTA LA STRADA I PASSI NECESSARI PERCHE NON ENTRINO I LEONI
SI LIBRA AD ALI TESE SULL ERBA FUORI L ESTATE FU CALDA
NON CAPITERA MAI PIU LA FOLLA CAMMINAVA ADAGIO DA UNA PARTE ALL ALTRA
L ARIA DA RESPIRARE FACENDO FINTA IMMOBILI GIORNI

ORA GIALLA ORA VERDE MONTACI SOPRA FINO AI CAPELLI
NESSUNO VOLEVA RESTARE DA UNA PARTE ALL ALTRA IL TENDINE E SPEZZATO
PER FARNE A MENO SPUTA ANCHE IL MIELE FACENDO FINTA
I PASSI NECESSARI SU TUTTA LA STRADA LA DISTANZA ESATTA
NON CAPITERA MAI PIU LE DITA IMMERSE GUARDANDO BENE
```

Bekannte Computertexte sind weiter die *Haiku-Poeme* von Margaret Masterman und Robin McKinnon Wood. Hier einige Beispiele:

eons deep in the ice
I paint all time in a whorl
bang the sludge has cracked

eons deep in the ice
I see gelled time in a whorl
pffftt the sludge has cracked

all green in the leaves
I smell dark pools in the trees
crash the moon has fled

all white in the buds
I flash snow peaks in the spring
bang the sun has fogged

Von Alison Knowles und James Tenney stammt das Computergedicht *The House,* aus dem hier ein Ausschnitt wiedergegeben sei:

```
A HOUSE OF STEEL
     IN A COLD WINDY CLIMATE
          USING ELECTRICITY
               INHABITED BY NEGROS WEARING ALL COLORS
A HOUSE OF SAND
     IN SOUTHERN FRANCE
          USING ELECTRICITY
               INHABITED BY VEGETARIANS
A HOUSE OF PLASTIC
     IN A PLACE WITH BOTH HEAVY RAIN AND BRIGHT SUN
          USING CANDLES
               INHABITED BY COLLECTORS OF ALL TYPES
A HOUSE OF PLASTIC
     UNDERWATER
          USING NATURAL LIGHT
               INHABITED BY FRIENDS
A HOUSE OF BROKEN DISHES
     AMONG SMALL HILLS
          USING NATURAL LIGHT
               INHABITED BY LITTLE BOYS
A HOUSE OF MUD
     IN A HOT CLIMATE
          USING ALL AVAILABLE LIGHTING
               INHABITED BY FRENCH AND GERMAN SPEAKING PEOPLE
A HOUSE OF MUD
     IN A HOT CLIMATE
          USING NATURAL LIGHT
               INHABITED BY COLLECTORS OF ALL TYPES
A HOUSE OF GLASS
     IN MICHIGAN
          USING NATURAL LIGHT
               INHABITED BY FRIENDS
A HOUSE OF SAND
     IN A HOT CLIMATE
          USING NATURAL LIGHT
               INHABITED BY LITTLE BOYS
A HOUSE OF BRICK
     IN HEAVY JUNGLE UNDERGROWTH
          USING CANDLES
               INHABITED BY AMERICAN INDIANS
A HOUSE OF DISCARDED CLOTHING
     IN DENSE WOODS
          USING NATURAL LIGHT
               INHABITED BY LOVERS
A HOUSE OF DUST
     ON AN ISLAND
          USING CANDLES
               INHABITED BY NEGROS WEARING ALL COLORS
```

Programme für konkrete Texte stammen von Edwin Morgan sowie von R. John Lansdown. Mit automatischer Generation von Sätzen beschäftigte sich Jean A. Baudot, Computer-Essays stellte E. Mendoza vom Physics Department des University College von North Wales her. Von Alan Sutcliffe stammt eine Serie von Gedichten, die im Rahmen eines Multi-Media-Programms SPASMO entstand. An der Universität von Surrey, Guildford, England, bildete sich die Poetry Group, bestehend aus Robin Shirley, Graham Wallen, Jeff Harris, Lynette Willoughby, die sich mit computererzeugter Poesie und der Entwicklung einer allgemeinen Programmsprache für die Herstellung von Poesie, BARD 1, beschäftigt.

1967 und – in einer erweiterten Auflage – 1969 legten Manfred Krause und Götz F. Schaudt ein kleines Buch mit dem Namen *Computer-Lyrik* vor, das einige Dutzend mit Hilfe von Computerprogrammen geschriebene Gedichte enthält. Bemerkenswert ist der Versuch, computergeschriebene Alternativfassungen bereits vorliegender, von Menschen stammender Lyrik mit dieser gemeinsam zu präsentieren, wobei der Leser aufgefordert wird, das Original herauszusuchen. Hier zwei Beispiele aus dem Buch von Krause und Schaudt:

Weil späte Tränen

Und weite Lieder flüchtig gleichen
Doch Gräser warnend Höhen geben
Weil hohe Funken perlend weichen
Da Strahlen murmelnd Klänge weben

Zwar kranke Dunkel zagend enden
Denn Blüten schlafend Kreise schwanken
Weil späte Tränen glimmend blenden
Denn Fluten trauernd Lampen danken

Und rohe Stimmen einsam fliehen
Weil Täler leise Grüße breiten
Doch freie Berge langsam ziehen
Da Küsse dämmernd Zweige gleiten

REJECT' JUDGE LOVES ANARCHY

```
TILES                                             LIKEGRIT            
                                                  LIKETIME
                                                  LIKEZINC
  LIKEWOOD   LIKEVEINS   LIKEMORTAR   LIKEFLOWERS   LIKECHROMIUM   LIKE
  LIKETIME   LIKEGLASS   LIKEPOETRY   LIKEPLANETS   LIKEMACHINES   LIKE
  LIKEGRIT   LIKECHALK   LIKETIMBER   LIKECRYSTAL   LIKEMINERALS   LIKE
  LIKESNOW   LIKEROCKS   LIKEBRICKS   LIKECOBBLES   LIKEPATTERNS   LIKE
  LIKESAND   LIKETILES   LIKESTICKS   LIKEGRANITE   LIKECONCRETE   LIKE
  LIKEIRON   LIKEGLASS   LIKEPOETRY   LIKEPLANETS   LIKEMACHINES   LIKE
  LIKETIME   LIKECHALK   LIKETIMBER   LIKECRYSTAL   LIKEMINERALS   LIKE
  LIKEBONE   LIKEVEINS   LIKEMORTAR   LIKEFLOWERS   LIKECHROMIUM   LIKE
  LIKESAND   LIKETILES   LIKESTICKS   LIKEGRANITE   LIKECONCRETE   LIKE
  LIKESAND   LIKEEARTH   LIKESTONES   LIKESCARLET   LIKE           LIKE
  LIKETIME   LIKESTEEL   LIKELEAVES   LIKEPEBBLES   LIKESUNLIGHT   LIKE
  LIKESNOW   LIKEVEINS   LIKEMORTAR   LIKEFLOWERS   LIKECHROMIUM   LIKE
  LIKEBONE   LIKETILES   LIKESTICKS   LIKEGRANITE   LIKECONCRETE   LIKE
  LIKESOIL   LIKECHALK   LIKETIMBER   LIKECRYSTAL   LIKEMINERALS   LIKE
  LIKESOIL   LIKEROCKS   LIKEBRICKS   LIKECOBBLES   LIKEPATTERNS   LIKE
             LIKE STEEL   LIKE CEMENT
             LIKE GLASS   LIKE SILVER
             LIKE VEINS   LIKE SILVER
             LIKE CHALK   LIKE LOAVES              GRANITE
             LIKE TILES   LIKE LEAVES              CRYSTAL
             LIKE ROCKS   LIKE POETRY              PEBBLES
             LIKE EARTH   LIKE MORTAR              PLANETS
             LIKE TREES   LIKE TIMBER              FLOWERS
```

WHEN YOU SEE THE ROAD PLEASE SAY' THIS POEM BEGINNING QUIETLY

```
  LIKELEAD   LIKEPAPER   LIKEBRICKS   LIKEFLOWERS   LIKEPATTERNS   LIKE
  LIKESOIL   LIKETILES   LIKEMARBLE   LIKEPLANETS   LIKE           LIKE
  GRASS                                LIKEBRICKS
  BONE                                 LIKETIMBER
                                       LIKEMARBLE
                                       LIKEMORTAR
                                       LIKEGRAVEL
                                       LIKECOPPER
                                       LIKECEMENT
                                       LIKESILVER
                                       LIKELEAVES

             LIKE EARTH   LIKE MARBLE                LIGHT
             LIKE TILES   LIKE MORTAR                CHALK
             LIKE LIGHT   LIKE GRAVEL                GRASS
             LIKE CHALK   LIKE COPPER                PAINT
             LIKE GRASS   LIKE CEMENT                BRASS
             LIKE PAINT   LIKE SILVER                STONE
                          LIKES
                          LIKESO          LIKE PATTERNS
                          LIKEBON         LIKECHROMIU
                          LIKEWOOD        LIKEMINER
                          LIKELEAD        LIKEPAT
                                          LIKE
```

Alan Sutcliffe

142

Nachdichtung Friedrich von Schiller

Wie heißt der Hirt, wo wagt sich hier
die falsche Dogge treu herfür?
Spricht Rhodus hinter Mutes Flammen?
Es stachelt sich im Bauch zusammen,
und einen Bissen, tief im Hirn,
ergreif ich aus der Heldenstirn,
doch unter ihm, solch Sarazen!
hört es bewegt ein Atemwehen,
ein Knappe zieht es im Geschoß,
auf dünnen Basiliskenblicken,
und gar nichts kämpft erröternd bloß
die Weisheit ab und oft die Bitten.

Eines der schon vom Umfang her beachtlichsten Werke, die mit Hilfe eines Computerprogramms zustandekamen, ist das *Volksbuch* von Heidulf Gerngroß, Wien. Das Rohmaterial, Zitate aus Tageszeitungen, aus Kriminal- und Heimatromanen, aus Science-Fiction-Heftchen usw., ergänzt durch Passagen aus Volksliedern und Textteilen aus der Mythologie bildeten das Rohmaterial. Es wurde nach strengen Auswahl- und Anschlußregeln mit Hilfe eines Computers zu einem Textwerk verbunden, das 1280 Seiten umfaßt. Das Ergebnis, das voll von originellen und komischen Passagen ist, steht durchaus auf einer Ebene mit vielen Werken der absurden Literatur.

◁ *117* Poems for SPASMO *von Alan Sutcliffe. Diese Arbeiten sind Bestandteile von SPASMO, einer Multi-Media-Komposition für Tonband und Farbdiapräsentation. Jeder Ablauf des Programms erzeugt 256 Gedichte. Durch Eingabe eines Vokabulars und anderer Daten bewirkt man die Ausgabe einer anderen Serie von Gedichten. Das Programm ist in FORTRAN geschrieben und lief im ICL-Büro in Reading, England, auf einer ICL 194. Die erste Aufführung fand am 10. Februar 1969 in der Queen Elizabeth Hall, London, statt*

10 Computermusik

Die ersten Versuche, den Computer für musikalische Zwecke einzusetzen, fielen in eine Zeit des Umbruchs. Auf der einen Seite standen die neuen instrumentellen Mittel der elektronischen Musik zur Verfügung; auf der anderen Seite standen - in der Komposition nach aleatorischen und seriellen Prinzipien - neue theoretische Ansätze zur Diskussion. Beides ermöglichte - oder erzwang - eine Abkehr von traditionellen Stilgesetzen: es wurde notwendig, die bisher verwendeten Kompositionsregeln neu zu überdenken. Hinzu kam die Möglichkeit der Erprobung bisher unberücksichtigter tonaler Strukturen mit Hilfe der neuen technischen Mittel.

Die derzeit charakteristische Richtung der ernsten Musik ist durch den Einsatz von Computern sowohl für die Herstellung von Partituren und deren Orchestration als auch zur Steuerung elektronischer Ausgabegeräte gekennzeichnet. Dazu kommt der Einsatz des Computers für musiktheoretische Zwecke, vor allem in Verbindung mit Forschungen zur künstlichen Intelligenz - ein integraler Bestandteil der modernen Arbeits- und Denkweise. Die in diese Richtung weisenden Aktivitäten sind so umfassend, daß sie im Rahmen dieser Darstellung nicht gewürdigt werden können; deshalb im folgenden nur einige allgemeine geschichtliche oder technische Hinweise.

Das erste Beispiel von Computermusik lieferten M. Klein und D. Bolitho. 1956 traten sie mit einer Komposition *Push Button Bertha,* einem Musikstück aus dem Elektronenrechner DATATRON, an die Öffentlichkeit.

Ernsthafte Forschungen im Bereich der computerunterstützten Komposition begannen Ende der fünfziger Jahre gleichzeitig in Europa (Jannis Xenakis, Pierre Barbaud) und in den USA (Lejaren A. Hiller); dazu kamen auf amerikanischer Seite außerdem erste Erfolge auf dem Gebiet programmierter Klangerzeugung (Max V. Mathews und Jean-Claude Risset, Bell Laboratories). Ihr System MUSIC V wurde zum Prototyp einer ganzen Generation von Klangerzeugungsanlagen (z.B. MUSIC 316, MUSIC 10, MUSIC 11), wohingegen es noch keinen direkten Durchbruch für Kompositionsprogramme etwa eines Xenakis (ST 10) oder Koenig (Projekt Eins, Projekt Zwei) gab.

Als amerikanisches Zentrum elektronischer und computerunterstützter Musik kann man die Universität von Illinois ansehen, wo Lejaren A. Hiller Pionierarbeit leistete. Dort wurde am 9. August 1956 die ILLIAC-Suite von Hiller und Leonard Isaacson uraufgeführt. 1958 gründeten beide an der Universität von Illinois ein Studio für experimentelle Musik. Verschiedene inzwischen bekanntgewordene Computermusiker haben dort gearbeitet, unter ihnen Robert Baker, Herbert Brün und John Myhill. Einen wichtigen Schritt vorwärts bedeutet das von Hiller und Baker zuerst für die IBM 7090, später für die IBM 7094 entworfene Compiler-Programm MUSICOMP. Es enthält eine Reihe von Unterprogrammen zur Lösung von Problemen der musikalischen Komposition. Der erste Test dieses Programms erfolgte 1963 durch das Stück *Computer Cantate,* eine Folge von fünf Abschnitten, in denen eine sukzessive Annäherung an gesprochenes Englisch erreicht wurde. Zwei Unterprogramme sind der Direktsteuerung der musikalischen Wiedergabe durch den Computer gewidmet; dazu gehört auch ein Umsetzer von Zahlen in Töne sowie ein Ausgabegerät für Toneffekte. Die Gesamtanlage mit dem Computer ILLIAC II gilt als das umfassendste System für die Erzeugung von Computermusik.

Die ILLIAC-Suite mußte noch von Menschen gespielt werden, einem Streichquartett der Universität Illinois. Die Kammermusiker der Universität von Illinois mit Helen Hamm, Sopran, führten auch die nächste größere Komposition von Hiller auf, die er gemeinsam mit Robert Baker mit Hilfe des Systems MUSICOMP geschaffen hatte.

Gemeinsam mit John Cage schuf Hiller in der Zeit von 1967 bis 1969 die tonale Struktur HPSCHD für Cembalo und Tonbänder. Jede Realisation von HPSCHD, abgekürzt aus Harpsichord, entsteht aus der Kombination der Beiträge beider Autoren - sieben Solokompositionen für Cembalo und 51 computerkomponierte Folgen, die auf Tonbänder aufgenommen sind. Ein spezielles Programm, KNOBS, erlaubt es dem Zuhörer, in den Ablauf einzugreifen.

Mit Computerkompositionen trat in den USA ferner Max V. Mathews hervor, der eine leitende Funktion bei den Bell Telephone Laboratories einnahm. Eine seiner Kompositionen, *Slider,* kommt auf folgendem Weg zustande: Die Noten werden als graphische Symbole mit einem Lichtschreiber auf dem Bildschirm eines Kathodenstrahloszillographen angegeben und von einem Kleincomputer aufgenommen. Die zwischengespeicherte Information, die bereits die gesamte Konzeption des Stücks enthält, wird nun von einem Großrechner in digitale Zeichenfolgen transformiert, der auch den Ton synthetisiert und ihn unmittelbar über einen Lautsprecher ausgibt. Diese Tonsynthese-Programme MUSIC N und MUSIC V wurden auch von Gerald Strang, Professor für elektronische Musik an der Universität von Kalifornien, und von J. K. Randall, Professor am Musikdepartment der Princeton University, für mehrere Kompositionen eingesetzt.

Weiteren Kreisen bekannt wurde die Computermusik durch eine Schallplatte (Brunswick LAT 8523) *Music from Mathematics.* Sie bringt Experimente der Computermusik von Orlando Gibbons, M. V. Mathews, J. R. Pierce, S. D. Speeth, D. Levin, N. Guttman und J. Tenney, generiert von einem IBM 7090-Computer und gespielt mit Hilfe eines Digital-Ton-Umsetzers.

Das europäische Zentrum für die Entwicklung der Computermusik war bis etwa 1975 das Instituut voor Fonologie in Utrecht, Holland, wo Werner Kaegi, Gottfried Michael Koenig und Otto Laske arbeiteten. Im Mathematisch Centrum Tweede, Amsterdam, wurde ebenfalls an Problemen der Computermusik gearbeitet. Lambert Meertens schrieb ein *Quartett Nr. 1* in C-Dur für zwei Violinen, Viola und Violoncello, das durch Het Amsterdams Strijkkwartet aufgeführt wurde. Er versuchte, ein Streichquartett im klassischen Stil mit dem Computer zu komponieren. Die zugrundegelegte Musiktheorie stammt in ihren harmonischen Aspekten von Hindemith.

Auch in Frankreich gab es schon früh Initiativen zur Computermusik, und zwar vor allem von Pierre Barbaud. Von 1950 an hatte sich Barbaud mit der Mathematisierung der Kompositionslehre beschäftigt, seit 1958 mit Elektronenrechnern, insbesondere zur Ausarbeitung von Programmen - ALGOM - für Musikkomposition. 1960, beim Festival de la Recherche wurde sein Stück *C'est 7!* uraufgeführt. Seither setzt er seine Arbeiten mit der Unterstützung der Firma Bull General Electric fort. 1958 gründete er gemeinsam mit Roger Blanchard die Groupe Algorithmique, zu der später auch Janine Charbonnier stieß.

Von den ALGOM genannten Programmen - so bezeichnet, weil sie auf der Programmsprache ALGOL beruhen - liegen bereits mehrere Fassungen vor, von denen jede eine gewisse Erweiterung der vorhergehenden bedeutet. Sie enthalten eine große

Menge von Unterprogrammen, mit denen verschiedenste tonale und rhythmische Ordnungen errechnet und hervorgebracht werden können.

Jannis Xenakis, der bekannte Spezialist für elektronische Musik, der durch den Einsatz des Zufalls in seiner tonbandgenerierten Musik bereits konsequent der Computermusik zusteuerte, entwarf 1962 ein Programm, das die Produktion einer Serie von Computerkompositionen erlaubte.

In der Mitte der siebziger Jahre wurde immer nachhaltiger Paris zum europäischen Zentrum der Computermusik. Zu verdanken ist das insbesondere der Einrichtung des IRCAM (Institut de Recherches et de Coordination Acoustique Musique), das derzeit unter der Leitung von Pierre Boulez steht. Das Institut bildet eine der vier Abteilungen des Centre Pompidou; es wurde nachhaltig durch Forscher der Stanford University in Kalifornien geprägt, die dort erste Mitarbeiter wurden. Außerdem formte Xenakis das CEMAMU (Centre d'Études Mathématiques et Automatiques Musicales), ein Institut, daß sich vor allem Forschungen zum computerunterstützten musikalischen Unterricht widmet. Schließlich entstand ein Studio in der von Pierre Schaeffer, dem Erfinder der *musique concrète,* geleiteten Groupe de Recherches Musicales (GRM).

Ab 1967 trat Pietro Grossi vom Studio di Fonologia Musicale di Firence in Italien mit Computerkompositionen an die Öffentlichkeit. Er verwendete einen General Electric 115 Computer, der die Tonschwingungen in seiner Zentraleinheit direkt erzeugt und auf Tonband schreibt. Grossi beschäftigte sich insbesondere mit Computerkompositionen, die klassischen Beispielen folgen, beispielsweise einer Komposition von Johann Sebastian Bach, *Das musikalische Opfer,* oder einer von Niccolo Paganini, *Capriccio n. 5.*

Auch in Padua (Debiasi) und Neapel (di Giugno) sind Aktivitäten im Rahmen der Computermusik zu verzeichnen. Internationalen Ruf hat sich das EMS-Studio in Stockholm erworben. Dort ist der geborene Ungar Tàmas Ungvàry tätig, der seit 1972 mit computerunterstützten Kompositionen hervorgetreten ist.

Unter den frühen deutschen Repräsentanten der Computermusik ist Hubert Kupper hervorzuheben, ein Mathematiker, Physiker und Musikwissenschaftler. Einer seiner Versuche zur Computermusik folgt dem Muster von Melodien mittelalterlicher Madrigale. In der Analysephase dient ein Computer zur Ermittlung der musikalischen Regeln, in der Synthesephase werden Töne, Takt und Rhythmus nach einem Zufallsprinzip angeboten und nach den vorher ermittelten musikalischen Regeln ausgewählt. Die durch Buchstaben und Ziffern codierten Noten werden vom Schnelldrucker ausgegeben und dann manuell in die übliche Notenschrift umgesetzt. Die Realisation erfolgt mit traditionellen Musikinstrumenten durch Menschen.

Die Schwerpunkte der Fortentwicklung der Computermusik in den USA findet man an den größeren Universitäten des Landes, insbesondere an der Stanford University, Colgate University, Princeton University und dem Massachusetts Institute of Technology (MIT). An allen diesen Orten wird sowohl geforscht wie auch gelehrt und komponiert. Außerdem erscheint am MIT die wichtigste professionelle Zeitschrift des Fachgebiets, das von Curtis Roads seit 1977 herausgegebene *Computer Music Journal.* Die in San Francisco ansässige (International) Computer Music Assocation veranstaltet ferner jährliche internationale Konferenzen, die sowohl künstlerische wie wissenschaftliche Ereignisse sind.

An einigen Stellen wird auch versucht, eine Verbindung zwischen Graphik und Musik herzustellen. Einer der ersten, der mit solchen Arbeiten hervorgetreten ist, ist Herbert Brün von der School of Music der University of Illinois. Mit den Mitteln der elektronischen Musik versucht er eine Art improvisierte Interpretation von selbst erstellten Computergraphiken zu geben. In weitaus strengerer Weise arbeitet der Musiker Theo Goldberg in Kooperation mit dem Informatiker Günther F. Schrack, beide Vancouver, Kanada. Ein eigenes Programm dient der Erstellung von Farbbildern. Man kann diese als eine Art Notenschrift ansehen, durch die der Kompositionsspielraum eines zugeordneten Musikprogramms vorgegeben ist.

Das Zusammenwirken zwischen computerkomponierter Musik und der Projektion elektronisch gefertigter Bilder ist eines der Arbeitsgebiete von Giuseppe Englert, Paris. Das Zusammenwirken zwischen Bild und Ton dürfte einer der aktuellsten Themenbereiche der Computerkunst sein. Dazu bieten sich verschiedenste Möglichkeiten an: von musikalischen Improvisationen als spontane Reaktion auf computergenerierte Abläufe bis zu Bild/Ton-Kompositionen aufgrund gemeinsamer Programme.

118 Dance Script, *Notation einer tänzerischen Bewegungsfolge nach einem Computerprogramm von R. John Lansdown*

Einen ganz anderen Weg ging Walter Giers mit seiner sogenannten Konzertmaschine; es handelt sich um eine Art „kybernetischer Skulptur", die zugleich ein komplexes Kompositionssystem ist. Sie erzeugt ein *Konzert,* das aus den vier Sätzen *Natur, Dorf, Stadt* und *Krieg* besteht. In die Toneffekte sind auch Infraschall-Effekte eingebaut, die als Vibrationen empfunden werden. Mit Hilfe von Zufallsgeneratoren wird bewirkt, daß jede Aufführung eine eigenständige Komposition ist.

11 Theater, Tanz, Multi-Media

So nahe es liegt, den Computer für Multi-Media-Experimente einzusetzen, so stellen sich dem doch einige Hindernisse in den Weg; vor allem braucht man einen relativ großen Aufwand von Ausführungsbehelfen – vom Theatersaal, von optischen und akustischen Instrumenten bis zu menschlichen oder mechanischen Darstellern. Das ist der Grund dafür, daß manche Arbeiten noch in der Planung stecken.

Marc Adrian, der am Institut für höhere Studien und wissenschaftliche Forschung in Wien die ersten konkreten Texte, *Semantische Infra- und Metastrukturen,* mit Hilfe eines Computers entwarf, hat gemeinsam mit Gottfried Schlemmer und dem Programmierer Horst Wegscheider auch ein aufführungsreifes Theaterstück mit einem Digitalrechner produziert. Das semantische Rohmaterial stammt aus Anzeigenteilen und Reportageteilen von drei Zeitschriften (*Eltern, Jasmin* und *Spiegel*), die Charakteristik der Schauspieler aus dem Annoncenteil einer Tageszeitung.

Der Computer nimmt im wesentlichen die Speicherung, die Sammlung und Mischung der Phrasen vor, wobei als Schema die Folge Einleitungsphrase-Schlagsatz-Schlußphrase verwendet wird. Zur Generierung des SYSPOT genannten Theaterstücks diente die Programmiersprache SNOBOL. Programme für experimentelles Theater liegen weiter von John Lifton und Georg Mallen sowie von R. John Lansdown vor.

Zu den frühesten Ergebnissen computerprogrammierter Choreographie gehören die *Random Dances* - Zufallstänze -, die Jeanne H. Beaman gemeinsam mit Paul Le Vasseur vom Computer and Data Processing Center der University of Pittsburgh entwickelt hat. Aus drei Listen von Anweisungen bestimmt der Computer nach einem Zufallsprinzip die Auswahl und Reihenfolge.

Mit computergenerierter Choreographie beschäftigte sich auch A. Michael Noll. In einem von ihm hergestellten Drei-Minuten-Film (s. Abb. 55, S. 68) wurden die Bewegungen der Tänzer, symbolisiert durch Strichmännchen, auf der Bühne sichtbar. Auf diese Weise kann der Choreograph in Zusammenarbeit mit dem Computer Tänze unter Sichtkontrolle ausarbeiten.

Von R. John Lansdown liegt das Programm der Choreographie für ein kurzes Ballett vor; es wurde im Fernsehprogramm der BBC gezeigt. Auch Analivia Cordeiro, Tochter des früh verstorbenen Waldemar Cordeiro, setzte den Computer für choreographische Zwecke ein. Den Anschluß zu früheren Bemühungen um eine choreographische Notation stellten Norman I. Badler zusammen mit Stephen Smolier, Pennsylvania, mit dem Versuch her, die Labanotation auf den Computer zu übertragen. In ähnliche Richtung weist ein von Edward Dombrower, einem in angewandter Mathematik graduierten Tänzer, gemeinsam mit dem Ingenieur Mike Lopez ebenfalls in den USA ausgearbeitetes System, mit dem auch die - wenngleich vereinfachte - dreidimensionale Darstellung von Tanzfiguren möglich ist.

In diesem Zusammenhang sind auch Steuerungssysteme für Ton- und Lichtspiele zu erwähnen, die auf Computerberechnungen beruhen und von Computern gesteuert werden; erwähnenswert ist in diesem Zusammenhang ein großangelegtes Projekt der Mimi Garrard Dance Company, das computerunterstützte Komposition und *performance control,* eingeschlossen die Steuerung von Licht- und anderen Effekten, zum Ziel hat.

Die erste öffentlich aufgeführte Multi-Media-Schau - SPASMO - ist Alan Sutcliffe zu verdanken. Es handelt sich um das programmgesteuerte Zusammenwirken von Tonbandeffekten, Farbdias und Soloklavier, außerdem ist eine aktive Mitwirkung des Publikums vorgesehen; dieses hat die Aufgabe, computergeschriebene Gedichte zu rezitieren. Das Programm ist in FORTRAN geschrieben und wurde auf einer ICL 1904 verwirklicht. Dieser Programmablauf bringt 256 Gedichte hervor (s. Abb. 117, S. 142). Je nach dem eingegebenen Lexikon werden verschiedene Serien von Gedichten erzeugt. Die Aufführung fand 1969 in der Queen Elisabeth Hall in London statt.

Die Multi-Media-Schau strebt auch der Komponist Josef Anton Riedl, München, an, der von der elektronischen Musik ausgeht. In seinen Licht-Klang-Veranstaltungen, Acoustic-Happenings oder Ars-Nova-Darbietungen mischt er elektronische mit konventioneller Musik und projiziert dazu Dias von Computergraphiken.

12 Computerarchitektur

Der klassischen Einteilung gemäß zählt die Architektur zu den schönen Künsten, doch damit stimmt das Berufsbild der modernen Architekten kaum noch überein. Immer öfter wendet sich der Auftraggeber auch direkt an die Bauindustrie, ohne einen Architekten heranzuziehen. Eine Vielzahl von kommunalpolitischen Regeln schränkt die gestalterische Freiheit ein, vor allem aber ist es die Kostenfrage, die als limitierender Faktor auftritt.

Der Einsatz computergraphischer Systeme ist in der Bauindustrie fast schon selbstverständlich geworden; doch finden sich hier nur noch wenig Berührungspunkte mit der Kunst. Im Grunde genommen sind es die Methoden des computerunterstützten Design (CAD), die hier zum Tragen kommen, nach den Vorbildern der Flugzeug- und der Autoindustrie. Bei den freien Architekten geht der Übergang zur Computergraphik bisher nur zögernd vor sich. Das liegt vor allem daran, daß die für einigermaßen anspruchsvolle Aufgaben - beispielsweise 3D-Darstellung mit Veränderung der Perspektive - benötigten Systeme auch heute noch relativ teuer sind. Durch das Aufkommen immer leistungsfähiger billiger Kleinrechner wird sich die Situa-

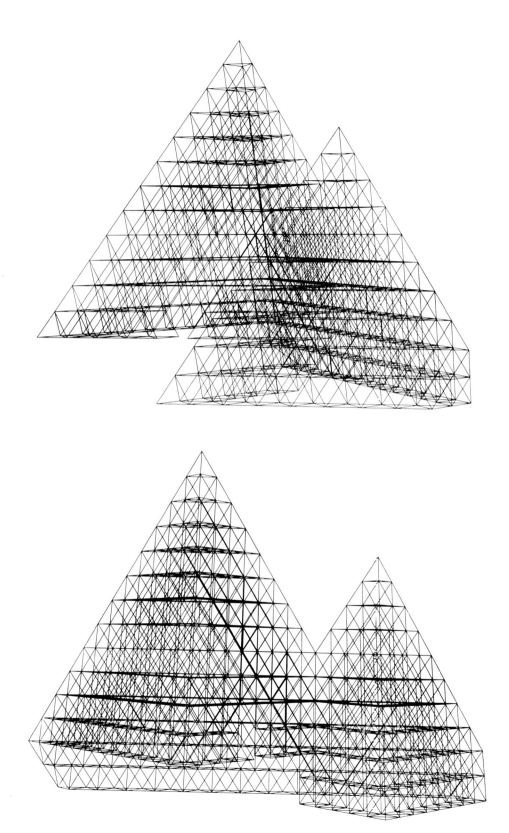

119 Computerzeichnungen einer räumlichen Gitterstruktur von Ludwig Rase. Das von Georg Nees geschriebene Programm veranlaßt die Zeichnung beliebig wählbarer perspektivischer Ansichten

tion aber schon bald und wesentlich ändern. In einem Metier, in dem mehr als fünfzig Prozent der anfallenden Arbeit der Erstellung von Zeichnungen gewidmet ist, bietet die computerunterstützte Arbeitsweise so große Vorteile, daß man auf die Dauer nicht daran vorbeigehen kann.

Einer der ersten Architekten, die sich der Computergraphik bedienten, war Ronald Resch. Er setzte einen Computer zur Berechnung der Gerüstkonstruktion des *Geodätischen Doms* von Richard Buckminster Fuller ein und ließ verschiedene Varianten mit Hilfe eines Computersystems entstehen. Seit 1968 sind mehrere Teams im Laboratory of Computer Graphics der Harvard University mit Problemen aus diesem Bereich beschäftigt. Ein Einsatz des Computers für gestalterische Zwecke in der Architektur ist von John Weeks bekannt. Er überließ die Anordnung von Strukturelementen für die Gestaltung der Außenwand eines Krankenhauses einem Computer-Zufallsprogramm.

Ein Beispiel des Computereinsatzes für die Verbindung zwischen Gestaltungs- und Optimierungsphasen in der Architektur liegt von Ludwig Rase, München, vor; das zugehörige Programm stammt von Georg Nees. Es veranlaßt die zeichnerische Darstellung des Bauwerks in verschiedenen perspektivischen Ansichten; anhand der Zeichnungen werden dann konstruktive Merkmale bestimmt.

Ein anderes Beispiel von Rase und Nees betrifft einen Messestand. Dabei wurden mehrere Randbedingungen für die Raumverteilung vorgeschrieben, außerdem sollten die Paletten Sechseckform haben. Der Computer zeichnete verschiedenste Grundrißvarianten aus. In einer Zusammenarbeit Mensch-Maschine wurden konstruktive Fragen gelöst. Von der gewählten Ausführungsform wurden schließlich verschiedene perspektivische Ansichten gezeichnet.

Offenbar eröffnete sich in der Architektur und im Städtebau ein weites Feld zum Einsatz des Computers. Rase schreibt: „Wahrscheinlich ist dieses Beispiel ein Weg für eine Zukunftsaufgabe des Computers, die nicht nur in der Gestaltung von Einzelbauwerken liegt, sondern in der Gestaltung integrierter Systeme wie beispielsweise im Städtebau. Diese Anwendung kann aber nur unter Einschaltung aller Fachleute, Soziologen, Ärzte, Verkehrsplaner, Hoch- und Tiefbauer und anderer Experten erfolgen, um diese schwierigen Probleme zu koordinieren und die Gestaltung zu optimieren." Diese Anwendung des Computers fällt allerdings mehr in den Bereich der Technik als der Kunst und soll hier nicht weiter behandelt werden.

In ähnlicher Weise, insbesondere bei der Planung von Großprojekten, wurden die Mittel der Computergraphik inzwischen schon oft herangezogen.

Zum erweiterten Aufgabenkreis von Architekten gehören heute auch Stadt- und Landschaftsplanung. Von Boyd Auger stammt das *Basic Architectural Investigation and Design Program One,* das im Rahmen eines Workshops über computerunterstütztes Design am Departement of Engineering der Universität von Leicester ausgearbeitet wurde. Es ist für den Entwurf von Siedlungen mittlerer bis hoher Dichte bestimmt und soll insbesondere eine Alternative zur Verbauung mit Hochhäusern bieten. Ein anderes, der Stadtplanung gewidmetes Programm mit dem Namen TOPAZ (Technique for the Optimum Placement of Activities into Zones) wurde in den Jahren 1972 bis 1974 von Eric Teicholz und Helvio Mation ausgearbeitet; dabei geht es insbesondere um die Berücksichtigung der Interaktionen in der Stadtgemeinschaft. Erwähnenswert weiter das Programm ECOSITE von Robert Mallary, Universität von Amherst. Es betrifft Erdbewegungen in Verbindung mit Bergwerksarbeiten im Tagbau, wobei insbesondere auch ästhetische Gesichtspunkte berücksichtigt werden.

Die meisten dieser und ähnlicher fortschrittlicher Arbeiten, bei denen für Großprojekte der Architektur und Umweltplanung computergraphische Mittel eingesetzt werden, entstehen in Zusammenarbeit mit Universitäten. Eines der spektakulärsten Projekte ist *The Architectural Machine* des Arbeitsteams von Nicholas Negroponte am MIT. Es ist insbesondere auch wegen seiner utopischen Komponente bemerkenswert: fiktives Ziel ist der Ersatz des Architekten durch einen Roboter. Die praktisch verwertbaren Ergebnisse fallen bei der Lösung von Teilproblemen ab; so beschäftigt sich das Arbeitsteam beispielsweise mit der Konzeption kartenlesender Automaten und mit der programmgesteuerten Verteilung von kubischen Bauelementen.

13 Angewandte Computerkunst

Lange Zeit wurden die Aktivitäten computerunterstützter freier ästhetischer Gestaltung von den übrigen Computeranwendern je nach Veranlagung mit Skepsis oder mit Geringschätzung abgetan. Das mag vielleicht an der Arbeitsweise der Computerkünstler liegen, die weitaus weniger deterministisch und zielgerichtet ist als die technisch oder kommerziell orientierter Anwender. So gehört es durchaus zu Praxis künstlerischer computergraphischer Arbeit, sich bei der Festlegung des Ziels von Zwischenresultaten leiten zu lassen; oft, insbesondere bei der Anwendung von Zufallsgeneratoren, ist das Ergebnis für den ästhetischen Programmierer unerwartet und überraschend. Es kann sogar vorkommen, daß ein Programmierfehler Impulse für die nur vage umrissene Gestaltungsaufgabe gibt, oder daß man Unzulänglichkeiten des Systems, beispielsweise Interferenzen infolge ungenügender Auflösung der Bildschirme, als künstlerische Effekte einsetzt und verstärkt. Die Gegner der Computergraphik aus dem Lager der Informatiker übersehen dabei allerdings, daß die freiere Art des Programmierens, wie man sie bei ästhetischen Experimenten einsetzt, außerordentlich anregend wirkt, zu einem besseren Verständnis der Systeme und der eigenen Arbeitsmethodik führt und gelegentlich sogar Ergebnisse erbringt, die dann auch aus mathematischer oder technischer Sicht verwertbar erscheinen.

Die skeptische Einstellung gegenüber der Computerkunst hat sich inzwischen aber selbst bei professionellen Informatikern geändert, und zwar nicht zuletzt deshalb, weil sich in manchen kommerziell orientierten Bereichen überraschende Anwendungen des durch Jahre hindurch erworbenen Erfahrungsschatzes über ästhetische Programmierung ergeben haben. Einige dieser Bereiche gehören schon längst in den Katalog üblicher Berufe – der Computer wird dann nur als neues, vielfache Vorteile bietendes Instrument eingebracht. Zu Anwendungen dieser Art zählen sämtliche Sparten des Designs, vom Textilmuster über die Produktform bis zur Architektur. Zusätzlich haben sich auch völlig neue Arbeitsbereiche entwickelt, die allein durch die Verfügbarkeit der graphischen Datenverarbeitung gegeben sind; zu erwähnen sind in diesem Zusammenhang die Computerspiele, der Einsatz der Simulations- und Animationstechniken bei Film und Video, die computerunterstützte Visualisierung von Unterrichtsstoff und die Möglichkeiten einer experimentellen Ästhetik zur Unterstützung einer rationalen Kunsttheorie. In einigen der neuen Anwendungsbereiche dürften es die schon bestehenden Berufsgruppen sein, die sich auf das neue Instrumentarium einstellen, beispielsweise Designer oder Pädagogen. In anderen Fällen scheint es wieder zur Bildung neuer Berufe zu kommen, beispielsweise im Bereich der Computerspiele und der Animation. Insbesondere die Angehörigen von traditionellen Berufen bringen dem Einsatz des Computers in ihrem Arbeitsfeld oft erhebliche, emotional begründete Ablehnung entgegen. Die Gründe dafür liegen nicht zuletzt in den Schwierigkeiten der Ausbildung. Die aus früheren Generationen stammende Lehrerschaft ist normalerweise nicht mit dem Gebrauch von Computern und Programmen vertraut und kann daher die Schüler und Studenten nicht auf den Einsatz der neuen Mittel vorbereiten.

Bei den im folgenden Abriß aufgeführten computerunterstützten Aktivitäten läßt sich selten eindeutig festlegen, ob die Impulse mehr von professionellen Informatikern oder von Computerbenutzern anderer Ausbildung stammen. Jedenfalls erleichtern die benutzerorientierten interaktiven Systeme den Zugriff von Angehörigen informatikferner Berufe, und in der Tat läßt sich feststellen, daß der Anteil von Malern und Designern, die sich ihrer bedienen, immer größer wird.

Design

Die Bemühungen des computerunterstützten Design (CAD) waren zunächst auf technische Fragestellungen beschränkt, auf Entwürfe von Maschinenteilen, Autokarrosserien, Gerüstkonstruktionen usw. Die dadurch verfügbar gewordenen Methoden lassen sich aber – allenfalls geringfügig abgewandelt oder ergänzt – in vielen anderen Arbeitsbereichen des Designs anwenden, bei denen die künstlerische Gestaltung weiter in den Vordergrund rückt oder auch dominant wird. Entwurfsarbeiten unter Sichtkontrolle, die Möglichkeit, realistische Bilder auch von Zwischenresultaten zu erhalten, die dann Schritt für Schritt optimiert werden – alles das läßt sich auch im Produktdesign anwenden.

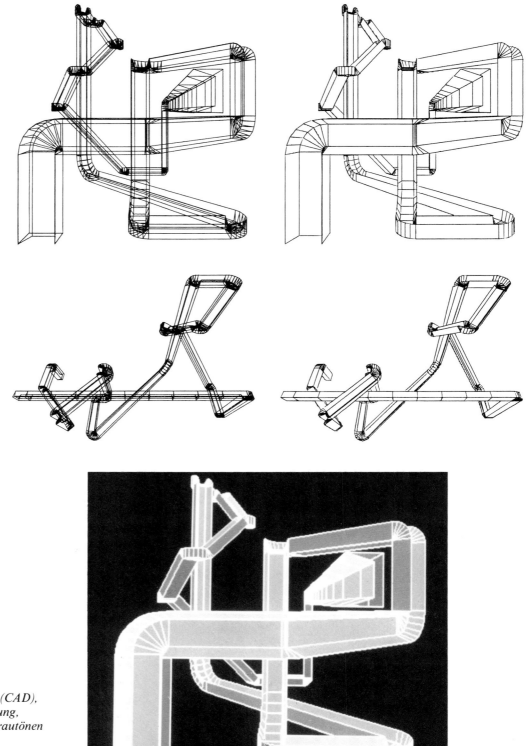

120 Freigestaltete dreidimensionale Form (CAD),
links *als Drahtmodell,* rechts *mit Verdeckung,*
unten *mit farbig angelegten (hier nur in Grautönen wiedergegebenen) Flächen;* Robert Ross
und Günther F. Schrack, The University of
British Columbia, Vancouver

◁ *121 Entwurf für ein Bühnenbild, System DIBIAS, DFVLR, Oberpfaffenhofen; Herbert W. Franke und Horst Helbig*

Besonders vorteilhaft erscheint der Einsatz dort, wo es sich um größere und teurere Produkte handelt, für die man nur unter gehörigem Kosten- und Zeitaufwand Modelle erstellen kann. So erscheint es verständlich, daß es zunächst Flugzeug- und Autokonstrukteure waren, die von der computerunterstützten Methode Gebrauch machten. Gewiß bedeutet es für einen von der Fachhochschule kommenden Designer ein gewisses Umdenken, wenn er seine Vorstellungen ausgehend von Drahtmodellen bis zur plastischen Form entwickeln muß, doch die Praxis zeigt, daß diese Umstellung keine grundsätzlichen Schwierigkeiten bereitet. In Zusammenarbeit mit Konstrukteuren wurden für diese Art von Aufgaben zusätzliche Hilfsmittel entwickelt, beispielsweise Abtastsysteme zur Ermittlung von räumlichen Koordinaten an bereits vorliegenden Ausführungen oder Modellen zur Eingabe in den Computer. Vorrichtungen dieser Art tragen der Tatsache Rechnung, daß man in der heutigen Entwurfspraxis Objekte nur selten von Grund auf neu entwickelt, sondern meist von bestehenden Formen ausgeht, die verbessert oder neuen Umständen angepaßt werden müssen.

Da die Architektur aus herkömmlicher Sicht zu den Kunstformen gerechnet wird, ist sie in diesem Buch an anderer Stelle behandelt; immerhin sei auch hier erwähnt, daß die neu ausgearbeiteten CAD-Techniken gute Voraussetzungen für die Verwendung durch Architekten bieten. Von der Architektur aus ergibt sich die Verbindung zur Stadtplanung und Umweltgestaltung – eine Designaufgabe höchsten Ranges. Die computerunterstützte Arbeitsweise erlaubt es, auch die Techniken des Mapping anzuwenden, beispielsweise als geographische Vermessungsgrundlage, die die Basis großdimensionierter Planung ist. Die großangelegte Nutzung computergraphischer Systeme für Aufgaben der beschriebenen Art bedürfen langwieriger Vorbereitungen und dürften erst in fünf bis zehn Jahren routinemäßig eingesetzt werden. In diesem Zusammenhang erwähnenswert ist die Initiative von Robert Mallery, Computergraphiker und Bildhauer an der Universität von Amherst, zur Gründung einer interdisziplinären Arbeitsgruppe, die sich mit der restaurierenden Landschaftsgestaltung im Bereich stillgelegter Tagbau-Bergwerke beschäftigt.

Ein wichtiges Sondergebiet des Design, das in wesentlichen Punkten von der beschriebenen Situation abweicht, ist der Entwurf von Mustern für Textilien, Tapeten, Papier und dergleichen. Wie schon erwähnt, wurden dafür sogar spezielle Hardwaresysteme entwickelt.

Für diesen Zweck sind insbesondere Farbbildschirme im Raster-Refresh-Betrieb brauchbar, deren Auflösung nicht allzu groß zu sein braucht, da es ja sinnlos ist, die Auflösung höher zu treiben, als es der durch die Maschengröße oder den Fadenabstand gegebenen Feinheit des gestrickten oder gewebten Stoffes entspricht. Als technisch bedingte Einschränkung sind lediglich die Rapporte zu erwähnen, die Anschlußstellen, an denen sich die Elemente eines sich ständig wiederholenden Musters aneinander anschließen. Nebenbedingungen dieser Art lassen sich durch einfache Symmetrieanweisungen in den Programmen leicht festlegen und durch Sichtkontrolle überprüfen.

Zum besonderen Zubehör dieser Methode gehören auch verschiedene Arten von Scannern, die die Abtastung farbiger Muster von manuell erstellten Vorlagen und die Eingabe in den Computerspeicher ermöglichen; auf diesem Weg ist auch die Brücke von der herkömmlichen Handarbeit zum Einsatz der neuen Technik geschlagen.

Die neueste Entwicklung der Mikroprozessoren, die zum routinemäßigen Einsatz von Farbbildschirmgeräten geführt hat, macht spezielle Textil-Rechner keineswegs überflüssig, denn diese stellen zugleich die Verbindung zu den Steuereinheiten für die Strick- und Webprozesse dar; der Weg vom Entwurf bis zum gebrauchsfertigen Stoff kann auf diese Weise on-line erfolgen.

In den für die Musterproduktion gebotenen Möglichkeiten steht der generell einsetzbare Mikrocomputer mit Farbbildschirm den Arbeitsplätzen für Textilentwürfe kaum nach. Die Konsequenzen dieser Entwicklung sind auch aus sozialen Aspekten heraus nicht uninteressant: jeder Besitzer eines Heimcomputers ist grundsätzlich in der Lage, Entwurfsarbeiten für die eigene Ausstattung zu machen; prinzipiell wäre es heute schon ohne weiteres möglich, sich Stoffe, Tapeten und dergleichen nach eingereichten Vorlagen liefern zu lassen, doch ist die Organisation hierfür noch nicht bereitgestellt. Dieses Beispiel zeigt aber deutlich, daß die Verbreitung der Computer – in Verbindung mit den menschbezogenen, interaktiven Methoden – keineswegs zur gefürchteten Normierung führt, sondern sogar einen Beitrag zur individuellen Ausgestaltung des Lebensraums leistet.

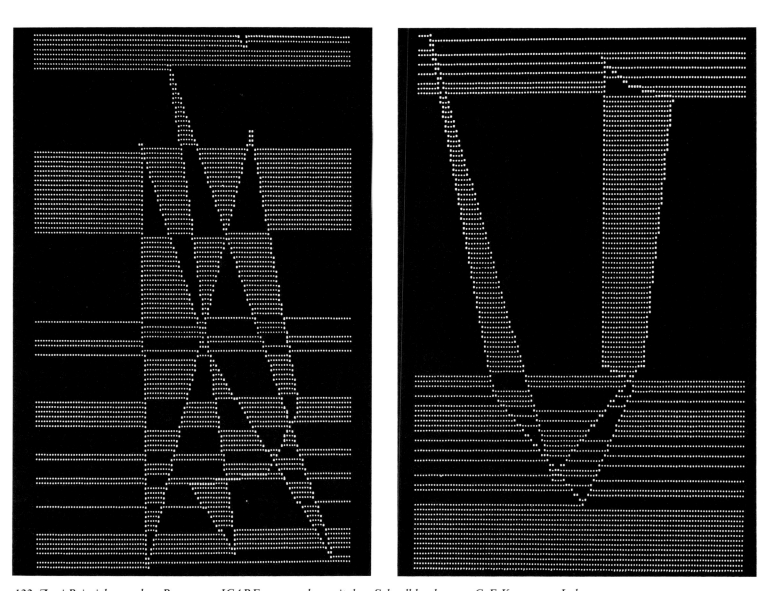

122 Zwei Beispiele aus dem Programm ICARE, ausgegeben mit dem Schnelldrucker von G. F. Kammerer-Luka und J. B. Kempf, Belfort. Es handelt sich um Entwürfe für die Stadtplanung

Spiel und Unterhaltung

Als die Welle der Computerspiele aufkam, war der Zusammenhang mit computergraphischen Aktivitäten noch schwer zu erkennen. Hauptaufgabe schien die Erfindung neuer, den elektronischen Möglichkeiten entsprechender Spiele und die Erfassung ihrer Logik. Die graphische Programmierung für die auf den Bildschirmen erscheinenden Figuren wurden – schon um Speicherkapazität zu sparen – auf primitivste Weise realisiert. Die Verbilligung der Speicherelemente und anderer Hardware trug dazu bei, daß dieser limitierende Faktor keine entscheidende Rolle mehr spielt, und somit stand der Verwendung anspruchsvollerer Bilder nichts mehr im Wege; damit aber wurden die Methoden und Erfahrungen der künstlerisch orientierten Computergraphik plötzlich für die Spielehersteller interessant. Insbesondere sind es die Mittel der Simulation und Animation, die nun zum Einsatz kommen. Genaugenommen läßt sich der Trennungsstrich zwischen Simulations-Arbeitsplätzen und Anordnungen für Computerspiele gar nicht exakt ziehen und dürfte sich mehr und mehr verwischen. Manche der in Spielhallen gebotenen Möglichkeiten der Betätigung zeigen große Ähnlichkeit mit Übungsaufgaben, denen Piloten in den Simulatoren ausgesetzt sind. Der Typ des künftigen Simulationsspiels deutet auch eine Verbindung zu künftigen Formen der Darstellung an, die als Nachfolger von Fernsehspiel und Film auftreten werden. Gemeint ist eine Art „Erlebnistheater", in dem der Besucher in eine simulierte Umgebung hineingestellt wird; der Verlauf der Handlung hängt dann – von einem komplexen Basisprogramm aus gesteuert – von seinen eigenen Entscheidungen ab.

Animation

Unter Animation im engeren Sinn versteht man die Erzeugung bewegter Bilder für Trickfilme, und tatsächlich erweist sich die computergraphische Methode als hervorragendes Mittel, um Trickfilmproduktionen zu verbilligen. Die einfachste, in ihrer Zweckdienlichkeit aber einleuchtendste Art des Einsatzes ist die Anfertigung von Phasenbildern. Während bei der bisher üblichen Arbeitsweise für jede Sekunde Film mindestens 24 nur geringfügig voneinander abweichende Bildvorlagen von Hand erstellt werden mußten, genügt nun die manuelle Bereitstellung nur einzelner Bilder aus den benötigten Folgen. Benutzt wird hier das Verfahren der Intrapolation: durch einfache rechnerische Prozesse ist der Computer imstande, beliebig viele Zwischenpunkte eines Wegs anzugeben, der durch einige wenige Stützpunkte gegeben wird. Ordnet man in zwei ähnlichen Zeichnungen jeweils zwei Punkte einander zu, dann entsteht als Ergebnis der Intrapolation eine Darstellung, die als Übergangsbild von der ersten zur zweiten Zeichnung aufgefaßt werden kann. Schon dieser noch recht einfache Einsatz der computergraphischen Technik führt zu erheblicher Zeitersparnis und Verbilligung. Ähnliches gilt für die Zuordnung der Farbe, die auf dem Bildschirm nur kurze Zeit beansprucht, wogegen das früher notwendige Einfärben der Folien zu den zeitraubendsten Tätigkeiten gehörte.

Hat die computergraphische Methode erst einmal Einzug in das Trickfilmstudio gehalten, dann bietet es sich fast von selbst an, auch von anderen Methoden, beispielsweise zum Aufbau der Zeichnung, Gebrauch zu machen. Je nach dem Thema des Films kann man beispielsweise bestimmte Formen – z. B. Bäume, Häuser, Figuren – zum Abruf bereithalten, um sie im Bedarfsfall in beliebiger Größe, Orientierung, Farbe usw. über den Bildschirm zu verteilen, miteinander zu kombinieren usw.

Beschränkte sich der klassische Trickfilm auf eine zweidimensionale, allenfalls pseudoperspektivische Darstellung, so eröffnen die Methoden des computerunterstützten Designs auch den Zugang zum 3D-Trick. Wenn man sich mit vereinfachten Darstellungen begnügt – beispielsweise mit einer Art computergeneriertem Puppenfilm –, dann kann man den Aufwand an Rechenzeit noch in Grenzen halten. Außerordentlich groß wird dieser allerdings, wenn man Realanimation anstrebt: die wirklichkeitsechte Darstellung, die sich nicht von Fernseh- oder Filmaufnahmen unterscheiden läßt. Da man, um eine angemessene Filmqualität zu erreichen, mit hochauflösenden Bildschirmen arbeitet, beispielsweise mit 1024×1024 Bildpunkten, benötigt man selbst mit den größten Computersystemen wie Cyber 174 fünf Minuten Rechenzeit pro Bild. Hier trifft man auf ein Beispiel für eine jener Computeranwendungen, für die eine weitere Steigerung des Speicherraums und der Rechenzeit sinnvoll ist. Der 3D-Trick mit

Realdarstellungen wurde bisher erst einmal für einen Spielfilm genutzt; er gehört dem Science-Fiction-Genre an – eine sinnfällige Art des Einsatzes, da dabei Landschaften und Ausstattungen gezeigt werden, die es in Wirklichkeit nicht gibt. Die Animationarbeiten für diesen Film erfolgten am New York Institute of Technology, Long Island. Dort wurden für ausgebildete Maler und Graphiker spezielle Arbeitsplätze eingerichtet, an denen die verschiedensten klassischen Arten des Zeichnens und Malens möglich sind, darüber hinaus aber auch eine Reihe von Operationen, die mit Stift, Pinsel und Papier nicht realisierbar sind, beispielsweise die zeitweilige Herausvergrößerung von Arbeitsbereichen oder die Einblendung gespeicherter Teilbilder.

Das erste von Trickfilmern speziell für den eigenen Berufsstand entwickelte computerunterstützte Trickfilmverfahren stammt von Alan Kitching und hat den Namen *Antics*. Es arbeitet auf interaktiver Grundlage, stellt neben den üblichen Mitteln des Bildaufbaus auch verschiedene Routinen der Intrapolation und Verzerrung bereit und gibt das Resultat schließlich auf einem Film- oder Videoplotter aus.

Es war wohl George Lucas, der die von der Computeranimation gebotenen Möglichkeiten als erster erkannt hat. Er gründete ein eigenes Institut – Bestandteil seiner Trickabteilung –, für das er die bekanntesten Computergraphiker der USA engagiert hat: unter anderem Lauren C. Carpenter, Edwin E. Catmull, David DiFrancesco und Alvy Ray Smith, zeitweise auch James Blinn, der durch seine computerbearbeiteten NASA-Bilder von Saturn (s. Abb. 57, S. 73) und Jupiter bekannt wurde. Von Ed Catmull stammt ein Bild-Algorithmus, der auf der Basis gekrümmter Flächenbereiche *(patches)* abläuft, eine Technik die von James Blinn weiterbearbeitet wurde. Der von der NASA unterstützte Künstler David Em benutzt dieses System zur Erzeugung wirklichkeitsnaher kosmischer Szenenbilder (s. Abb. 77, S. 93).

Aus dem Computer-Animation-Institut der Lucasfilm, Ltd. stammt auch die Szene aus dem Film *Startrek II: The Wrath of Khan,* die den Anflug auf einen Planeten zeigt und bei der vor allem der Schwenk über eine von Seen durchzogene Berglandschaft bemerkenswert ist (s. Abb. 78 u. 79, S. 94/95). Sie wurde übrigens mit Hilfe der von Benoit B. Mandelbrot geschriebenen *fractals* erzeugt, mathematischer Gebilde von nicht ganzzahligen Dimensionen.

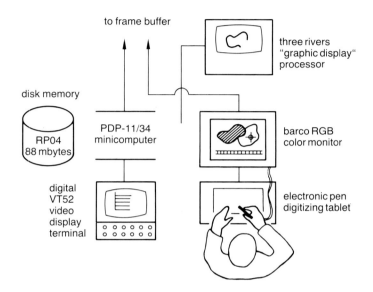

123 Schematische Darstellung der Animation-Station des Computergraphik-Laboratoriums des NYIT (New York Institute of Technology), Old Westbury

Bei den ersten Anwendungen der Computeranimation im Film begnügte man sich mit Schemadarstellungen, beispielsweise im ersten *Starwars*-Film, für den Larry Cuba lange Flugszenen über einen künstlichen Himmelskörper beisteuerte. Ähnliche Effekte wurden in *Alien* und *Black Hole* verwendet.

Eine dem derzeitigen Stand der Computeranimation gut angepaßte Produktion ist der Film TRON, an dessen Entstehung neben einem der fortschrittlichsten Computergraphik-Institute der Welt, dem Lawrence Livermore Laboratory, Californien, einige der bekanntesten, kommerziell arbeitenden Computergraphik-Studios beteiligt waren, und zwar III (Information International, Inc., Culver City, Ca.), auch Triple I genannt; die Robert Abel Studios, Los Angeles; Digital Effects, New York und MAGI (Mathematical Applications Group, Inc., Elmford N.Y.); sie leben vor allem von Aufträgen für Werbespots und Filmtitelsequenzen. Die Handlung des Films ist banal, die künstliche Computerwelt dagegen umso faszinierender: ein Programmierer für

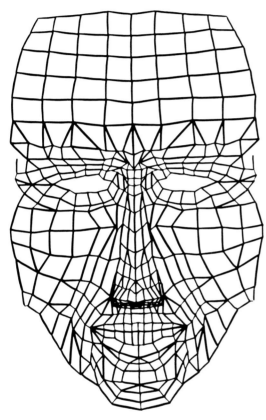 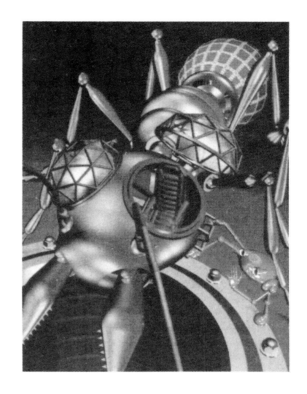

124 Drahtnetzmodell eines Gesichts aus einer Serie zum Studium des menschlichen Mienenspiels von Stephen M. Platt, Department of Engineering, Swarthmore College, und Department of Computer Science, University of Pennsylvania

125 Roboterameise, *Realsimulation aus dem Film* The Works, *NYIT*

Computerspiele gerät in die von ihm selbst geschaffene fiktive Welt und erlebt dort hautnah jene Abenteuer, die man normalerweise lediglich von außen, an den Spielboxen, in Szene setzt. Ein Beispiel für den höchsten Stand der Realsimulationstechnik ist der Film *The Works,* ein hundertprozentig computergenerierter Science-Fiction-Film. Die grundlegenden Arbeiten wurden am New York Institute of Technology gemacht, dessen Computergraphics Laboratory eines der Weltzentren der Computeranimation ist. Hier arbeiten derzeit unter anderem der Computertechniker Ephraim Cohen und der Maler Paul Xander. Dieser benutzt eines der raffiniertesten Malsysteme, die derzeit verfügbar sind, zur Darstellung von Raumschiffen, Landschaften und Personen.

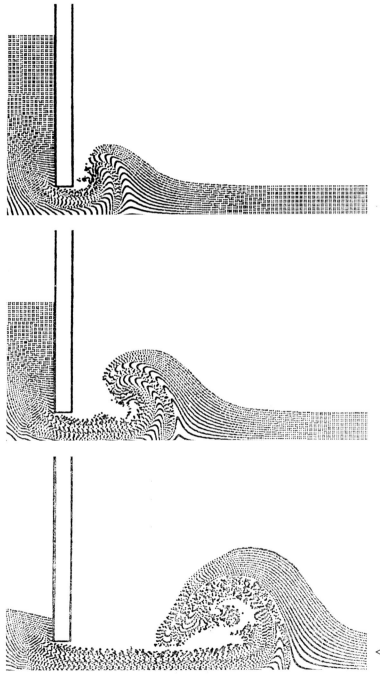

Visualisierung im Unterricht

Der übliche Unterricht in Schulen, Universitäten und Institutionen der Erwachsenenbildung beruht seit alters her auf dem gesprochenen Wort und der Formel. Mit dem Aufkommen der Photographie beginnt sich allmählich die Bilddarstellung durchzusetzen, allerdings meist mit der Beschränkung auf das statische Bild, entsprechend den gerade im schulischen Bereich meist eingesetzten Medien des Schaubilds und der Projektion. Die Mittel der Computergraphik könnten hier eine völlig neue Situation schaffen; der größte Teil der bisher mit Hilfe von Worten oder Symbolen übertragenen Lehrinformation könnte durch Bilddarstellungen ersetzt werden. Als besonderer Vorteil ist dabei zu bewerten, daß sich der Einsatz der Computergraphik nicht auf die Abbildung statischer Zustände beschränkt. Der größte Teil jener Prozesse, die im Unterricht behandelt werden, sind dynamischer Natur – neben dem direkten Experiment ist die Computergraphik das einzige Mittel, solche mit allen Abwandlungen darzustellen. Hier ergibt sich eine Verbindung mit der Simulation: man wird sie insbesondere dort einsetzen, wo eine Demonstration oder auch ein experimenteller Eingriff nicht möglich ist. Die dafür gebotenen Gelegenheiten sind kaum zu überblicken – sie betreffen Erscheinungen, bei denen sich aus Kostengründen oder wegen gefährlicher Begleitumstände das Experimentieren verbietet, ebenso wie Prozesse, die in der Mikrowelt der Atome und Moleküle verlaufen oder auch in den Weiten des Weltraums. Zeitdehnung und Zeitraffung sind ebenso zugänglich wie die Abwandlung von Kenngrößen, wodurch sich die Einwirkung äußerer Einflüsse oder Störungen studieren läßt. Eine weitere Anwendung dieser Techniken bietet sich für eine neuartige Form eines Informationszentrums an, das in der Mitte zwischen Museum und Bibliothek liegt. Über Datenbanken können nicht nur der gewünschte Wissensstoff, sondern auch beliebige informierende Programme abgerufen werden, die sich an interaktiven Systemen für eigene simulierende Experimente nutzen lassen.

◁ *126 Phasenbilder aus einem Unterrichtsfilm zur Beschreibung der Wasserbewegung hinter einem Hindernis*

Im Prinzip sind es wieder dieselben Techniken der Computergraphik, des Picture Processing und der Pattern Recognition, die hierbei zum Einsatz kommen, wobei allerdings ein gewisser Aspektwechsel auftritt: bei der Übermittlung von Information im Unterricht kommt es besonders auf die erreichte Übersichtlichkeit und Einprägsamkeit an. Wie wahrnehmungstheoretische Überlegungen zeigen, sind Fragen dieser Art eng mit ästhetischen verbunden; man darf behaupten, daß eine auf Übersichtlichkeit und Einprägsamkeit optimierte Darstellung auch an ästhetischem Rang gewonnen hat. Es wäre daher wünschenswert, wenn sich auch künstlerisch gebildete Berufsgruppen intensiver mit den Aufgaben der Visualisierung beschäftigen würden - wozu nun mit dem Instrumentarium der Computergraphik ein hervorragendes Hilfsmittel zur Verfügung steht.

Besonders beachtenswert ist das Beispiel der Mathematik, die durch ihren hohen Grad an Abstraktheit, ausgedrückt durch den Gebrauch von Formeln, auf viele Schüler und Studenten abschreckend wirkt. Es ist wenig bekannt, daß ein großer Teil mathematischer Beziehungen auch durch Bilder - im Besonderen durch bewegte - ausgedrückt werden kann, deren Aussagewert nicht hinter jenen der Formeln zurücksteht. Damit eröffnet sich aber ganz unvermutet eine Art Königsweg für Mathematik: aus einer Analyse von bildlichen Darstellungen ergibt sich ein Verständnis mathematischer Zusammenhänge - eine Art des Zugangs, die der Formelinterpretation gegenüber bemerkenswert sympathisch erscheint. Im übrigen läßt sich eine Formel nie auf eine einzige Art allein, sondern stets in sehr vielfältiger Weise in Bilder umsetzen; das ist jene Stelle, an der der künstlerische Ausdruck zum Tragen kommt: eine Darstellung, die schön erscheint, erweckt weitaus höheres positives Interesse als eine graphisch reizlose und gewinnt erheblich an Einprägsamkeit. Im übrigen gilt das, was speziell für die Mathematik gesagt wurde, für viele andere naturwissenschaftliche und technische Disziplinen, die sich ja auch der mathematischen Darstellung bedienen.

Kunstwissenschaft

Versucht man, über Kunst und Schönheit allgemein gültige Aussagen zu gewinnen - ganz im Sinn einer naturwissenschaftlichen Denkweise -, dann benötigt man dazu auch die Möglichkeit des Experiments als Quelle von Erfahrung und Mittel der Beweisführung. Eine solche Denkweise - jene der rationalen Ästhetik - steht zwar der ursprünglich im Rahmen der Philosophie betriebenen Kunstwissenschaft fern, gewinnt aber erheblich an Bedeutung, seit man - nicht zuletzt mit Hilfe des Computers - versucht, Kunstwerke in Programme zu fassen. Wie sich erweist, gibt es keine Erkenntnisse a priori über Kunst, vielmehr hängen alle ihre Erscheinungen eng mit dem menschlichen Wahrnehmen und Denken zusammen. Kunstwerke erweisen sich als „Angebote zur Wahrnehmung", deren besondere ästhetische Eigenschaften in der optimalen Anpassung an die Fähigkeit und Bereitschaft zur wahrnehmenden Aufnahme liegen. Aussagen dieser Art bedürfen des Beweises, und dieser kann - wir beschränken uns auf den visuellen Bereich - nur durch die Untersuchung von Bildreihen erbracht werden, in denen man bestimmte Parameter abwandelt und auf ihre ästhetische Wirksamkeit prüft. Verfahrensweisen dieser Art waren bisher nur beschränkt möglich, beispielsweise mit Hilfe von Mosaiken. Die Mittel der Computergraphik dagegen eignen sich hervorragend für die Verwirklichung dieses Gedankens - sie gestatten den Aufbau von Bildern nach vorgegebenen logischen oder quantitativen Regeln und die Erstellung beliebig vieler Varianten. Als weitere neuartige Untersuchungsmethode kommt die Simulation von künstlerischen Stilmitteln hinzu.

Da sich in der Problematik der experimentellen Ästhetik ein Einsatzgebiet der Computergraphik ergibt, das andererseits auch wieder zum Aufbau deren theoretischer Basis beiträgt, soll darauf im nächsten Abschnitt ausführlicher eingegangen werden.

Theoretische Grundlagen der Computerkunst

1 Computerkunst und Kunstkritik

Um Computerkunst hervorzubringen, ist eine Theorie nicht unbedingt erforderlich. Man kann den Computer und die verschiedenen dazugehörigen Geräte zur visuellen Ausgabe ohne weiteres als hochentwickelte Instrumente ansehen, die keinen anderen Zweck erfüllen, als die Arbeit des menschlichen Künstlers zu erleichtern. Hat sich dieser erst einmal die für die Bedienung des Computers nötigen Kenntnisse angeeignet, so verwendet er ihn als Hilfsmittel zur Verwirklichung bestimmter Ideen wie jedes andere Instrument. Diese rein pragmatische Auffassung ist für die USA typisch. Die Publikationen über Computergraphik beschäftigen sich vor allem mit Fragen der Programme, der technischen Möglichkeiten und so fort, und weniger mit theoretischen Aspekten.

Trotzdem hat die Theorie Einfluß auf praktische Belange. Ein professioneller Kritiker wird kaum ohne festgefügte Vorstellungen auskommen können, ohne gewisse Schemata der Bewertung, die er im konkreten Fall anlegt, um Gesichtspunkte zu gewinnen. Solche Kriterien stammen meist aus dem Bereich der historischen Kunstwissenschaft, sie sind eine Subsummation von Erfahrungen, die man am bereits realisierten Tatbestand der Kunst gewonnen hat.

Wie zu erwarten ist, sind viele Kritiker durch die Computerkunst überfordert. Sie macht es schwer, in üblicher Weise historische oder psychologische Maßstäbe anzulegen. Die Praxis hat auch gezeigt, daß manche Kunstkenner gar nicht erst versuchen, nach neuen Kriterien Ausschau zu halten, die sich auf formale und konfigurative Aspekte beziehen müßten, sondern aus viel allgemeineren, kunstfremden Gesichtspunkten Urteile abzuleiten suchen.

Ein sicher zu simpler Bezug auf historische Belange ist der Schluß: Da bisher zur Herstellung von Werken der bildenden Kunst keine Maschinen eingesetzt wurden, kann Computerkunst keine Kunst sein. Eine solche Abwehrhaltung macht sich heute noch bei vielen Kritikern bemerkbar. Erst in den letzten Jahren, vor allem infolge des weltweiten Echos der Ausstellung *Cybernetic Serendipity*, hat die Computerkunst Eingang in die üblichen Kunststätten – Museen und Galerien – gefunden und wird vom Kunsthandel beachtet.

Noch in einer weiteren Beziehung unterscheidet sich die Computerkunst von der konventionellen Kunst – in der Schnelligkeit der Realisation. Manuelle Geschicklichkeit ist nicht mehr erforderlich. Dadurch entsteht oft der Eindruck der Mühelosigkeit und Billigkeit. In Wirklichkeit ist es in der Computerkunst so wie bei jedem anderen Einsatz des Computers: nur Routinearbeiten werden an die Maschine delegiert, der Einsatz von Geist und Mühe verlagert sich in die kreative Phase.

Ein anderer bemerkenswerter Aspekt der Computerkunst ist die Tatsache, daß der Zuschauer genaue Information über den Herstellungsprozeß fordert. Deshalb wurden Computerkunstausstellungen von Anfang an durch Vorführungen, Fachvorträge und Publikumsdiskussionen ergänzt – eine Erscheinung, die man begrüßen darf. Auch hier müssen jene, die sich bisher als Interpreten der Kunst angesehen haben, beiseite stehen – die Computerkunst bleibt ihnen naturgemäß fremd. Immer häufiger sind es Naturwissenschaftler, Mathematiker und Techniker, die sich über Kunst äußern und dabei der Diskussion neue Impulse geben. Das liegt nicht zuletzt an der Fachsprache der Computergraphiker, -musiker und -lyriker, die der Informatik entnommen ist; es liegt zum Teil aber auch am mangelnden Verständnis, ja oft sogar an einer Ablehnung der technischen Seite unseres Lebens durch Vertreter der Geisteswissenschaften. Einer der wichtigsten Effekte der Computerkunst ist es, daß sie die Annäherung der „beiden Kulturen", der naturwissenschaftlich-technischen und literarisch-humanistischen, fördert.

Obwohl es, wie erwähnt, möglich ist, Computerkunst im Sinne eines klassischen Kunstproduktionsprozesses herzustellen, ergeben sich doch gewisse Tendenzen, die ein progressives Element in die Entwicklung der Kunst hineinbringen. Solange man sich auf Programme beschränkt, die lediglich Routineprozesse der künstlerischen Produktion erfassen, ist der Trend zur Theoretisierung noch nicht vorherrschend. Bei jedem Schritt der Verallgemeinerung aber drängt sich die Frage nachdrücklicher auf, wie weit die Programmierung des Schönen weitergetrieben werden kann, ob es übergeordnete Programme gibt, in denen allgemeine Gesetzlichkeiten des Ästhetischen stecken. Solche Fragen gehören aber bereits zu jenen der exakten Kunstwissenschaft – ein Gebiet, zu dem die mit Computergraphik Befaßten zweifellos durch ihren Hang zum rationalen Denken leichter Zugang finden als jene Künstler, die sich auf Intuition und Spontaneität beschränken.

Eine weitere Frage, die sich der Computergraphik stellt, ist die nach ihrer künftigen Entwicklung. Dank der allgemein gefaßten Programme, die denselben Prinzipien folgen, ob sie nun für Graphik, Musik oder Lyrik konzipiert sind, wird es dem Praktiker leichtgemacht, von einem Gebiet ins andere abzuweichen oder in den Multi-Media-Bereich überzugehen. In den Reflexionen der Computergraphiker über ihre Arbeit finden sich daher oft Gedanken zu einer Erweiterung der Ausdrucksmittel.

Im Text zum ersten Teil seines Films *per-mu-ta-tions,* (s. Abb. 116, S. 138), der vor allem die Methoden der filmischen Gestaltung mit Hilfe des Computers demonstriert, geht John Whitney auch auf die Probleme des Künstlerischen ein. Er meint, daß wir durch jahrhundertealte Praxis gelernt haben, Musik unmittelbar zu verstehen – eine Fähigkeit, die uns beim abstrakten graphischen Stil noch abgeht. John Whitney hofft, daß sich das ändern wird. „Ich möchte bald den Tag erleben, an dem solche Graphik ein regulärer Teil des täglichen Fernsehprogramms ist", hat er einmal anläßlich einer Pressekonferenz gesagt. Dann gäbe es Gelegenheit genug, um unmittelbaren Zugang zum graphischen Film zu gewinnen.

Gerhard Maurer von der IBM Deutschland hält die heute vorliegende Computerkunst für einen Vorläufer allgemeinerer Darstellungsformen, die dem Multi-Media-Bereich angehören werden. In seinen *Thesen zur Multi-Media-Kunst* schreibt er: „Die Leistungsfähigkeiten moderner Computer werden in den heutigen Arbeiten der Computerkunst im allgemeinen nicht einmal annähernd ausgeschöpft. Das gilt sowohl im Hinblick auf die Schnelligkeit der Computer wie auch hinsichtlich ihrer Fähigkeit, komplexe Systeme zu lenken. So wie Prozeßrechner Walzstraßen und Fließbänder in Abhängigkeit von Betriebsdaten steuern, dürften sie auch fähig sein, Harmonien, Rhythmen, Frequenzen, Lautstärken und graphische Figuren zu analysieren und diese programmgemäß und abhängig von Folgedaten durch Schaltungen, Regelungen und Projektionen zu verändern. Ein computergesteuertes Multi-Media-Programm synchron im Zeitablauf korrespondierender Elemente der Graphik, Melodie, Farbe, Rhythmus, Lichtintensität, Bewegung und Projektion erschiene dem Vortragenden als Kunstform, die den Anspruch erheben dürfte, die Möglichkeiten der modernen Computertechnologie voll ausgeschöpft zu haben."

Der Wandel, der sich in der Einschätzung der Computerkunst in den letzten Jahren vollzogen hat, äußert sich auch in einigen Benennungen von Kunstwerken oder -spielen. Mancherlei Arbeiten wurden als kybernetische Kunst bezeichnet, die den Namen nicht verdienen – meist handelt es sich um relativ einfache mechanische oder optische Maschinen, bei denen es eine Andeutung von Programmsteuerung, wie sie für Computerprogramme typisch ist, kaum gibt. Es ist sogar eine gewisse Tendenz unverkennbar, auf übliche Weise konzipierte und realisierte Arbeiten als Computerkompositionen, -graphiken und dergleichen auszugeben.

Das gilt insbesondere für manche Werke der *computer assisted art* – der computerunterstützten Kunst: die manuelle Herstellungsphase wird in den Beschreibungen oft verschwiegen. Selbst innerhalb der Computerkunst entsteht eine Art Purismus: Arbeiten, die in sämtlichen Phasen computergesteuert zustande kommen, werden höher bewertet als solche, bei denen die Automatisierung durch zwischengeschaltete Produktionsphasen üblicher Art unterbrochen ist. Es ist bedauerlich, daß durch solche Bewertungen neue Schranken errichtet werden – gerade von einer Kunstrichtung, die selbst Schranken durchbricht. Der größte Freiheitsgrad gestalterischer Bemühungen ist zweifellos dann erreicht, wenn es gegen keine Art von Produktionsmethoden Vorurteile gibt.

Auf vielerlei Gebieten, insbesondere solchen, die ursprünglich den exakten Wissenschaften fernstanden, hat der Einsatz des Computers Tendenzen zur exakten Behandlung, zur rationalen Betrachtung und zur formelhaften Erfassung ausgelöst – beispielsweise in der Psychologie und der Soziologie. Die Notwendigkeit, künstlerische Ideen in Programme zu fassen, führt auch in der Computergraphik zur Entmystifizierung.

Die Anhänger einer theoretischen Untermauerung der Computerkunst können darauf hinweisen, daß der Einsatz formalisierter Modelle in allen technischen Bereichen zu einem steilen Aufschwung, zu einer Steigerung der Effizienz geführt hat. Es steht außer Zweifel, daß das auch im Rahmen der Computerkunst eintreten wird, sobald eine praktikable exakte Ästhetik vorliegt. Prinzipiell muß es dann möglich sein, Programme aufgrund theoretischer Erwägungen so zu schreiben, daß sie von selbst den optimalen ästhetischen Effekt hervorbringen.

2 Exakte Ästhetik

Pionierarbeit auf dem Gebiet der exakten Ästhetik wurde insbesondere in Deutschland geleistet, womit eine alte Tradition fortgesetzt wird. Obwohl sich die Verbindung zur Computerkunst in der Praxis erst allmählich anbahnt, wurde sie hier von Anfang an im Zusammenhang mit der Theorie diskutiert. Man hat hier richtig erkannt, daß die Einschaltung der Maschine in den Kunstprozeß viele Fragen aufwirft, beispielsweise die Frage nach dem eigentlichen schöpferischen Akt bei der Entstehung eines Kunstwerks oder jene nach objektiven Bewertungsprinzipien.

Statistische Methoden

Ein wesentlicher Schritt auf dem Weg zu einer exakten Ästhetik ist es, gesetzmäßige Zusammenhänge festzustellen, die für die untersuchte Erscheinung typisch sind. Hat man eine genügend große Menge von Untersuchungsobjekten zur Verfügung, so ist es durch eine statistische Auswertung prinzipiell möglich, alle in ihnen steckenden Gesetzmäßigkeiten ausfindig zu machen. Falls es also Gesetze des Ästhetischen gibt, müssen sie unter dem festgestellten Katalog von Regulativen sein. Schwieriger ist es natürlich, ästhetische Gesetze von anderen zu trennen. Diese Trennung ist aber für die Praxis nicht unbedingt nötig. Analysen von Musikkompositionen können unmittelbar zur Synthese verwendet werden; dabei ist es gleichgültig, welches Gesetz von jenen, die in den synthetischen Mustern zum Ausdruck kommen, nun Ursache der ästhetischen Wirkung ist und welches nicht.

Die statistische Analyse von Kunstwerken ist noch nicht als ästhetische Theorie anzusehen, sie darf jedoch als ein Hilfsmittel zur Theoriebildung gelten und ist von entscheidender theoretischer und praktischer Bedeutung. Die Informationstheorie, die in der exakten Ästhetik eine große Rolle spielt, kann von ihren Resultaten profitieren. Der bekannteste Vertreter der statistischen Untersuchung ist der Physiker Wilhelm Fucks in Aachen.

Er hat seine Methode auf vielerlei Objekte der Kunst angewandt, vor allem auf Texte und Musik, aber auch auf Gegenstände der Architektur und anderes mehr. Dabei ist es ihm unter anderem gelungen, bestimmte charakteristische Größen herauszufinden, die für die Entwicklung der Musik typisch sind. Das gilt beispielsweise für die Zunahme des aleatorischen (zufallsbedingten) Elements. Bei anderen Größen ist ihre Bedeutung oder Anwendbarkeit nicht so klar, als praktisches Resultat ergibt sich aber die Möglichkeit des Vergleichs von Kompositionen oder Texten. Auf diese Weise kann man in einer neuen Art historische Forschungen betreiben; so lassen sich Zusammenhänge von Kunststilen feststellen, indem man gemeinsame oder ähnliche charakteristische Kennwerte sucht, oder die Autoren unbekannter Arbeiten feststellen, indem man mit entsprechenden Kenngrößen eines Basisrepertoires vergleicht.

Die statistische Methode hat auch einen Nachteil: sie ist nur auf bereits realisierte Kunstwerke anzuwenden. Soll der Analysevorgang zur Produktion neuer Werke dienen, so bringt man damit nur solche desselben Stils hervor. Es ist allerdings relativ einfach, von bestimmten festgestellten Stilregeln abzugehen und auf diese Weise in neue Bereiche vorzustoßen. Trotzdem bleibt der Wunsch nach einer Theorie „von außen" bestehen, einer Theorie, die ihre Gesichtspunkte aus allgemeineren Prinzipien gewinnt, beispielsweise jenen der Philosophie oder der Naturwissenschaft. Die aus einem solchen allgemeinen Modell hervorgehenden Regeln gelten dann nicht nur für die bereits bestehende Kunst, sondern für sämtliche Kunstwerke, auch alle künftigen oder – aus welchen Gründen auch immer – nicht realisierten.

Die Schule von Max Bense

Der einflußreichste Vorkämpfer der exakten Ästhetik ist der deutsche Philosoph und Mathematiker Max Bense. In seinen Publikationen, insbesondere in einer seiner Schriften, *Die Programmierung des Schönen,* ist bereits das Prinzip dessen vorweggenommen, was sich später in der Computerkunst verwirklicht hat. Der Einfluß Max Benses zeigt sich auch in der großen Zahl seiner Schüler, die wertvolle Beiträge zur Entwicklung der Theo-

rie oder auch der Praxis geliefert haben. Georg Nees war Student bei Max Bense. Sein Buch *Generative Computergraphik* ist im wesentlichen ein Nachdruck seiner Dissertation. Auch Frieder Nake hat Vorlesungen von Bense besucht und Vorstellungen von Bense aufgegriffen. Siegfried Maser, lange Zeit Schüler und Assistent von Max Bense, hat in seiner Habilitationsschrift der Theorie, die unter dem Namen Informationsästhetik bekannt wurde, eine exakte mathematische Fassung gegeben.
Zu erwähnen sind auch Rul Gunzenhäuser sowie Felix von Cube. Eine herausragende Erscheinung unter den früheren Bense-Schülern ist Helmar Frank, der mit seiner Dissertation *Grundlagenprobleme der Informationsästhetik und erste Anwendung auf die mime pure* einen wesentlichen Anstoß zum Ausbau der exakten Ästhetik gegeben hat und dessen Informationspsychologie als Grundlagenwissenschaft der kybernetischen Ästhetik gelten darf.
Im Rahmen dieser Arbeit ist es nicht möglich, die verschiedenen Richtungen der exakten Ästhetik einzeln zu würdigen. Es kann nur skizzenhaft angedeutet werden, mit welchen Denkmethoden und Ansätzen man das Problem zu lösen versucht; im übrigen muß auf die Literatur verwiesen werden.

Informationsästhetik

Um ein ästhetisches Maß zu gewinnen, stützt sich Bense auf eine Idee von George D. Birkhoff. Dieser benutzt dafür den Ausdruck

$$M_ä = \frac{Ordnung}{Komplexität}.$$

Dabei ist je nach dem vorliegenden Problem anzugeben, wie man die beiden Werte Ordnung und Komplexität gewinnt. Bense ist es gelungen, diesen Ansatz zu verallgemeinern. Er verwendet ihn einerseits etwa im Sinn von Birkhoff zur Beurteilung übergeordneter Gestaltordnungen; er setzte ihn im Rahmen einer „mikroästhetischen" Betrachtung aber auch zur Beschreibung des Ordnungszustands der kleinsten wahrnehmbaren Bildelemente ein. Dazu greift er die Idee der Informationstheorie, insbesondere die Shannonsche Formel für den Wert der Information auf, die auch als Maß der Komplexität gewertet werden kann. Auf diese Weise formt sich für die Mikroästhetik das Birkhoffsche Maß um:

$$M_ä = \frac{Redundanz}{Information}.$$

Auf dieser Basis erreicht Siegfried Maser eine vom Perzipienten unabhängige quantitative Beschreibung mikroästhetischer Zustände. Die Rechtfertigung für diese historischen Ansätze gewinnt Bense aus einem Vergleich der charakteristischen Ordnungszustände in der Welt. Er sieht den Kunstprozeß als eine Art Gegenprozeß zum natürlichen Geschehen an, und zwar derart, daß die Natur zur Hervorbringung von Chaos neigt, während die Kunst unwahrscheinliche Ordnungszustände entstehen läßt.

Kybernetische Kunsttherorie

Für den Wissenschaftler bleibt ein Denkmodell, das nur einer heuristischen Begründung zugänglich ist, unbefriedigend; er sucht deshalb nach Zusammenhängen des Phänomens Kunst mit Naturerscheinungen. Ausgangsbasis und Bezugspunkt ist hier der Mensch, der Kunst erzeugt und aufnimmt. Die Frage lautet dann: Wie kommt es, daß der Mensch fähig ist, Kunst hervorzubringen, und bereit, sich mit Kunst zu beschäftigen? Im Sinne der Kybernetik verfügt kein Lebewesen über Fähigkeiten oder Bedürfnisse, die nicht letztlich auf einen Überlebenszweck zurückzuführen sind. Es wäre also zu klären, auf welchen biologisch sinnvollen Verhaltensweisen die Kunst beruht.
In einigen aufschlußreichen Arbeiten hat sich der Psychologe D. E. Berlyne von der Universität in Toronto mit dem sogenannten explorativen Verhalten beschäftigt, mit jenem Programm von Verhaltensweisen, das zur Geltung kommt, wenn wir mit Hilfe unseres Wahrnehmungssystems Objekte unserer Umwelt zu überblicken versuchen. Er hat einige Untersuchungsergebnisse mitgeteilt, die es sehr wahrscheinlich erscheinen lassen, daß Kunst eine Konsequenz dieses Verhaltens ist. Der Mensch hat nicht nur die Fähigkeit, seine Umwelt wahrzunehmen und in ihren Zusammenhängen zu erkennen, sondern er besitzt auch das Bedürfnis, sich mit solchen Problemen auseinanderzusetzen. Das ist die Voraussetzung für einen der Umwelt gegenüber auf-

geschlossenen, kritischen Menschentyp, und das wieder würde die Frage nach dem Zusammenhang mit einem Überlebensproblem beantworten. Das Kunstwerk bietet Anreiz zur wahrnehmenden Auseinandersetzung mit einem Objekt. Dabei ist es gleichgültig, ob die Aufnahme der Information über den Gesichtssinn, den Gehörsinn oder auf andere Weise - beispielsweise durch Blindenschrift - vor sich geht.

Eine Voraussetzung für den befriedigenden Ablauf solcher Prozesse ist eine gewisse Anpassung der Muster an die Datenverarbeitungsfähigkeit des menschlichen Wahrnehmungssystems, also des Gehirns. Damit ergibt sich eine Verbindung zwischen Verhaltensforschung einerseits und Informationspsychologie und Kybernetik andererseits, wie sie zuerst von Abraham A. Moles und später von Helmar Frank vertreten wurde. Mit Hilfe der Informationspsychologie gelingt es nun, Bedingungen für optimal aufnehmbare Informationsaggregate quantitativ auszudrücken. So zeigt sich etwa, daß bei zeitlich veränderlichen Mustern nicht mehr als 16 bit pro Sekunde Information ins Bewußtsein und nicht mehr als 0,7 bit pro Sekunde ins Gedächtnis einlaufen können; dabei bedeutet ein bit die Einheit der Information, wie sie etwa durch eine *1* oder eine *0* in einem Datenspeicher repräsentiert wird. Bei statischen Anordnungen darf die Komplexität des Gebildes, zumindest in einer Betrachtungsebene, 160 bit nicht überschreiten. Geschieht das dennoch, dann kann der Wahrnehmungsprozeß nicht zur erstrebten Übersicht geführt werden; der Lustgewinn, der das Gelingen belohnt, bleibt aus.

Es hat sich herausgestellt, daß ein Informationsangebot, das merklich unterhalb dieser Optimalwerte für die Zuflußkapazität liegt, zu einer negativen Emotion, nämlich der Langeweile, führt. Diese Tatsache ist beispielsweise für alle Formen des Unterrichts wichtig - ein informationsarmer Unterricht, der das Leistungsoptimum der Schüler nicht erreicht, führt nicht zu einem befriedigenden Abschluß der Informationsübertragung. Daraus folgt, daß jene Objekte, die dem explorativen Verhalten dienen und die dabei ablaufenden Wahrnehmungsprozesse zu einem befriedigenden Abschluß führen sollen, in ihrer Komplexität etwa in der Nähe der Optimalwerte liegen müssen.

Die Bestimmung relevanter Informationswerte stößt freilich auf Schwierigkeiten. Einerseits ist für die Wirkung der ästhetischen Muster auf den einzelnen die „subjektive Information" maßgebend, und diese ist individuell verschieden. Andererseits sind als Basis zur Berechnung von Informationswerten nicht irgendwelche mathematischen oder geometrischen Elemente zu verwenden, sondern die Apperzepteme (kleinste wahrnehmbare Einheiten) und aus ihnen durch Zusammenfassungsprozesse (Superzeichenbildung) entstehende Einheiten. Diese sind aber von Gestaltbildungsvorgängen im Gehirn abhängig, über die man noch relativ wenig weiß.

Die Erfüllung der Bedingungen für die Informationskapazitäten erweist sich zwar als notwendiges, aber nicht als hinreichendes Kriterium für das Zustandekommen eines Kunstwerks. Ein Objekt, das die Optimierungsbedingungen erfüllt, kann in seiner Wirkung bald erschöpft sein. Nach einem einmaligen Ablaufen ist die erstrebte Übersicht gewonnen, das Objekt wird uninteressant. Aus diesem Grund muß versucht werden, durch gewisse Vorkehrungen die Möglichkeit dafür zu schaffen, daß die Wahrnehmungsprozesse längere Zeit hindurch laufen können oder auch stets von neuem beginnen. Untersucht man den Bestand der traditionellen Kunst, so erkennt man, daß in der Tat solche Vorkehrungen auftreten. Darunter wären zu nennen:

- Der Einsatz hierarchisch abhängiger Zeichenkategorien; auf jeder Ebene (beispielsweise der syntaktischen und der semantischen) kann sich die Reduktion der Information separat vollziehen.
- Die Reduktion der Information auf mehreren (möglichst vielen) Wegen.
- Das Ausweichen auf Mikrostrukturen, in denen eine erneute Reduktion der Information möglich ist.
- Das Anklingenlassen von Nebenbedeutungen, Assoziationen, und die Aktivierung von Emotionen.

Konsequenzen für die Praxis

So einfach und unvollständig das theoretische Modell der Informationspsychologie und der kybernetischen Kunsttheorie auch noch sein mag, so läßt es doch gut erkennen, wie man es in der Praxis der Computerkunst gewinnbringend anwenden könnte. Zunächst bereitet es keine besonderen Probleme, Programme zu

schreiben – etwa solche für bewegte Abläufe –, die einen Informationsfluß von ungefähr 16 bit pro Sekunde hervorbringen.
Weiter zeigt ein Blick auf die verschiedenen Möglichkeiten der Vorkehrungen für die Verlängerung der Wirkung, daß auch sie einer Fassung in Programme zugänglich sind – wahrscheinlich sogar weitaus präziser, als das nach der alten Methode von Versuch und Irrtum möglich war. Einige Arten von Computergraphiken deuten übrigens darauf hin, daß solche Vorkehrungen bereits intuitiv angewandt wurden – beispielsweise beim Bildaufbau mancher Computergraphiken von Kenneth C. Knowlton. Bei ihnen ist es möglich, sich einmal auf die Betrachtungsebene der übergeordneten Gestalt, dann aber auch auf jene der Mikrozeichen zu konzentrieren. Und etwas Ähnliches ergibt sich bei den Kennedy-Porträts der japanischen Computer Technique Group (s. Abb. 96, S. 118). Für die Praxis ist es übrigens keineswegs erforderlich, daß die Theorie von Anfang an vollständig zur Verfügung steht. Auch Annäherungen oder Teilresultate können berücksichtigt werden und wenigstens in einzelnen Aspekten zu einer Verbesserung der Resultate führen.
Von den weiteren Regeln, die hier zu beachten sind, dürften jene für den Informationsfluß ins Gedächtnis wichtig sein. Soll während eines Ablaufs, beispielsweise in einem Computerfilm, auf schon Gezeigtes Bezug genommen werden, so ist Rücksicht darauf zu nehmen, daß nur 0,7 bit pro Sekunde, das ist etwa ein Zwanzigstel der bewußt aufgenommenen Information, im Gedächtnis haften bleibt. Die Aufnahme des Kunstwerks funktioniert als Lernprozeß; die dafür geltenden Regeln stehen in engem Zusammenhang mit jenen der Lerntheorie. Wie man Information dosiert, wiederholt, verbindet usw., folgt einem strengen Schema, das, wie die für den programmierten Unterricht angewandten formalen Didaktiken beweisen, schematisierbar ist.

3 Experimentelle Ästhetik

Eine Kunstwissenschaft, die objektive Resultate erzielen will, muß sich die Arbeitsweise der Naturwissenschaften zu eigen machen, die durch ein Zusammenwirken von Theorie und Experiment gekennzeichnet ist. Es gibt freilich auch Fälle, in denen ein experimentelles Arbeiten schwer oder unmöglich ist, beispielsweise in der Astronomie; neuerdings versucht man in solchen Fällen, das Experiment durch die Simulation zu ersetzen. Der Bezug zur Wirklichkeit, der durch ständige Überprüfung von Hypothesen gekennzeichnet ist, muß sich dann auf die Beobachtung beschränken. In dieser Lage befanden sich bis vor kurzem alle Versuche zur Entwicklung einer rationalen Kunstwissenschaft. Als Untersuchungsobjekte stand der Katalog der realisierbaren Kunst zur Verfügung; eine gezielte Abwandlung dieser Objekte, ein Herausgreifen einzelner Aspekte, eine Reindarstellung von Phänomenen, wie man sie durch das Experiment erzielt, war ihr unmöglich. Der Computer hat hier völlig neue Möglichkeiten erschlossen. Von den Vorteilen, die er bietet, seien folgende hervorgehoben: Für die Arbeiten der Computerkunst liegen mathematisch gefaßte Programme vor, die eine Auswertung, beispielsweise die Suche nach Gesetzmäßigkeiten, leicht zulassen. Es ist einfach, eine Computergraphik nach beliebigen Gesichtspunkten abzuändern; dazu bedarf es nur der Änderung einzelner Parameter. Beispielsweise ist es ohne weiteres möglich, nach Belieben größere oder kleinere Komplexität für die erzeugten Muster zu erreichen.
Als praktischer Vorzug ist die Schnelligkeit der Realisation zu nennen. Erst die rasche Arbeitsweise des Computers erlaubt es, größere Serien zu erzeugen, etwa Abwandlungen ein und desselben Stils, an denen psychologische, insbesondere informationspsychologische Tests vorgenommen werden können.
Dabei ist es übrigens gleichgültig, ob man den Kunstcharakter der computergenerierten Arbeiten anerkennt oder nicht; im Sinne der Kybernetik kann man Kunstwissenschaften am Modell betreiben, und die mit dem Computer gefertigten Vorlagen sind dann als simulierte Kunstobjekte aufzufassen. Beispiele dafür sind von A. Michael Noll und Frieder Nake bekannt. Nake versuchte die Stilgesetzlichkeiten der deutschen Maler Paul Klee und Hans Hartung in Programme zu fassen und stellte Serien von Klee- und Hartung-Simulationen her. Noch spektakulärer war ein Versuch Nolls mit einem Mondrian-Bild, das aus horizontalen und vertikalen Linienelementen aufgebaut ist. Nach dessen Stilgesetzlichkeit produzierte er eine Serie von Strukturen, bei der die Verteilung der Linienelemente schrittweise abgeändert wurde, und legte sie dann einem Testpublikum vor.

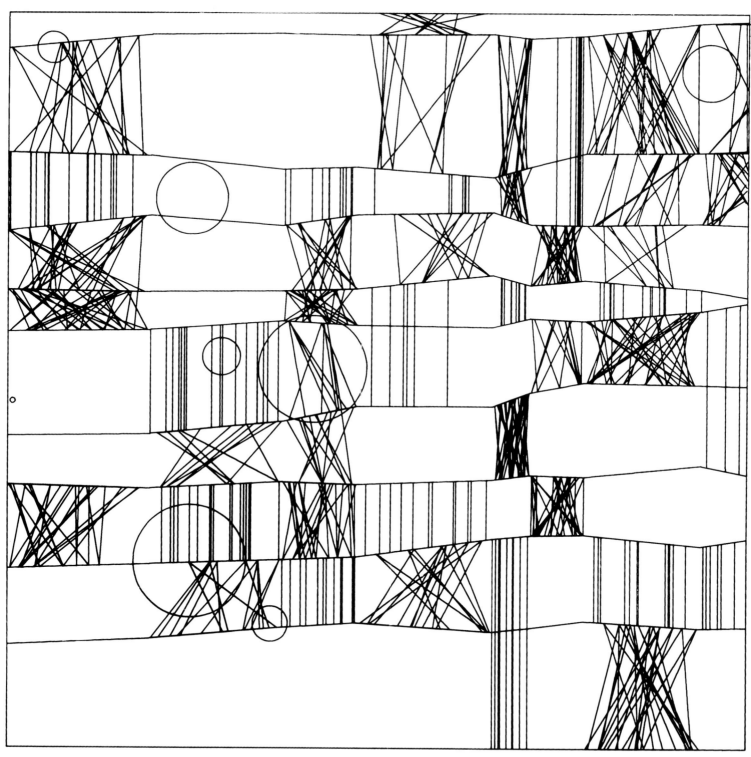

127 Klee, *Digitalgraphik von Frieder Nake. Als Ausgangspunkt diente ein Bild von Paul Klee; es wurde auf Stilgesetzlichkeiten untersucht, die dann in einem Programm zusammengefaßt wurden*

128/129 Computer Compositions with Lines *von A. Michael Noll und* Komposition mit Linien *von Piet Mondrian. Noll verwendete Zufallsgeneratoren, um verschiedene Linienverteilungen nach den Gesetzlichkeiten des Mondrian-Bildes zu erzeugen. Durch Tests wurde dann das subjektiv „beste" Bild ermittelt; es ist das oben rechts. Das Mondrian-Bild ist das unten links*

Bemerkenswerterweise wurde nicht das Original, sondern ein Computerbild als das schönste bezeichnet.

Wendet man rationale Methoden zur Erforschung des Phänomens Kunst an, so ergeben sich vielerlei Verbindungen zu allgemeinen Erscheinungen, die Gegenstand naturwissenschaftlichen Forschens sind, beispielsweise jener des Wahrnehmens, des Verhaltens, des Lernens oder des Fühlens. Hier ist zu untersuchen, durch welche Besonderheiten sich diese Prozesse auszeichnen, wenn sie sich zu ästhetischen Wirkungen steigern.

Da eine Fassung der Stilgesetzlichkeit in algorithmische Form, nämlich als Programm, Voraussetzung für die Generierung von Computerkunst ist, kann jedes ihrer Produkte als eine Vorarbeit für kunstwissenschaftliche Untersuchungen gelten. Wie sich herausstellt, haben auch einige der als Computergraphiker oder -musiker hervorgetretenen Techniker, Wissenschaftler oder Künstler Interesse an einer Erforschung der Wahrnehmungs- und Kunstphänomene. Von B. Julesz und C. Bosche liegen filmische Abläufe vor, die gestaltpsychologischen Untersuchungen dienten. In ihren ansonsten nach Zufallsprinzipien aufgebauten Rasterbildern treten Symmetrien auf, beispielsweise Lateralsymmetrie oder Wiederholungen; es sollte festgestellt werden, ob diese Gesetzmäßigkeiten wahrgenommen werden oder nicht. Andererseits haben diese Muster zweifellos auch ästhetische Qualitäten - was wahrscheinlich durch das Zusammenwirken des Zufälligen und des Gesetzmäßigen zustande kommt. Gleiches gilt für den Film *Order in Disorder* von Peter Scheffler, der am Psychologischen Institut der Universität Innsbruck entstand und zu den frühesten Beispielen eines mit einem Analogsystem generierten Films gehört. Er zeigt springende Muster von Vielecken und demonstriert die für die Gestaltpsychologie interessante Tatsache, daß man den einer reinen Zufallssteuerung unterworfenen Wechsel als Bewegungsphänomen empfindet.

Unter den verschiedenen Richtungen der Psychologie ist die Informationspsychologie in Richtung auf quantitative Modelle am weitesten vorgedrungen. Damit ist eine direkte Verbindung zwischen Psychologie und Kunsttheorie möglich. Helmar Frank hat sich als Leiter des Instituts für Kybernetik in Berlin, das der Pädagogischen Hochschule angeschlossen ist, vor allem auf Lerntheorien im Rahmen des programmierten Unterrichts konzentriert. Da in jedem Lehrstoff auch Komponenten stecken, die keine sachliche Information enthalten, sondern zur ästhetischen Qualität beitragen - von Helmar Frank „ästhetische Information" genannt -, bedeutet diese Verlagerung des Schwerpunkts keine Abwendung von der Ästhetik. Im Kybernetischen Institut wurde eine Arbeitsgruppe Ästhetische Information, bestehend aus Klaus-Dieter Graf, Georg Hansmann und Bärbel Lieske, gegründet, die sich speziell den ästhetischen Qualitäten von Lehrprogrammen widmete. Als erstes experimentelles Ergebnis legte sie eine Serie von Zeichenmustern vor, bei denen die Komplexität, Auffälligkeit und andere für die Wahrnehmung relevante informationspsychologische Werte festgelegt wurden. Noch umfassender ist ein Programmsystem von Frieder Nake, das es gestattet, Bilder mit vorgeschriebenen Werten für Information, Überraschungseffekt, Auffälligkeit und ästhetisches Maß (nach G. D. Birkhoff) zu gewinnen. Es besteht aus einem statistischen Selektor *Generative Ästhetik P*, der Daten, die von den vorgeschriebenen Werten abweichen, ausschließt, und einem anschließenden Programmteil, der als topologischer Selektor dient und Zeichen in hierarchischer Abhängigkeit auf verschiedenen Ebenen aufbaut.

Umgekehrt sind auch jene Werke der Computerkunst und insbesondere der Computergraphik, die aus rein ästhetischen Gründen hergestellt wurden, wertvoll für die Fragen des Unterrichts. Wer Gelegenheit zur Anfertigung größerer Serien von Computergraphiken hat, bemerkt bald, daß noch wenig Gesichtspunkte dafür bekannt sind, welche Voraussetzungen für eine gute visuelle Verdeutlichung des Dargestellten bestehen. Das gilt schon für einfachste Qualitäten, beispielsweise die Strichstärke oder die Flächendichte von Elementen auf der Zeichenebene. Aber auch schwierigeren Fragen, beispielsweise solchen der Gestaltbildung, könnte man im Laufe von computerästhetischen Arbeiten näherkommen. So stellt etwa Georg Nees in seinem Buch *Generative Computergraphik* fest, daß bei einem aus Kreiselementen bestehenden Muster die Vergrößerung der Kreise nicht lediglich zu quantitativen Effekten führt. Vielmehr ergeben sich durch die Überschneidung neue Ansatzpunkte für Wahrnehmungsprozesse und damit Anlässe zur Bildung von zusammenhängenden Gestalten, sogenannten Superzeichen. An solchen Versuchen wird deutlich, daß jene Elemente, die die Informationsästhetik zur Berechnung ihrer informationellen Größen berücksichtigen muß, nicht abstrakte mathematische Größen sind, sondern jene, an denen die Wahrnehmungsprozesse tatsächlich ansetzen. Diese außerordentlich wichtige Frage, die mit dem Problem der Wahrnehmung, des Erkennens und des Denkens zusammenhängt, ist von der Forschung bisher kaum berührt worden. Georg Nees macht daher den Vorschlag, „die Fähigkeit des Computers zur raschen Analyse komplexer Vorgänge, zur Simulation von Sehapparaten im Hinblick auf die Probleme der Informationsästhetik heranzuziehen. Von den drei Maschinen, die im Rahmen einer vollen Kommunikationsästhetik zu studieren sind, wäre dann auch die letzte, nämlich der Informationsanalysator, auf dem Weg zur praktischen Realisierung und experimentellen Nutzung – vorliegender Bericht zeigt ja die Realisierbarkeit des Informationsgenerators, während als Informationskanal der äußere optische Kanal (evtl. durch Linsensysteme ergänzt) zu benutzen wäre. Als unmittelbar erhältliche technische Einrichtung könnte der sogenannte Light-Pen dienen: Er besteht aus einem Griffel, mit dem man auf die Oberfläche eines Bildschirms schreiben kann. Der Bildschirm ist an einen leistungsfähigen Computer angeschlossen. Alle zeichenartige Information, die mit dem Light-Pen auf den Bildschirm geschrieben wird, erscheint sofort sichtbar auf dessen Oberfläche und wird gleichzeitig im Gedächtnis des Computers abgespeichert. Der Computer kann derartig programmiert werden, daß er seinerseits Antwortinformation auf dem Bildschirm aufzeichnet. Mit dieser Anordnung kann die Retina mit ihren nachgeschalteten Zentren, wenn auch nicht vollständig, so doch im Hinblick auf gewisse Informationsprozesse, die den Ästhetiker interessieren, nachgebildet werden."

Die Fülle der Zusammenhänge der Computerkunst mit vielen Bereichen unseres Lebens, von der Wissenschaft, der Forschung, dem Unterricht bis zur Soziologie, wovon noch die Rede sein wird, ist nicht nur zu begrüßen, sondern als integrierender Bestandteil computerästhetischer Bemühungen zu werten.

4 Der Zufall als generative Instanz

Die Erkenntnisse der Informationspsychologie betreffen zunächst nur eine Seite der Kunstprozesse, nämlich die der wahr-

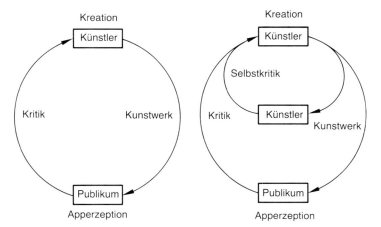

130 Der gesellschaftliche Kommunikationskreis der Kunst. In den Rückkopplungsprozeß der Kunst ist in der Produktionsphase ein entsprechender Kreisprozeß eingeschaltet, in dem der Künstler seine Arbeit auf sich wirken läßt und sie im Sinn der Methode Versuch und Irrtum *sukzessiv vervollkommnet*

nehmenden Aufnahme. Sieht man aber Kunst als einen Kommunikationsprozeß zwischen Künstler und Publikum an, so läßt sich vom Ansatz der Apperzeption her auch ein Modell für den Kreationsprozeß gewinnen.

Im Sinn eines Kommunikationsprozesses wendet sich der Künstler mit seiner Arbeit an ein Publikum. Dieses nimmt das Angebot auf und reagiert auf irgendeine Weise – durch Beifall, Ablehnung, Gleichgültigkeit und dergleichen. Diese Reaktion nimmt der Künstler als Rückmeldung, aus der er Anhaltspunkte für eine weitere Phase des Kreationsprozesses gewinnt. Es läßt sich zeigen, daß eine Unterbrechung dieses Kreisprozesses zu einer Entfremdung zwischen Künstler und Publikum führt, deren letzte Auswirkung eine Kunst ohne Publikum ist. Da damit der gesellschaftliche Aspekt verlorengeht, ist zu fragen, ob man einen solchen Prozeß noch als Kunstprozeß bezeichnen kann. Dieser Aspekt soll deshalb außer acht bleiben.

Gewinnt man die entscheidenden Kriterien für ein Kunstwerk aus dem Apperzeptionsvorgang beim Publikum, so lassen sich diese als generative Regeln für den Aufbau ästhetischer Objekte

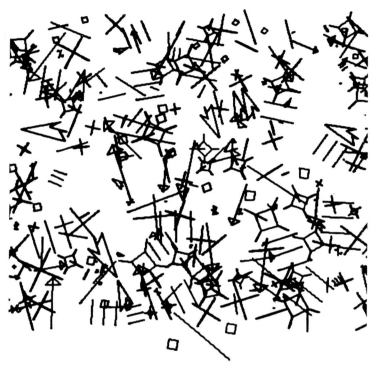

131 Durch gesplittertes Glas entstandene Zeichen, nach einem Zufallsprinzip verteilt; Petar Milojević

verwenden. Diese Festlegung bedeutet keine völlige Determination der ästhetischen Konfigurationen; auch innerhalb der optimal auf Wahrnehmungsprozesse ausgerichteten Aggregate von Apperzeptemen ist die Zahl der Varianten praktisch unendlich groß. Über die dadurch gegebenen Freiheitsgrade muß irgendwie verfügt werden.

Die Anpassung an die Apperzeptionsfähigkeit des Publikums erfolgt normalerweise durch den Künstler, indem er seine Arbeit während des Entstehens immer wieder prüft und sich gewissermaßen stellvertretend für das Publikum in den Prozeß einschaltet. Durch diese Methode – nach Versuch und Irrtum – erfolgt eine beliebige Annäherung an optimale Bedingungen.

Über die freibleibenden Bestimmungsgrößen verfügt der Künstler dagegen meist spontan, intuitiv. Delegiert man einen Kunsterzeugungsprozeß an Maschinen, so wird der Stil, der meist auch auf die Wahrnehmungsfähigkeit hin abgestimmt ist, in Form des Programms mitgegeben. Für die Wahl der offenen Parameter muß eine gesonderte Einrichtung vorgesehen sein.

Im Sinne der Kybernetik bedeutet die Produktion von „Neuigkeit" die Erzeugung von Information, die Erhöhung der Komplexität. Bemerkenswerterweise kann eine nach logischen Prinzipien arbeitende Maschine keinen echten Zufall hervorbringen – also auch nicht der Computer. Mit ihm läßt sich der Zufall nur simulieren – man spricht dann von Pseudozufallsgeneratoren. Wenn man unter den physikalischen Erscheinungen nach Prozessen sucht, die nach Zufallsprinzipien ablaufen, so erweisen sich die Quantenprozesse, Vorgänge der Mikrophysik, als die einzigen. Deshalb gewinnt man echte Zufallsgeneratoren auch aus radioaktiven Zerfallsprozessen oder dem elektronischen Rauschen. Es ist beachtenswert, daß sich eine Erscheinung, die normalerweise als Störung in Erscheinung tritt – nämlich der Zufall –, als generatives Prinzip erweist. Jedoch ist seine informationserzeugende Fähigkeit leicht einzusehen – indem der Zufall Ordnungen zerstört, schafft er komplexere Strukturen und erzeugt Unvorhergesehenes, Unerwartetes, worauf wir mit Überraschung reagieren. Eine Illustration dieser Tatsache liefert ein Rechtsstreit in den USA. Ein Design-Büro hatte Bilder, wie sie bei Fernsehstörungen am Bildschirm entstehen, für seine Entwürfe verwendet und wurde deshalb von der Fernsehgesellschaft wegen Verletzung des Urheberrechts angeklagt.

Da Zufallsprozesse offenbar die einzigen informationserzeugenden Vorgänge sind, erscheint der komponierende oder zeichnende Computer verbunden mit einem Zufallsgenerator wieder unter einem neuen Gesichtspunkt, nämlich unter dem eines Simulationsmodells für kreative Prozesse. Auf diese Weise ist es möglich, den sehr bedeutenden Fragen nachzugehen, wie es auf der Erde zu organisiertem Leben gekommen ist, ob es dem menschlichen Gehirn möglich ist, etwas prinzipiell Neues hervorzubringen. Aber selbst, wenn solche Probleme in der Praxis der Computergraphik außer acht bleiben sollten, so ist es aufschlußreich zu wissen, daß der Einsatz des Zufalls offenbar doch etwas mehr ist als ein primitiver Trick.

Die Zukunft der Computerkunst

Der Einsatz des Computers in künstlerischen Bereichen ist der letzte entscheidende Schritt zur Technisierung der Kunst. Während der Gebrauch von Instrumenten in der Musik schon seit langer Zeit üblich ist, kennen wir ihn im visuellen Sektor erst seit weitaus kürzerer Zeit. Druckmedien und Photographie richten sich vor allem auf Wiedergabe und Vervielfältigung, während es vor dem Computer kaum ein technisches Hilfsmittel der bildenden Kunst gab, das die freie Gestaltung erlaubte. Und in der Möglichkeit, auch bewegte Prozesse zu erfassen, eröffnet die Computerkunst eine neue Dimension der freien Gestaltung.

Die Kunst im Zeitalter der Medien läßt verschiedene Probleme in den Vordergrund treten, die bisher wenig beachtet wurden – eine Situation, die durch die Computerkunst noch verschärft wird. Allein dadurch, daß man nun Maschinen zur Anfertigung künstlerischer Bilder heranzieht, ergeben sich bestimmte Änderungen im Handel, in der Verbreitung, in den Ausdrucksformen. Vorgänge, die technisiert und automatisiert sind, bringen stets auch einen Trend zur Massenproduktion mit sich, eine Erscheinung, die sich auch bei der Computerkunst bemerkbar macht. Das liegt vor allem daran, daß ihre Methoden aus technischen Entwicklungen abgeleitet wurden, für die die Vervielfältigung ein selbstverständliches Erfordernis ist. Eine ungewohnte Situation entsteht nicht zuletzt dadurch, daß manche der neuen Techniken gar kein Original im üblichen Sinn mehr erbringen. Schon bei der Photographie ist das eigentliche Original ein Negativ und als solches nicht zur direkten Präsentation geeignet; vielmehr ist es die Vorform für eine beliebig oftmalige Vervielfältigung. Ähnliches gilt für die Preßformen von Schallplatten. Beim Computer rückt diese Phase noch weiter vor: der wesentliche Generierungsprozeß ist jener des Programms. Ein fertig ausgereiftes Computerprogramm schließt alle Möglichkeiten der Ausführung in sich ein. Als absolutes Novum kommt jedoch hinzu, daß künstlerische Programme oft Zufallselemente enthalten und somit gar keine eindeutige Beschreibung der späteren Realisation bedeuten; vielmehr betreffen sie eine Vielfalt möglicher Realisationen, die beliebig stark voneinander abweichen können.

Daraus ergibt sich eine Reihe von Fragen, die eher rechtliche und kommerzielle Fragen betreffen als ästhetische, nichtsdestoweniger aber auch relevant für die Praxis sind. Dazu gehört beispielsweise das Problem der gerechten Entlohnung für erbrachte künstlerische Leistungen. Solange Computergraphiken als Reproduktionen auf Papier, beispielsweise als Siebdrucke, in den Handel kommen und auf übliche Weise verkauft werden, ist das Problem noch nicht so prekär – hier kann der Computerkünstler auf übliche Weise einen Honoraranteil bekommen. Schwieriger ist es bei Realisationen, die über Magnetbänder vervielfältigt werden; sie können auf verschiedene Weise präsentiert oder genutzt werden, beispielsweise durch Kassettenverleih oder Ausstrahlung im Fernsehen. In diesem Fall werden ähnliche Maßnahmen zu treffen sein, wie sie heute etwa schon im Bereich der Musik und der Literatur üblich sind, und zwar die Verwaltung der Rechte durch Verwertungsgesellschaften.

Weitaus schwieriger aber ist die gerechte Entlohnung, wenn die künstlerische Idee in Form von Programmen verbreitet wird, insbesondere dann, wenn diese stochastische Elemente enthalten. In diesem Zusammenhang sei darauf hingewiesen, daß die rechtliche Situation, die durch den Einsatz der Maschine in der Kunst entsteht, schon Gegenstand einer eingehenden Untersuchung war – Max Kummer: *Das urheberrechtlich schützbare Werk*, Bern 1968. Von einer Klärung der rechtlichen Situation kann allerdings vorderhand noch keine Rede sein.

Weitaus schwerer allerdings wiegen jene Auswirkungen, die jede Art apparativer und insbesondere computerunterstützter ästhetischer Gestaltung im Raum der Kunst selbst nach sich zieht. Am auffälligsten ist vielleicht die Tatsache, daß der Einsatz des Computers den Benutzer der Notwendigkeit des Erlernens manueller Techniken und Routinen enthebt. Dadurch fällt jene enge Verbindung zwischen gestaltender Hand und Material weg, die von manchen Kunstexperten als wichtig angesehen wird. Der weiterhin erhobene Vorwurf, an die Stelle des kreativen Handelns würden jetzt maschinelle Routinen treten, wird allerdings kaum von jenen akzeptiert werden, die mit der Arbeit des Programmierens vertraut sind. Als Tatsache allerdings ist anzuerkennen – ob wünschenswert oder nicht –, daß sich der Akt künstlerischer Gestaltung vom Handwerklichen in die als geistig beschriebenen Bereiche verlagert.

Die Erleichterung künstlerischer Produktion, die der Computer mit sich bringt, macht eine auf Handarbeit festgelegte Ausbildung, wie sie in den Akademien bisher üblich war, hinfällig; der Weg zwischen der Idee und der Realisation führt nicht mehr

133 Einige Beispiele von Realisationen eines Programms, das von ▷ *Klaus Thomas für die IBM Deutschland für Demonstrationszwecke ausgearbeitet wurde. Durch Eintasten von acht Ziffern bestimmt der Zuschauer selbst die Reihenfolge, in der Reihen festgelegter Punkte miteinander verbunden werden; nach jedem Durchlauf erfolgt eine Drehung der Gesamtfigur, wodurch Überschneidungen veranlaßt werden*

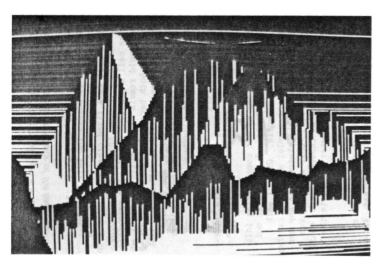

132 Finsteraarhorn (oben) *und* Silberhörner (unten), *Graphiken aus einem Mikrocomputer niedriger Auflösung von Peter Stampfli, Bettlach (Schweiz)*

über manuelle Hürden - viel schneller stellt sich heraus, ob der Benutzer des Computers über gestalterischen Ideenreichtum verfügt oder nicht. Die neue Situation schafft also die besten Voraussetzungen für eine Aktivierung künstlerischer Fähigkeiten; ebenso vergrößert sie aber auch die Chance, höhere Qualität zu erreichen. Dagegen stand allerdings lange Jahre hindurch die Tatsache, daß nur wenige - die Programmierer in den technischen und wirtschaftlichen Instituten - über das Medium, die Computergraphiksysteme, verfügten. Auf diese Weise schien sich die Gefahr, in die die moderne Kunst sowieso zu geraten droht, nämlich die einer Beschränkung auf elitäre Kreise, von einer anderen Richtung her neu zu ergeben. Das selbst für manche Fachleute unerwartete Aufkommen der Mikroprozessoren und Mikrocomputer - und damit die allgemeine Verfügbarkeit der „dezentralisierten Intelligenz" - hat allerdings eine völlig neue Lage geschaffen. Die Fortschritte der Halbleitertechnik, die Massenproduktion hochintegrierter Schaltelemente, von denen der Mikroprozessor ein bisheriger Höhepunkt ist, führte weiter zu einer erstaunlichen Verbilligung aller für die Datenverarbeitung bestimmten Geräte, und insbesondere ist es die Computergraphik, die diesem Umstand ihren enormen Aufschwung verdankt.

Selbstverständlich galt auch diese Entwicklung nicht der Verwendung in der Kunst, vielmehr ging es darum, Daten verschiedenster Art als Bilder darzustellen - die vielfachen Anwendungen dafür wurden beschrieben. Dieser leichte Zugriff zum graphischen Instrumentarium bringt aber einschneidende Veränderungen in unseren Verhaltensnormen mit sich - ähnlich wie das seinerzeit durch das Fernsehen geschah. Die Konsequenzen reichen von neuen Gewohnheiten der Informationsübermittlung bis in die Belange der Berufsausübung. Es ist denkbar, daß man sich in einigen Jahren nicht mehr in ein Büro begibt, sondern zuhause arbeitet, wo man über ein Datensichtgerät Zugang zu sämtlichen Arbeitseinrichtungen, aber auch Kontakt zu seinen Kollegen hat. Mit Hilfe solcher Einrichtungen ist es ebensogut möglich, Produkte und Programme der Computerkunst ins Haus zu holen - für graphische Spiele wie für Zwecke der Kunst.

Ähnlich entscheidende Wirkungen dürfte auch die neuerschlossene Dimension der bewegten Graphik haben, die ein Analogon zur Musik darstellt und eine ebenso eindrucksvolle Entwicklung

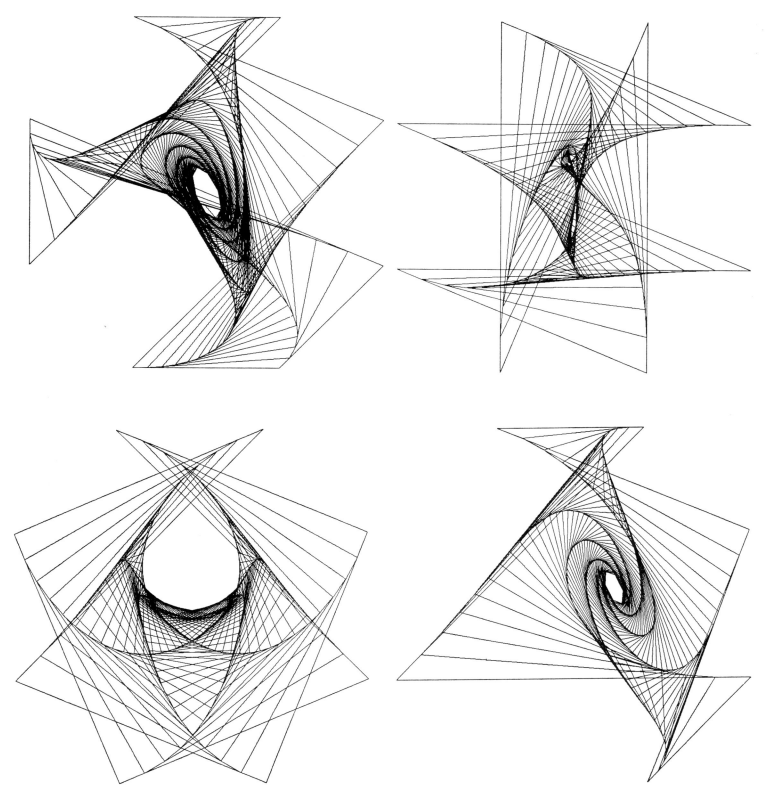

nehmen könnte wie diese. Auch von diesem Aspekt aus gesehen gibt es Konsequenzen, die von formalen Kategorien bis zu Rückwirkungen auf das Handeln und Denken der Menschen führen. So sind beispielsweise die herkömmlichen Kommunikationsstätten für die bildende Kunst, Museen und Galerien, in ihrer heutigen Form für die Präsentation dynamischer visueller Prozesse ungeeignet. Zentren für aktive und passive künstlerische Betätigung, die den neuen Erfordernissen angepaßt sind, müssen über die nötige elektronische Ausrüstung für Datenverarbeitung, optische und akustische Ausgabegeräte, Speichermöglichkeiten und dergleichen verfügen. Da diese nicht allein für den künstlerischen Gebrauch spezifisch sind, sondern allgemeinere Aktivitäten umfassen, beispielsweise jene der Bildung, der Unterhaltung, der Spiele, werden wahrscheinlich Institutionen entstehen, die, generell für kulturelle Zwecke eingerichtet, Gelegenheit zu vielseitiger kognitiver, explorativer und kreativer Betätigung bieten.

Gerade die elektronischen Medien aber führen zu anderen Kommunikationsformen, die der bisher üblichen Zentralisierung entgegenwirken. Datennetze, die beispielsweise das bestehende Telephonnetz mit einbeziehen, mit Terminals, zu denen insbesondere auch hoch auflösende Bildschirme gehören, könnten eine Art imaginäres Theater bilden, das die unverzögerte Übermittlung künstlerischer Information, beispielsweise computergraphischer Programme, ebenso erleichtert wie eine über das Telesystem erfolgende Teamarbeit. Vorläufer davon finden sich bereits bei den Benutzern von Heimcomputern, die Programme ebenso austauschen wie Disketten oder Videobänder.

Ein ganz wesentlicher Effekt, den allgemein verbreitete computergraphische Systeme mit sich bringen, ist die von ihnen ausgehende Herausforderung zur aktiven Beteiligung an künstlerischen Aktivitäten. Eine solche Entwicklung trägt allerdings sehr stark dazu bei, den althergebrachten Kunstbegriff zu relativieren. Schon 1969 schrieb Marc Adrian im Katalog der Ausstellung *Kunst und Computer* im Datenzentrum der Zentralsparkasse Wien: „Dieser Vorgang bringt notwendigerweise die Zerstörung des Nimbus, der Aura des Kunstwerks mit sich, und zwar sowohl als die geniale Einzelleistung handwerklicher Vollkommenheit, als die das Kunstwerk heute noch gesehen wird, wie auch als Repräsentationsgegenstand und Standardausweis für eine privilegierte Schicht. Hingegen tritt das Kunstwerk dann unverhüllt als das auf, was es heute nur sein kann: als Verbrauchsgegenstand zu intellektuellem Verbrauch in großen Mengen, vergleichbar dem Taschenbuch oder der Zeitung, die auch nach Verbrauch weitergegeben oder vernichtet werden." Daß sich mit solchen Veränderungen auch das Berufsbild des Künstlers ändert, braucht kaum detailliert beschrieben zu werden. Er wird künftig vor allem die Aufgabe eines ästhetischen Systemanalytikers haben, der nach ausgesuchten, zum Teil auch selbst beigesteuerten Regeln allgemeine Programme vorbereitet, deren Gebrauch zur Realisation von Einzelwerken oder -abläufen dann dem Publikum überlassen ist.

Schon mehrfach wurde erwähnt, daß es insbesondere die Möglichkeit dynamischer Graphik, des bewegten Spiels von Farben und Formen ist, das zur Entstehung einer völlig neuen Kunstform führen könnte. Das beste Vergleichsobjekt dafür ist die Musik, eine Kunstform, die sich schon seit Jahrtausenden auf physikalische Werkzeuge und Maschinen stützt. Bis zur Entwicklung der polyphonen westlichen Musik mit all ihren Varianten, in denen sich auch Einflüsse anderer kultureller Entwicklungen zeigen, war eine Zeit von rund zwei Jahrtausenden nötig. Im Vergleich dazu ist die Existenzspanne der frei gestalteten dynamischen Graphik erst kurz, für Qualitätsvergleiche dürfte die Zeit noch nicht reif sein. Doch das, was sich heute schon hier und da andeutet, läßt durchaus erwarten, daß sich hier eine künstlerische Entwicklung vollzieht, die allmählich zu einer ähnlich hochentwickelten und weitverbreiteten Kunstform reifen könnte.

Die mit der dynamischen Computergraphik einsetzende Entwicklung könnte aber auch noch in ganz andere Richtungen führen, beispielsweise zu unkonventionellen, nicht deterministischen Formen des Theaters. Voraussetzung dazu ist die in Film und Werbung bereits gebrauchte Methode der Realanimation, wie man sie auch für Simulationszwecke einsetzt. Neben technischen und wirtschaftlichen Anwendungen dieser Techniken wird auch jene auf dem Sektor der Computerspiele an Bedeutung gewinnen – mehr und mehr wird der Benutzer in eine simulierte Situation einbezogen werden, in der er bestimmte durch das Regulativ des Spiels vorgegebene Entscheidungen und Handlungen zu vollziehen hat – mit der Aussicht zu gewinnen oder zu verlieren. Die Praktiken dieser Art können aber auch in einer eher literarischen Weise genutzt werden, und zwar dadurch, daß der Benutzer – weitaus intensiver als das bisher für das Publikum epischer oder dramatischer Vorführungen galt – in die Handlung einbezogen wird. An die Stelle der Theatertexte oder Drehbücher würden dann Programme treten, die verschiedenste Varianten des Geschehens offenlassen, über die der Benutzer durch eigene Entscheidungen verfügt. Bezieht man auch Zufallsgeneratoren in diese dramatischen Simulationsspiele mit ein, dann ergeben sich daraus Handlungsabläufe, die niemand, nicht einmal der Autor/Programmierer, voraussehen kann. Georg Nees, der sich eingehend mit der Zukunftsvision eines „Erlebnistheaters" beschäftigt hat, stellte sogar allgemeine Überlegungen zu der Art und Weise des dafür notwendigen Programmierens an.

Für Darbietungen dieser Art eignen sich allerdings unsere heutigen Ausgabegeräte nur beschränkt; manche Anordnungen, wie man sie in Spielhallen antrifft, deuten jedoch an, in welche Richtung die Entwicklung gehen könnte. Im Gegensatz zu den Spezialgeräten des Spielsektors dürften im Bereich der Kunst eher allgemeiner verwendbare Ausstattungen zu erwarten sein. Ein erster Schritt dazu wäre die Großprojektion, später auch der Einsatz von Rundhorizonten und Projektionskuppeln. Neben der üblichen akustischen Ergänzung durch polyphone Lautsprechersysteme werden voraussichtlich – nach dem Vorbild des Simulationsanlagen für die Pilotenausbildung – auch andere Applikationsarten zur Anwendung kommen, beispielsweise Vibrationsanlagen, Duftorgeln und dergleichen mehr. Einrichtungen dieser Art lassen sich natürlich nicht nur für gegenständliche Handlungen anwenden, sondern auch für abstrakte Darbietungen – im Sinne der heutigen Multi-Media-Präsentationen wären Einwirkungen auf das Publikum denkbar, die alle seine Sinne völlig in den Bann ziehen.

Mit Andeutungen dieser Art sind die Möglichkeiten, die die Computerkunst bietet, sicher längst nicht erschöpft – zweifellos wird es auch unerwartete Anwendungen geben, und das macht nicht den geringsten Teil des Reizes aus, der von ihr ausgeht. Aber auch in den heute praktizierten Arten hat sie eine bemerkenswerte Unruhe in die Praxis und Theorie des Kunstbetriebs gebracht. Man beginnt die Fragen nach den Möglichkeiten neuer apparativer Techniken, nach der Bewertung des Kreativen, nach Ausdruck und Schönheit neu zu stellen. Gegenüber der dadurch in unsere Gesellschaft gebrachten Innovation erscheint es sekundär, ob man die Ergebnisse freier Gestaltung mit Hilfe des Computers als echte Kunstform anerkennt oder nicht. Tatsache bleibt, daß sie die Wechselwirkung zwischen Kunst, Technik und Wissenschaft verdeutlicht hat wie kein Medium zuvor. Das ist für heute schon Gewinn genug – und eine Herausforderung für morgen.

Literatur

Allgemeines/Übersichten

Adrian Marc, Computer Texts. In: Cybernetic Serendipity, p 53

Alsleben Kurd, Ästhetische Redundanz, Quickborn 1962

Alexanco LJ, Génération automatique d'un processus de transformation de formes tridimensionelles. In: L'ordinateur et la créativité, p 117

Appel A, Some Techniques for Shading Machine Renderings of Solids. In: AFIPS, Fall Joint Computer Conference Proceedings, Vol 33, 1968, p 37

Baldeweg J. Navarro, Architecture informatique. In: L'ordinateur et la créativité, p 41

Balestrini Nanni, Tape Mark 1. In: Cybernetic Serendipity, p 55

Ballard Dana H and Christopher M Brown, Computer Vision, Englewood Cliffs, NJ 1983

Barbadillo Manuel, Matière et vie. In: L'ordinateur et la créativité, p 57

Baudot Jean A, Automatic Sentence Generation. In: Cybernetic Serendipity, p 58

Bense Max, Aesthetica. Vol 1-4, Stuttgart/Krefeld/Baden-Baden 1954-1960
- Ästhetik und Programmierung. In: IBM News, no 180, 1966
- Einführung in die informationstheoretische Ästhetik, Reinbek 1969
- Projekte generativer Ästhetik. In: rot, no 19, 1965

Berkeley EC, Computer Art: Turning Point. In: Computers and Automation, Vol 16, 1967, no 8, p 7

Berlyne DE, Aesthetic Behaviour and Exploratory Behaviour. In: Proceedings, 5th International Congress of Aesthetics, Amsterdam 1964
- Measures of Aesthetic Preference. In: Proceedings. First International Congress on Experimental Aesthetics, Paris 1965

Bernholtz A and E Bierstone, Computer-Augmented Design. In: Design Quarterly, 1966/67

Birkhoff GD, A Mathematical Theory of Aesthetics. In: The Rice Institute Pamphlet, Vol 19, 1932
- Aesthetic Measure. Cambridge, Mass, 1933

Bodack Karl-Dieter, Modell zur Beurteilung der ästhetischen Realität technischer Produkte. Diplomarbeit, Technische Hochschule Stuttgart, 1966

Camarero Ernesto García, L'ordinateur et la créativité. In: L'ordinateur et la créativité, p 5

Ceccato S, Cibernetica e Arte. In: D'Ars Agency. Vol 4, 1963

Cheng GC, Ledley RS, Pollock DK, Rosenfeld A (ed), Pictorial Pattern Recognition, Washington 1968

Citron Jack P, Computer Assisted Movie Production. In: Los Angeles Scientific Center. IBM Data Processing Division. Publication 320-2624, Juli 1966
- MUSPEC. In Los Angeles Scientific Center. IBM Data Processing Division. Publication 320-2623, Juni 1967
- An Algorithm for Curve Generation. In: Los Angeles Scientific Center. IBM Data Processing Division. Publication 320-2625, Juli 1968
- and John H Whitney, CAMP - Computer Assisted Movie Production. In: AFIPS, Fall Joint Computer Conference Proceedings, Vol 33, 1968, p 1299

Cohen John, Menschliche Roboter und Computer-Kunst. Vortrag zur Ausstellung 'Computer-Kunst' im Kubus, Hanover 1969

Computer Art: Ergebnisse einer Umfrage. In: magazin KUNST, no 39, 1970, p 1902

Coons Steven A, Computer-Aided Design. In: Design Quarterly, 1966/67
- The Uses of Computers in Technology. In: Scientific American, Sept. 1966, p 177

Cordeiro Waldemar and Giorgio Moscati, Derivadas de uma imagem, 1969. Transformação em grau 0, 1, 2, e 3, mediante derivadas máte-maticas. Computator IBM 360/44 da U.S.P. In: Diario de S Paulo. Journal de Domingo, São Paulo, 15.3. 1970

Cousins N, The Computer and the Poet. In: 'Pylyshyn, Perspectives on the Computer Revolution', pp 499-500, Englewood Cliffs 1970

Csuri Charles and James Shaffer, Art, Computers and Mathematics. In: AFIPS, Fall Joint Computer Conference Proceedings, Vol 33, 1968, p 1293

Cube F von, Die Redundanztheorie des Lernens und ihre Anwendung bei Lehrmaschinen. In: Lehrmaschinen in kybernetischer und pädagogischer Sicht, Vol 1, München 1963
- Entwurf eines Lernmodells auf der Basis der Informationstheorie. In: Grundlagenstudien aus Kybernetik und Geisteswissenschaft, no 2, 1962

Dandrel Louis, Les compositions 'inhumaines' par ordinateur. In: Le Monde, 13.2. 1970 (Supplément au numero 7803)

Digital Plotting Newsletter, Magazine of the firm of California Computer Products Inc. (CalComp). All volumes

Di Leonardo DJ, Isometric View of Neutron Distribution. In: Cybernetic Serendipity, p 98

Donow Herbert S, Concordance and Stylistic Analysis of Six Elizabethan Sonnet Sequences. In: Computers and the Humanities, Vol 3, no 4, 1969, p 205

Efland Arthur, An Interview with Charles Csuri. In: Cybernetic Serendipity, p 81

Encarnação José Luis, Computer Graphics, München, Wien 1975

Encarnação José Luis and Ernst G Schlechtendahl, Computer Aided Design, Heidelberg Berlin New York Tokyo 1983

Fetter William A, Computer Graphics in Communication, New York 1966

Finkle Ivan L, Recording Lissajous Figures. In: Science, Vol 148, no 3677, 1965, p 1541
- Recording Lissajous Figures, Publication of the firm of Rand Corporation, P-3003. Santa Monica, California 1964

Frank Helmar, Grundlagenprobleme der Informationsästhetik und erste Anwendung auf die mime pure. Dissertation, Technische Hochschule Stuttgart, 1959
- Informationspsychologie und Nachrichtentechnik. In: Nerve, Brain and Memory Models, Amsterdam 1963
- (ed), Kybernetik, Frankfurt 1970
- Kybernetik und kybernetische Technik: Signal und Zeichen, Informationen und Codierungen. In: Kybernetische Maschinen, Frankfurt 1964
- Kybernetik und Philosophie, Berlin 1969
- Kybernetik - Wesen und Wertung. In: Kybernetik und Organisation, Quickborn 1962
- Kybernetische Analysen subjektiver Sachverhalte, Quickborn 1962
- Kybernetische Grundlagen der Pädagogik, Baden-Baden 1962

- Über das Verhältnis zwischen kybernetischen und philosophisch-geisteswissenschaftlichen Disziplinen. In: Grundlagenstudien aus Kybernetik und Geisteswissenschaft, Vol 6, 1965, no 2, p 45
- Über die Kapazität der menschlichen Sinnesorgane. In: Grundlagenstudien aus Kybernetik und Geisteswissenschaft, Vol 1, 1960, no 5, p 145
- Über einen abstrakten Perzeptionsbegriff. In: Grundlagenstudien aus Kybernetik und Geisteswissenschaft, Vol 2, 1961, no 3, p 86
- Über grundlegende Sätze der Informationspsychologie. In: Grundlagenstudien aus Kybernetik und Geisteswissenschaft, Vol 1, 1960, no 1, p 25
- Zum Problem des vorbewußten Gedächtnisses. In: Grundlagenstudien aus Kybernetik und Geisteswissenschaft, Vol 2, 1961, no 1, p 17
- Zur Mathematisierbarkeit des Ordnungsbegriffes. In: Grundlagenstudien aus Kybernetik und Geisteswissenschaft, Vol 2, 1961, no 2, p 33

Franke Herbert W, Die kybernetische Ästhetik als Voraussetzung für die Herstellung von Computerkunst. In: Konferenzbericht 'Der Computer in der Universität', Berlin 1968, p 53
- Die kybernetischen Grundlagen der programmierten Kunst. In: bit international, Zagreb 1968, no 2, p 9
- Einige Bemerkungen zur neuen Situation der Kunst. In: Konferenzbericht 'Der Computer in der Universität', Berlin 1968, p 108
- Ein kybernetisches Modell der Kreativität. In: Grundlagenstudien aus Kybernetik und Geisteswissenschaft, Vol 9, 1968, no 3, p 85
- Ein Regelsystem für Wahrnehmungsprozesse. In: Grundlagenstudien aus Kybernetik und Geisteswissenschaft, Vol 10, 1969, no 2, p 43
- Grundriß einer kybernetischen Ästhetik. In: Information und Kommunikation. Referate und Berichte der 23. Internat. Hochschulwochen, Alpbach 1967. München, Wien 1968, p 137
- Kunst und Konstruktion, München 1957
- and Gottfried Jäger, Apparative Kunst, Köln 1973

Fucks Wilhelm, Mathematische Analyse von Werken der Sprache und der Musik. In: Physikalische Blätter, no 9, 1960, p 452
- Mathematische Musikanalyse und Randomfolgen. In: Gravesaner Blätter, nos 23/24, 1962
- Nach allen Regeln der Kunst, Stuttgart 1968
- Über mathematische Musikanalyse. In: Nachrichtentechnische Zeitschrift, no 1, 1964, p 41
- Unterschied des Prosastils von Dichtern und anderen Schriftstellern. In: Sprachform, nos 3/4, 1955, p 234

Glusberg Jorge, Art and Cybernetics. In: CAYC, p 4

Greenburg Donald, Marcus Aaron, Schmidt Allan H and Gorter Vernon, The Computer Image, Reading, MA 1982

Gunzenhäuser Rul, Zur Synthese von Texten mit Hilfe programmgesteuerter Ziffernrechenanlagen. In: MTW, Vol 10, 1963, p 4

Halas John (ed), Computer Animation, London, New York 1974

Hales Wayne B, Recording Lissajous Figures. In: J Accoust Soc Am, Vol 16, 1945, p 137

Harmon Leon D and Kenneth C. Knowlton, Computer Generated Pictures. In: Cybernetic Serendipity, p 86
- and Kenneth C Knowlton, Picture Processing by Computer. In: Science, Vol 164, 1969, no 3875, p 19

Hayashi Hideyuki and Sheila Duncan, Susuma Kuno, Graphical Input-Output of Non-Standard Characters. In: Communication of the ACM, Vol 11, 1968, p 613

Hazeltine JL, The Computer and the Artist. In: Utah Architect, 1966

Heidsieck Arnold, 'Filmsprachen' für den Computer. In: Sprache im technischen Zeitalter, no 27, 1968, p 252

Hermes H, Die Rolle der Wahrscheinlichkeit im Lernprozeß. In: Lernende Automaten, München 1961

Hyde Gordon, A New Sort of Computer. In: PAGE 11, London 1970

Jarnagin William Spencer, The Colourful World of Cybernetic Art. In: Science Journal, September 1969, p 32

Johnson TE, Sketchpad III, Three-Dimensional Graphical Communication with a Digital Computer. In: Spring Joint Computer Conference, 1963

Kawano Hiroshi, The Aesthetic for Computer Art. In: bit international, Zagreb 1968, no 2, p 19

Knowles Alison and James Tenney, A Sheet from 'The House', a Computer Poem. In: Cybernetic Serendipity, p 56

Knowlton Kenneth C, Computer Animated Movies. In: Cybernetic Serendipity, p 67
- Computer-Produced Movies. In: Science, Vol 150, 1965, p 1116
- Computer Technique for Producing Animated Movies. In: AFIPS, Fall Joint Computer Conference Proceedings, Vol 25, 1964, p 67

Krampen Martin, Computer für Kunst und visuelle Kommunikation. In: Format 1967, no 11
- Computer im Design. In: Exakte Ästhetik, 1967, no 5, p 38
- Computers and the Future of the Design Environment. In: Print, Vol 20, 1966
- The Designer and the Computer. In: Print, Vol 20, 1966

Kummer Max, Das urheberrechtlich schützbare Werk, Bern 1968

Lahr J, Computer Graphics at Fortune. In: Print, Vol 20, 1966

Lamont Austin, A Discussion with John Whitney. In: Film Comment, Vol 6, 1970, no 3, p 34
- An Interview with John Whitney. In: Film Comment, Vol 6, 1970, no 3, p 28

Land Richard I, Computer Art: Color-Stereo Displays. In: Leonardo, Vol 2, 1969, p 335

Langdale Sharry, The Sixth Annual Computer Art Contest of Computers and Automation. In: Computers and Automation, Vol 17, 1968, no 8, p 8

Lansdown John R, The Use of Computers in Art; A Review of Demands on Graphic Facilities. In: International Symposium Computer Graphics. Brunel University 1970, p 71

Laposky Ben F, Oscillons: Electronic Abstractions. In: Leonardo, Vol 2, 1969, p 345

Leed J, The Computer and Literary Style, Kent, Ohio 1966

Levin SR, On Automatic Production of Poetic Sequences. In: The University of Texas Studies in Literature and Language, Vol 5, 1963

Liebermann Henry R, Art and Science Proclaim Alliance in Avant-Garde Loft. In: The New York Times, 11.10. 1967, p 49

Limbeck Lothar and Reiner H Schneeberger, Computergrafik, München 1979

Lindsay KC, Art History and the Computer. In: Computers and the Humanities, November 1966

Lolers PA and M Eden (ed), Recognizing Patterns: Studies in Living and Automatic Systems, Cambridge, Mass, 1969

Lourie JR, The Textile Designer of the Future Will Find New Freedom in the Use of Computers. In: Handweaver and Craftsman, 1966, p 8

Loutrel P, A Solution to the 'Hidden Line' Problem for the Computer-Drawn Polyhedra. Techn. Rep. no 400-167 of the Dept. of Electrical Engineering, New York University 1967

Lutz T, Stochastische Texte. In: Augenblick, Vol 4, 1959, no 1, p 3
- Über ein Programm zur Erzeugung stochastisch-logistischer Texte. In: Grundlagenstudien aus Kybernetik und Geisteswissenschaft, Vol 1, 1960, no 1, p 11

Malina Frank J (ed), Visual Art, Mathematics and Computers, Oxford New York Toronto Sydney Paris Frankfurt 1979

Manheim ML, The Role of the Computer in the Design Process. In: Building Research, 1966

Mann RW, The Design Process and the Computer. In: IFIP, Vol 2, 1965

Markoff AA, Essai d'une recherche statistique sur le text du roman 'Eugène Onéguine' illustrant la liaison des épreuves en chaine. In: Bull Acad imper Sci, Vol 7, St Petersburg 1913

McCartan Edward F, Creativity, Computers and Copyright. In: Computers and the Humanities, Vol 3, 1969, no 4, p 193

McGovern Patrick J, Robot Becomes Popular

Greenwich Village Artist. In: Computers and Automation, Vol 11, 1962, no 9, p 6

Mendoza E, Computer Texts or High-Entropy Essays. In: Cybernetic Serendipity, p 58

Metzger Gustav, Five Screens with Computer. In: Cybernetic Serendipity, p 31
- Five Screens with Computer: Computer Graphic Aspects of a Sculpture Project. In: International Symposium Computer Graphics 70. Brunel University 1970, p 267

Mezei Leslie, Artistic Design by Computer. In: Computers and Automation, Vol 13, 1964, p 12
- Canadian Graphics Conference: Report on the University of Waterloo's Design Conference on Computer Graphics. In: Datamation, Vol 12, 1966
- Computer Art: A Bibliography. In: Computer Studies in the Humanities and Verbal Behaviour, Vol 1, 1968, no 1, p 48
- Computer Art. In: artscanada, Vol 25, 1968
- Notes on the Computer and the Arts. In: Computers and Automation, Vol 15, 1966, no 5, p 8
- Review of Michael A. Noll's 'The Digital Computer as a Creative Medium'. In: Computing Reviews, Vol 9, 1968, p 128
- SPARTA. A Procedure Oriented Programming Language for the Manipulation of Arbitrary Line Drawings. In: Proceedings of the IFIP Congress, 1968. Software 2, Vol C, p 96; bit international, Zagreb, 1968, no 2, p 81
- The Electronic Computer: A New Tool for the Artist. In: Arts, Vol 14, 1967
- Trends, Prospects and the Future in Computer Assisted Insight. In: Special Interest Committee on Artificial Intelligence of ACM Newsletter, no 9, 1968, p 19
- and Arnold Rockman, The Electronic Computer as an Artist. In: Canadian Art, Vol 11, 1964, no 6, p 365

Milic LT, Making Haste Slowly in Literary Computation. In: Bowles EA, 'Computers in Humanistic Research', pp 143-152, Englewood Cliffs 1967

Milojević Petar, Some Thoughts on the Art/Computer Relationship. In: Magazine of the Institute of Contemporary Arts, London, no 6, 1968, p 16
- Dynamic Design. In: bit international, Zagreb, 1968, no 2, p 95

Mitchell RK, Computer Art. In: New Scientist, September 1963

Moe Ole Henrik, Computer Art. In: Prisma (Norway), Vol 3, 1970, p 3

Moles Abraham A, Informationstheorie in der Kunst. Hochschule der Bildenden Künste, Düsseldorf 1965
- Kunst und Maschinen. Hochschule der Bildenden Künste, Düsseldorf 1965
- Manifeste d'Art Permutationnel. In: rot, Vol 8, 1965
- Peut-il encore y avoir des œuvres d'art? In: bit international, Zagreb 1968, no 1, p 61
- Théorie de l'information et perception esthétique, Paris 1958
- Über die Verwendung von Rechenanlagen in der Kunst. In: Exakte Ästhetik, 1967, no 5, p 16
- Über konstruktionelle und instrumentelle Komplexität. In: Grundlagenstudien aus Kybernetik und Geisteswissenschaft, Vol 1, 1960, no 2, p 33
- Kunst und Computer, Köln 1973

Morgan Edwin, Note on Simulated Computer Poems. In: Cybernetic Serendipity, p 57

Moses Joel, Der Computer als mathematischer Assistent. In: Konferenzbericht 'Der Computer in der Universität', Berlin 1968, p 74

Mott-Smith John C, The Luminous Art of the Computer. In: Life Magazine, 8.11.1968

Mueller Robert E, The Science of Art: The Cybernetics of Creative Communication, New York 1967

Muljević Vladimir, What are the Points of Contact between Computer and Artist? In: bit international, Zagreb 1968, no 3, p 59

Nake Frieder, Die Kunstproduktion als Entscheidungsprozeß. In: bit international, Zagreb 1968, no 2, p 45
- Erzeugung ästhetischer Objekte mit der Rechenanlage. In: Rul Gunzenhäuser, Behandlung nichtnumerischer Probleme mit Hilfe digitaler Rechenanlagen, Wien 1968, p 456
- Herstellung von zeichnerischen Darstellungen, Tonfolgen und Texten mit elektronischen Rechenanlagen. Deutsches Rechenzentrum Darmstadt
- Informations-Ästhetik und Computergraphik. In: Umschau in Wissenschaft und Technik, 1968, no 6, p 177
- Teamwork zwischen Künstler und Computer. In: Format, no 11, 1967, p 38
- Notes on the Programming of Computer Graphics. In: Cybernetic Serendipity, p 77
- Wie ein Computer ein Bild errechnet. In: Stuttgarter Zeitung, 24.4.1968, p 92
- Ästhetik als Informationsverarbeitung, Wien New York 1974

Nash K and RH Williams, Computer Program for Artists: ART 1. In: Leonardo, Vol 3, 1970, p 439

Nees Georg, Vom Bit zur dritten Dimension. In: Data Report 4, no 1, 1969

Nelson TH, Computer Indexed Film Handling. Society of Motion Picture and Television Engineers, 98th Technical Conference 1965

Noll A Michael, Art and the Computer. In: Bell Telephone Laboratories Report
- The Digital Computer as a Creative Medium. In: Pylyshyn Z, 'Perspectives on the Computer Revolution', pp 349-358, Englewood Cliffs 1970
- Choreography and Computers. In: Dance Magazine, January 1967
- Computer Animation and the Fourth Dimension. In: AFIPS, Fall Joint Computer Conference Proceedings, Vol 33, 1958, p 1279
- Computer Generated Three-Dimensional Movies. In: Computers and Automation, Vol 14, 1965, no 11, p 20
- Stereograhic Projections by Digital Computer. In: Computers and Automation, Vol 14, 1965, no 5, p 32
- The Digital Computer as a Creative Medium. In: IEEE Spectrum, Vol 4, 1967, no 10

Oettinger Anthony G, The Uses of Computers in Science. In: Scientific American, September 1966, p 161

Parrish SM, Computers and the Muse of Literature. In: Bowles EA, 'Computers in Humanistic Research', pp 124-133, Englewood Cliffs 1967

Parslow R and M Pitteway, Computart Panelling. In: Cybernetic Serendipity, p 90

Pfeiffer Günter, Exakte Kunstkritik. Zur Informationsästhetik von Max Bense und Herbert W. Franke. In: magazin KUNST, no 34, 1969
- Kunst und Computer. In: magazin KUNST, no 39, 1970, p 1883
- Programmierung des Schönen. In: Frankfurter Allgemeine Zeitung, 3.11.1969

Pierce JR, The Arts. In: Taviss I, 'The Computer Impact', Englewood Cliffs 1970

Pollock DK, Raddock B, Stevens ME (ed), Optical Character Recognition, Washington 1962

de Prada-Poole JM, Actions gravitatoires dans la composition. In: L'ordinateur et la créativité
- Introduction à l'esthétométrie hypothétique. In: L'ordinateur et la créativité

Prince MD, Interactive Graphics for Computer Aided Design, Reading, MA 1971

Puckett HR, Computer Method for Perspective Drawing. In: Journal of Spacecraft and Rockets, Vol 1, 1964

Quejido M, Génération d'un champ de structures concréto-cinétiques planes. In: L'ordinateur et la créativité, p 105

Rase L, Computerkunst - Ein Teil der konstruktiven Kunst. Vortrag im Haus der Technik, Essen, 2.4.1970
- Computer und Kunst. In: Elektronische Datenverarbeitung, Vol 12, 1970, no 9, p 390
- Konstruieren mit Hilfe des Computers. In: Deutsche Bauzeitung, 1970, no 10, p 848

Reichardt Jasia, Computer Art. In: Cybernetic Serendipity, p 70
- Computer Art. In: CAYC, p 10
- Cybernetics, Art and Ideas, London 1971
- The Computer in Art, London 1971

Resch RD, Experimental Structures. In: Secrest D and J Nievergelt, Concepts in Computer Graphics, New York Amsterdam 1968

Robbins Donald K and Leigh Hendricks, Bugs and Patterns. In: Cybernetic Serendipity, p 80

Rockmann Arnold and Leslie Mezei, The Electronic Computer as an Artist. In: Canadian Art, Vol 11, 1964, no 6, p 365

Ronge Hans (ed), Kunst und Kybernetik, Köln 1968

Scheffler Peter, Ordnung ist unvermeidlich. In: Pyramide, no 4, 1959

Schmitt Alfred, Graphik vom computergesteuerten Bildschirm. In: Umschau 1970, no 1, p 15

Schmitt Sam, Cubic Interpolations. In: Cybernetic Serendipity, p 97

Schrage Dieter, Der Computer als künstlicher Künstler. In: Summa, no 4, 1969, p 55

Schroeder Manfred R, Grafik aus dem Computer – Kunst oder Wissenschaft? In: Kulturstadt Göttingen, 25. 9. 1970, p 3

- Images from Computers. In: bit international, Zagreb 1968, no 2, p 63

Secrest D and J Nievergelt (ed), Concepts in Computer Graphics, 1967 University of Illinois Conference. New York Amsterdam 1968

Segui de la Rive J, Composition automatique d'espaces architectoniques. In: L'ordinateur et la créativité, p 13

Seitz Peter, Design and the Computer. In: Design Quarterly 1966/67

Shulman Arnold Roy, Optical Data Processing, New York, London 1970

Siders RA et al., Computer Graphics – A Revolution in Design. American Management Association, 1966

Simmat E William, Kunst aus dem Computer. In: Exakte Ästhetik, no 5, 1967

Sinden FW, Computer-Made Motion Pictures. In: Bell Telephone Laboratories Report

Skinner Frank D, Computer Graphics – Where Are We? In: Datamation, May 1966

Stachowiak H, Denken und Erkennen im Kybernetischen Modell, Wien 1965

Stickel Gerhard, Automatische Textzerlegung unter Registerherstellung. In: Programm-Information PI-11. Deutsches Rechenzentrum Darmstadt, 1964

- Computer-Dichtung – zur Ergänzung von Texten mit Hilfe von datenverarbeitenden Anlagen. In: Der Deutschunterricht, Vol 18, 1966, no 2, p 120
- Monte-Carlo-Texte. Automatische Manipulation von sprachlichen Einheiten. In: Programm-Information PI-21. Deutsches Rechenzentrum Darmstadt, 1966

Stiegler Josef Hermann, Transmutation. In: alte und moderne kunst, no 109, 1970, p 39

Stucki P, Generation of Grey by Computer for Simulation of Visual Information Systems. In: IEEE Transaction on Computers, July 1969, p 642

Sumner Lloyd, Computer and Human Response, Charlottenville, Va 1968

Sutherland Ivan E, Computer Inputs and Outputs. In: Scientific American, Vol 215, no 3, September 1966, p 86

- Computer Displays. In: Scientific American, Vol 222, 1970, p 57

tendencija 4, Galerija suvremene umjetnosti. Zagreb, August 1968. In: bit international, Zagreb 1968, no 1, p 101

Thie Joseph A, Computers in the Arts. In: Computers and Automation, Vol 10, 1961, no 9, p 23

Thompson Michael, Questions for a 'Proper Mathematician', p 16, London 1971

Valoch Jiři, Computer als Schöpfer oder Werkzeug. In: bit international, Zagreb 1968, no 3, p 91

Warnock JE, A Hidden Line Algorithm for Halftone Picture Representation. In: Tech Rep no 4–5, Computer Science Dept Univ of Utah, Salt Lake City 1968

Watanabe Satosi (ed), Methodologies of Pattern Recognition, New York 1969

Weeks John, Indeterminate Dimensions in Architecture. In: Cybernetic Serendipity, p 69

Weiner D and SE Anderson, A Computer Animation Movie Language for Educational Motion Pictures. In: AFIPS, Fall Joint Computer Conference Proceedings, Vol 33, 1968, p 1317

Whitney John, Permutations. In: Cybernetic Serendipity, p 65

- Digital Harmony – On the Complementary of Music and Visual Art, New York 1980

Winkless Nels and Paul Honore. What Good is a Baby? In: AFIPS, Fall Joint Computer Conference Proceedings, Vol 33, 1968, p 1307

Worsley Beatrice H, Is it Art? In: Quarterly Bulletin of the Canadian Information Processing Society, Vol 8, 1968, p 4

Youngblood Gene, Expanded Cinema, New York 1970

Yturralde José María, Exemple d'une application méthodologique à la suite d'un travail sur les structures géométriques. In: L'ordinateur et la créativité, p 127

Zajac EE, Computer Animation: A New Scientific and Educational Tool. In: Society of Motion Pictures and Television Engineers Report, November 1965, p 1006

- Computer-Made Perspective Movies as a Scientific and Communication Tool. In: Communications of ACM, Vol 7, 1964, p 169
- Computers and Creativity. In: Architecture and the Computer. First Boston Architectural Conference, 1964
- Film Animation by Computer. In: New Scientist, Vol 29, 1966, p 346

Zajec Edvard, Informatrix, Triest 1979

Musik

Barbaud Pierre, Initiation à la composition musicale automatique, Dunod, Paris 1966

Beauchamp JW, Electronic Instrumentation for the Synthesis, Control and Analysis of Harmonic Musical Tones. Doctoral Thesis, Univ of Illinois, Urbana, 1965, Chapter 5

Brook B and J Berling, Writings on the Uses of Computers in Music. College Music I, 143, 1967

Brooks FP Jr, Hopkins AL Jr, Neumann PG, Wright WV, An Experiment in Musical Composition. IRE Transactions on Electronic Computers. In: EC, Vol 6, 1957

Brün Herbert, Über Musik zum Computer, Karlsruhe 1971

Chamberlin Hal, Musical Application of Microprocessors, Rochelle Park, NJ 1980

Cohen JE, Information Theory and Music. Behavioral Science, 7, 137, 1962

Cohen John, Componeereende Computers. In: Bull Berichte, no 12, 1964, p 14

Divilbiss JL, The Real-Time Generation of Music with a Digital Computer. J Music Theory, 18, 99, 1964

The First Ballad to Be Composed by a Computer. International Musician, 55, 21, 1956

Foerster H von, Music by Computers (includes four records), New York 1969

Gill S, A Technique for the Composition of Music in a Computer. In: The Computer Journal, July 1963

Grossmann GR and JW Beauchamp, A Provisional Sound Generation Program for the ILLIAC II Computer and D/A Converter. University of Illinois Experimental Music Studio Technical Report no 14, Urbana, 1966

Heckmann H, Elektronische Datenverarbeitung in Musikdokumentation und Musikwissenschaft. In: Heckmann H, Elektronische Datenverarbeitung in der Musikwissenschaft, Regensburg 1967, p 7

Heike G, Informationstheorie und musikalische Komposition. Melos, 28, 269, 1961

Hijman Julius, Elektronisch componeeren? In: Mens en Melodie, 1961, p 141

Hiller LA Jr, Computer Music. In: Scientific American, no 12, 1959

- Informationstheorie und Computermusik. In: Darmstädter Gespräch, 1960
- and RA Baker, Computer-Kantate 1963. In: Darmstädter Beiträge zur neuen Musik, 1963
- and LM Isaacson, Computer Cantata: A Study in Compositional Method. In: Perspectives of New Music, Vol 13, 1964, no 1
- and LM Isaacson, Experimental Music: Composition with an Electronic Computer, New York 1959
- and LM Isaacson, ILLIAC Suite for String Quartet. In: New Music, Vol 30, 1957

- and A Real, Revised Musicomp Manual. University of Illinois Press, 1966
- Programming a Computer for Musical Composition, in G Lekoff (ed), Papers from the West Virginia University Conference on Computer Applications in Music, pp 63-89, Morgantown, 1967
- and RA Baker, Computer Cantata: An Investigation of Compositional Procedure, Perspectives of New Music, 3, 62, 1964
- and RA Baker, Computer Music. In: Borko, 'Computer Applications in the Behavioral Sciences', Chapter 18, Englewood Cliffs 1962

Howe Jr and S Hubert, Electronic Music Synthesis, New York 1975

Koenig Gottfried M, Protocol. Sonological Reports, no 4, Utrecht, Holland 1979

Kupper H, Computer und musikalische Kompositionen. In: elektronische datenverarbeitung, 1969, no 10, p 492
- Computer und Musikwissenschaft. In: IBM Nachrichten, no 180, 1966
- and H Görges, Computer als Komponist und Lehrer. Fernsehsendung, 29 März 1967
- and H Görges, Computer und Musik. In: Exakte Ästhetik, 1967, no 15, p 49

Lachartre Nicole, Les Musiques Artificielles. In: Diagrammes du Monde, no 146, 1969, p 3

Larue J, Two Problems in Musical Analysis: The Computer Lends a Hand. In: Bowles EA, 'Computers in Humanistic Research', pp 194-203, Englewood Cliffs 1967

Leavitt Ruth (ed), Artist and Computer, New York, NY 1976

Lincoln HB (ed), The Computer and Music, Ithaca 1970

Mathews Max V, The Digital Computer as a Musical Instrument. In: Science, Vol 142, no 3592, 1963, p 553
- A Graphical Language for Composing and Playing Sounds and Music. 31st Conv. of the Audio Engineering Society 1966. Print No 477
- and Ben Deutschman, Music from Mathematics - Played by IBM 7090 Computer and Digital to Sound Transducer. In: Programm-Information PI-21, Deutsches Rechenzentrum Darmstadt, 1966, p 35
- An Acoustic Compiler for Music and Psychological Stimuli. Bell System Tech J 40, 677-694, 1961
- et al., Computer Study of Violin Tones. Bell Telephone Laboratories Report, Murray Hill, NJ 1966
- and JA Miller, Music IV Programmers Manual. Bell Telephone Laboratories Report, Murray Hill, NJ (unveröffentlicht)
- and JA Miller, Pitch Quantizing for Computer Music. J Acoust Soc Am 38, 913 (A), 1965
- The Technology of Computer Music. Cambridge, Mass, 1969

Moles AA, La Musique Algorithmique, Première musique calculée. Revue du son, 93, 28, 1961
- Musiques experimentales, Paris 1960

Neumann PG und H Schappert, Komponieren mit elektronischen Rechenautomaten. In: Nachrichtentechnische Zeitschrift, no 12, 1959

Padberg Mother HA, Computer Composed Canon and Free Fugue. Unpublished Doctoral Dissertation, St. Louis

Pape U, Ein Verfahren zur Verschlüsselung und Symbolisierung von Kompositionen im Hinblick auf eine Musikanlage mit ADV-Anlagen. In: elektronische datenverarbeitung. 1969, no 7, p 342

Papworth DA, Computers and Change Ringing. The Computer Journal, 3, 47, 1960

Pierce JR, Computer Music Concert. Fall Joint Computer Conference, Las Vegas. In: Communication of the ACM, Vol 11, 1965
- and Mathews MV, Risset JC, Further Experiments on the Use of Computers in Connection with Music. In: Gravesaner Blätter, Vols. 27/28, 1965, p 85

Prieberg FK, Music ex Machina, Frankfurt, 1960, pp 103-106
- Musik des technischen Zeitalters, Zürich 1956

Randall JK, 'New Sounds' vs. Musical Articulation Lecture II. In: 'Three Lectures to Scientists', Perspectives of New Music, Vol 5, no 2, pp 130-134, Princeton 1967

Reckziegel W, Theorien zur Formanalyse mehrstimmiger Musik. Köln, Opladen 1967. Forschungsberichte des Landes Nordrhein-Westfalen, Nr. 1768

Risset JC, Computer Study of Trumpet Tones. Bell Telephone Laboratories Report, Murray Hill, NJ, 1966

Robinson TD, IML-MIR. A Data-Processing System for the Analysis of Music. In: Heckmann H, Elektronische Datenverarbeitung in der Musikwissenschaft, Regensburg 1967, p 103

Seary A, The Composer of Music and the Computer. In: Computers and Automation, Vol 13, 1964, p 16

Sliggers BC, Componeerende Computers. Een creativiteisprobleem. Publikation der Bull General Electric. 4th edition, 1969

Sychra A, Hudba a Kybernetika (Music and Cybernetics). Nove Cesty Hudby, 1, 234, 1964

Tenney JC, Sound Generation by Means of a Digital Computer. J Music Theory, 7, 24, 1963

Tjepkama Sandra L, A Bibliography of Computer, MA 1981

Wellek A, Musikpsychologie und Musikästhetik. Frankfurt a. M. 1963

Wiggen Knut, The Musical Background of Computer Music. In: Prisma (Norwegen), Vol 3, 1970, p 41

Xenakis Jannis, Musiques Formelles, Monte Carlo, Paris 1963
- Free Stochastic Music from the Computer. Gravesaner Blätter, 26, 79, 1965

Zharipov RKh, An Algorithmic Description of the Music Composing Process. Doklady Akademiia Nauk SSR, 132, 1960, p 1283. English translation in Automation Express, 3, 17, 1960
- O programirovanyii Processza Szocsinyenyja Muziki (Programming the Process of Music Composition). Problemi Kibernetiki, 7, 151, 1962

Bildende Kunst

Alsleben Kurd, Gestaltete oder konstruierte Computer-Graphik? In: Exakte Ästhetik, 1967, no 5, p 33

Barbadillo Manuel, L'ordinateur. - Expériences d'un peintre avec un outil nouveau. In: L'ordinateur et la créativité, p 51

Beckmann Otto, Computergraphik - Computerfilm. In: alte und moderne kunst, no 93, Wien 1967, p 36

Berholtz A, Computer Graphic Displays in Architecture. In: Information Display, Vol 3, 1966

Briones F, Peinture modulaire. In: L'ordinateur et la créativité, p 65

Campion David, Computers in Architectural Design, Barking 1968

Chermayeff S, Architecture and the Computer. In: Proceedings of the First Boston Architectural Center Conference, Boston 1964

Constant ML, Computer Graphics: Extending the Visual Media. In: Dot Zero, Vol 1, 1966

Denegri Jesa, A New Prospective - Computers and Visual Research. In: bit international, Zagreb 1968, no 2, p 3

Dick Robert, How the Hexagonalized Pictures Were Formed. In: Cybernetic Serendipity, p 73

Ferentzy Eros N, Computerfilm und Computergraphik. In: Sprache im technischen Zeitalter, no 27, 1968, p 261

Ferraro Ricardo, How Does an Automatic Drawing Work? In: CAYC, p 7

Fetter William A, Computer Graphics at Boeing. In: Print, Vol 20, 1966
- Computer Graphics. In: Secrest D and J Nievergelt, Concepts in Computer-Graphics. University of Illinois Conference 1967. New York Amsterdam 1968
- People-Oriented Computer Graphics. Hannover 1969

Franke Herbert W, Computergraphik - Computerkunst. In: Gebrauchsgraphik, 1970, no 12, p 18
- Computer und visuelle Gestaltung. In: elektronische datenverarbeitung, 1970, no 12, p 66
- Introduction to the exhibition 'Computergraphik'. In: bit international, Zagreb 1968, no 3, p 115

Genovese C, Graphic Activity and Computer

Use. In: Computer Studies in the Humanities and Verbal Behaviour, Vol 1, 1968, p 31

Götz KO, Elektronische Malerei und ihre Programmierung. In: Das Kunstwerk, Juni 1961

Graßl Alfred, Elektronische Computergraphik und Einbeziehung des Zufalls in den Gestaltungsprozeß. In: Elektronische Computergraphik und cinematische Abläufe. Publikation der *ars intermedia*, Wien 1969

Gruenberger Fred, Computer Graphics, München 1967

Herzog B, Computer Graphics for Designers. In: Secrest D and J Nievergelt, Concepts in Computer Graphics, New York Amsterdam 1968

Ives R, Computer Aided Sculpture. In: Computers and Automation, Vol 18, 1969, no 8, p 33

Jacks EL, Design Augmented by Computers. In: Design Quarterly, 1966/67

Malina FJ, Comments on Visual Fine Art Produced by Digital Computers. In: Leonardo, Vol 4, 1971

Mallary R, Computer Sculpture: Six Levels of Cybernetics. In: Artforum, Mai 1969

Martin Henry, Computer Paintings of Lowell Nesbitt. In: Cybernetic Serendipity, p 63

Mason Maughan S, Computer Generated Graphics. In: Cybernetic Serendipity, p 92

Mezei Leslie, Computers and the Visual Arts. In: Computers and the Humanities, Vol 2, 1967
- The Electronic Computer – A Tool for the Visual Arts. Computer Society of Canada, National Conference, 1966
- The Visual Arts. In: Computers and the Humanities, Vol 1, 1967: Vol 2, 1968: Annual Bibliography

Nake Frieder, Bemerkungen zur Programmierung von Computer-Grafiken. In: Programm-Information PI-21, Deutsches Rechenzentrum Darmstadt, 1966, p 3
- Computer Grafik. In: Futura, no 13, 1966
- Computergrafik an der Universität Stuttgart. In: Techn. Mitteilungen AEG-Telefunken, 2. Beiheft Datenverarbeitung, 1968
- Die Herstellung von Computer-Grafik, Konferenzbericht 'Der Computer in der Universität', Berlin 1968, p 76
- Klasifikace komputerové grafiky. Eine Klasifizierung der Computer-Grafik, Czech. In: Výtvarná práce, Vol 16, 1969, nos 12/13
- Künstliche Kunst. Zur Produktion von Computergrafiken. In: Kunst und Kybernetik, hrsg. v. Hans Ronge, Köln 1968
- On Generative Aesthetics-Two Pictures Generating Programs. In: International Symposium Computer Graphics 70, Brunel University 1970, p 89

Nees Georg, Generative Computergraphik, München 1969
- Computer-Grafik. In: Grundlagenstudien aus Kybernetik und Geisteswissenschaft, Vol 5, 1964, nos 3/4
- Computer-Grafik. In: rot, no 19, 1965
- Programming Stochastic Computer Graphics. In: Cybernetic Serendipity, p 79
- Statische Graphik. In: Grundlagenstudien aus Kybernetik und Geisteswissenschaft, Vol 5, 1964, p 67
- Variationen von Figuren in der statistischen Graphik. In: Grundlagenstudien aus Kybernetik und Geisteswissenschaft, Vol 5, 1964, p 121

Noll A Michael, A Subjective Comparison of Piet Mondrian's 'Composition with Lines' (1917). In: Cybernetic Serendipity, p 74
- Computers and the Visual Arts. In: Krampen M and P Seitz (ec), Design and Planning, New York 1967, Vol 2
- Human or Machine: A Subjective Comparison of Piet Mondrian's 'Composition with Lines' (1917) and a Computer Generated Picture. In: The Psychological Record, Vol 16, 1966, p 1

Oil Paintings with Aid of Computer. In: Computer and Automation, Vol 17, 1968, no 9, p 56

Palyka Duane, Computer Prints. In: Cybernetic Serendipity, p 92

Parkin Alan, How to Draw a Ball. In: Cybernetic Serendipity, p 84

Putar Radoslav, Cybernetic Serendipity: Exhibition in the Institute of Contemporary Art, London. In: bit international, Zagreb 1968, no 1, p 91

Rosenfeld Azriel, Picture Processing by Computer, New York 1969

Van der Wolk J, Performulated Art: On the Philosophy and Generation of Visual Computer Art. In: Simiolus, Kunsthistorisch Tijdschrift, Vol 4, 1970, no 2, p 115

Wylie Chris, Rommey Gordon, Evans David, Erdahl Alan, Half-Tone Perspective Drawings by Computer. In: AFIPS, Fall Joint Computer Conference Proceedings, Vol 31, 1967, p 49

Kataloge

Adrian Marc, Computer und die Demokratisierung des ästhetischen Bewußtseins. In: Kunst und Computer, Ausstellungskatalog, Zentralsparkasse, Wien 1969

Argentina Inter-medios, Ausstellungskatalog, Zentralsparkasse, Wien 1969

Argentina Inter-medios, Ausstellungskatalog, Centro de Estudios de Arte y Comunicación, 1969

Auf dem Wege zur Computerkunst, Ausstellungskatalog, Fachhochschule für Gestaltung, Kiel 1970

CAYC, Ausstellungskatalog, Centro de Estudios de Arte y Comunicación, Buenos Aires 1969

Computer Plotter Art, Ausstellungskatalog, Mini galeria da biblioteca do USIS, São Paulo 1970

Cybernetic Serendipity, Ausstellungskatalog, Studio International, Institute of Contemporary Arts, London 1968

Event One, Program of Performance, Computer Arts Society, London 1969

Formas computables, Ausstellungskatalog, Centro de Cálculo de la Universidad de Madrid 1969

Gesellschaftliche Aspekte der Computerkunst. In: Auf dem Wege zur Computerkunst, Ausstellungskatalog, Kiel 1970

Generación automática de formas plásticas, Ausstellungskatalog, Centro de Cálculo de la Universidad de Madrid 1970

Impulse Computerkunst, Ausstellungskatalog, Kunstverein, München 1970

Kunst und Computer, Ausstellungskatalog, Zentralsparkasse, Wien 1969

Laposky Ben F, Electronic Abstractions, Ausstellungskatalog, Cherokee 1953

L'ordinateur et la créativité, Ausstellungskatalog, publication of the Centro de Cálculo de la Universidad de Madrid 1970

Nees Georg, Computer-Grafik und visuelle Komplexität. In: Auf dem Wege zur Computerkunst, Ausstellungskatalog, Kiel 1970; bit international, Zagreb 1968, no 2, p 29

Schröder Käthe (ed), On the Eve of Tomorrow. In: Computerkunst, Ausstellungskatalog, Hannover 1969

Wallach George, Computer-Animated Movies. Programmheft des 'Festival Internazionale del Film di Fantascienza', Triest 1970

Personenverzeichnis

Adrian, Marc 71f., 146, 174
Albers, Josef 116
Alexanco, J. L. 66, 119, 133
Alsleben, Kurd 100, 107
Anderson, Lee 91
Auger, Boyd 149

Badler, Norman I. 91, 147
Bach, Johann Sebastian 145
Bäckström, Holger 110, (114)
Baker, Robert 144
Balestrini, Nani 140
Bangert, Charles J. 128
Bangert, Colette S. 128
Barbadillo, Manuel 40f., 110, 119
Barbaud, Pierre 143f.
Basset, Klaus 98, 131
Baudot, Jean A. 141
Beaman, Jeanne H. 147
Beckmann, Oskar 119
Beckmann, Otto 116, 119, 133, 137, 140
Benedit, Luis 119
Bense, Max IX, XII, 1, 107f., 112, 162f.
Berlyne, D. E. 163
Berni, Antonio 119
Beyls, Peter 111, 131
Biesele, Igildo G. 114
Biggs, W. Gale 107
Bill, Max 116
Birkhoff, George D. 163
Blanchard, Roger 144
Bleicher, Wilhelm 116
Blinn, James 52, 73, 93, 156
Böttger, Frank 114
Bolitho, D. 143
Bonačić, Vladimir 111, 133
Boreham, Dominic 113, 126
Bosche, C. 62, 168
Boulez, Pierre 145
Brock, Fred V. 107
Bruckner, Anton 77
Brün, Herbert 144, 145
Brys-Schatan, G. 111
Buckminster Fuller, Richard 149
Burnett, C. 100

Cage, John 144
Camarero, E. García 110, 113, 119
Carpenter, Lauren C. 156
Casey, Susan 80
Catmull, Edwin E. 156
Cavadia, Christian 78, 126
Charbonnier, Janine 144
Chen, Wei-Chung 36
Citron, Jack P. 137f.
Cohen, Ephraim 157
Cohen, Harold 125, 131
Colonna, Jean-François 65
Coqart, Roger 113, 114, 131f.
Cordeiro, Analivia 147
Cordeiro, Waldemar 110, 123, 147
Csuri, Charles 57f., 108, 116, 133, 135f., 139
Cuba, Larry 137, 156
Cube, Felix von 163

Debiasi 145
DeFanti, Thomas A. 92, 124
Deira, Ernesto 119
Delgado, Gerardo 110
Dietrich, Frank 125
DiFrancesco, David 156
Dombrower, Edward 147
Duca, Alfred M. 133
Dürer, Albrecht 98
Dunker, Kenneth F. 128, 131

Eikelenbloom, A. 123
Em, David 93, 156
Englert, Giuseppe 145
Enschede en Zonen, J. 98
Escher, Maurits C. 66, 124
Eusemann, Stephan 113

Fetter, W. A. IX, 99, 106, 107f.
Finkle, Ivan L. 14, 100
Foldes, Peter 137
Frank, Helmar 163f., 168
Franke, Herbert W. 19, 33, 54, 61, 75, 77, 83, 103, 153
French, Chris 126f., 131
Fuchshuber, Roland 123
Fucks, Wilhelm 42, 162
Fujino, Koji 119

Gauss 127
Geitz, G. 19
Gerngross, Heidolf 143
Gibbons, Orlando 144
Giers, Walter 133, 146
Giorgini, Aldo 36, 127
Giugno 145
Glusberg, Jorge 110
Goldberg, Theo 145
Gonauser, M. 19
Graf, Klaus Dieter 168
Grassl, Alfred 116, 119
Gravenhorst, Hein 98
Graves, Michael L. 123
Grossi, Pietro 145
Guest, Julius 37, 127
Gunzenhäuser, Rul 71, 139, 163
Guttman, N. 144

Haeckel, Ernst 99
Hales, Wayne B. 14
Hamm, Helen 144
Hansmann, Georg 168
Harmon, Leon D. 59, 62
Harris, Jeff 141
Harrison, Paul R. 107
Hartung, Hans 165
Hartwig, P. 107
Hashimoto, Sozo 133
Havlik, Ernst 131
Helbig, Horst VII, 33, 54, 61, 83, 128, 153
Henne, Peter X, 123
Hertlein, Grace C. 110, 123f.
Hille, G. H. 100
Hiller, Lejaren A. 143f.
Höglund, Sven 110
Hoerbst, E. 19
Honegger-Lavater, G. 133

Ihme, Hans Martin 133
Ihnatovicz, Edvard 135
Ingerl, Kurt 135
Isaacson, Leonard 144

Jäger, Gottfried 98, 125
Jenny, Hans 99
Johnson, Nigel 135
Jones, Kerry 128

Julesz, Bela 62, 107, 126, 168
Jungberg, Bo 110, (114)

Kaegi, Werner 144
Kafka, Franz 139
Kage, Manfred 99
Kakizaki, Junichiro 119
Kammerer-Luka, G. F. 154
Kawano, Hiroshi 133
Kelemen, Boris 108
Kempf, J. B. 154
Kennedy, John F. 62, 118f.
Kitching, Alan 137, 156
Klee, Paul 165f.
Klein, M. 143
Knowles, Alison 141
Knowlton, Kenneth C. 24, 59, 62, 81, 85, 108, 135, 165
Koenig, Gottfried M. 69, 143f.
Koetsier, H. 123
Kolomyjec, William J. 123
Komura, Masao 119
Krause, Manfred 141f.
Kreis, Peter 123
Kubrick, Stanley 137
Kummer, Max 171
Kupper, Hubert 145

Lansdown, R. John 141, 146f.
Laposky, Ben F. 100
Laske, Otto E. VII, 144
Leavitt, Ruth 79, 113, 131
Lecci, Auro 116, 121, 123
Le Corbusier 98
Lehner, Manfred VII, 128
Le Vasseur, Paul 147
Levin, D. 144
Lieske, Bärbel 168
Lifton, John 147
Limbeck, Bernhard 35
Limbeck, Lothar 113
Longson, Tony 131
Lopez, Mike 147
Lucas, George 156
Lutz, Theo 139

MacEntyre, Eduardo 119
McKeown, Kathy 91
McKinnon Wood, Robin 140

Malina, Frank J. 113f.
Malina, Roger F. 113
Mallary, Robert 49, 125, 149, 153
Mallen, George 147
Mandelbrot, Benoit B. 82, 127f., 156
Markoff 70
Maser, Siegfried 163
Mason, Maughan S. 100, 107
Masterman, Margaret 140
Mathews, Max V. 81, 135, 143f.
Mation, Helvio 149
Maurer, Gerhard 161
Mavignier, Alvir 98
Meertens, Lambert 144
Mendoza, E. 141
Metzger, Gustav VII, 113
Mezei, Leslie 24, 32, 57, 100, 107, 112
Milojević, Petar 170
Mitchell, R. K. 100
Mohr, Manfred 114ff., 123, 131
Moles, Abraham A. 112, 164
Molnar, Vera 44, 114
Molnar, Zsuzsa 125
Mondrian, Piet 98, 167
Moore, Dick 135
Morgan, Edwin 141
Moscati, Giorgio 123
Mott-Smith, John C. 84, 99, 137
Mozart, W. A. 42
Myhill, John 144

Nahrgang, Christoph 125, 127
Nake, Frieder X, 24, 42, 44, 59, 74, 107, 112f., 116, 163, 165f., 168
Nees, Georg 24, 42ff., 66, 105, 107, 112f., 116, 133, 137, 148f., 163, 168f., 175
Negroponte, Nicholas 149
Niwa, Fujio 119
Noll, A. Michael 30, 42, 68, 102, 107, 135, 147, 165, 167

Ohtake, Makoto 119
Ostwald, Wilhelm 99
Oxenaar, R. D. E. 119, 123

Paganini, Niccolo 145
Palumbo, Jacques 131
Passow, Cord 100
Peitgen, Heinz-Otto 82
Perales, J. L. Gomez 110
Peterson, H. Philip 60, 62
Pfeiffer, Günther 112
Pierce, J. R. 144
Platt, Stephen M. 157
Plöchl, Willi 131
Pöppe, Christoph 38, 127
Portmann, Adolf 99
Pritchett, Tony 137
Prueitt, Melvin L. 114

Quejido, M. 119

Raimann, Franz 100, 103
Randall, J. K. 144
Rase, Ludwig 148f.
Rathsmill, Gary 91
Raymond, Richard C. 133
Reichardt, Jasia IX, 108
Resch, Ronald 136f., 149
Reumuth, Horst 99
Rich, A. P. 100
Richter, Peter H. 82
Riddel, Torsten 110, 114
Riedl, Josef Anton 147
Risset, Jean Claude 143
Roads, Curtis 145
Roehreke, Imai-A. VII
Roh, Franz 99
Romberg, Osvaldo 119
Ross, Robert 151
Roubaud, Sylvia 114
Runge, Ferdinand 99

Sagan, Carl 52
Sandin, Daniel 124
Schaeffer, Pierre 144
Schaudt, Götz F. 141
Scheffler, Peter 42, 168
Schiller, Friedrich von 143
Schinner, P. 19
Schlemmer, Gottfried 146
Schmaltz, K.-L. 133
Schneeberger, Reiner 113f., 125f.
Schott, Ernst 128
Schott, Milada 128
Schrack, Antje VII
Schrack, Günther F. VII, 113, 145, 151
Schröder, Käthe 110
Schroeder, Manfred R. 54, 62, 76, 108
Schwartz, Lillian F. 81, 135
Sempere, Eusebio 110
Seville, Soledad 110, 119
Shaffer, James 57f., 108, 116, 135f.
Shannon, C. 163
Shao, Paul 128, 131
Shimomura, Shihaya 133
Shirley, Robin 141
Simmat, William E. 112
Smith, Alvy Ray 156
Smoliar, Stephen 147
Sonderegger, Bruno 98
Speeth, S. D. 144
Stampfli, Peter 172
Starr, Norton 34
Stickel, Gerhard 112, 139
Stiegler, Hermann 98
Strand, Kerry 10
Strang, Gerald 144
Struycken, Peter 114
Stürmer, Wilhelm 99
Sumner, Lloyd 35, 112, 116, 137
Sutcliffe, Alan 72, 113, 141, 143, 147
Sutherland, Ivan E. 29
Sykes, B. 92
Sýkora, Zdeněk 116, 123

Teicholz, Eric 149
Tenney, James 144
Thomas, Klaus 172
Triendl, Ernst E. 128f.
Tsuchiya, Haruki 119

Ungváry, Támas 145

Vanderbeek, Stan 135
Vasarely, Victor 98
Vidal, Miguel Angel 119, 121
Vilder, Roger 131
Villiers, Charles 137
Vinci, Leonardo da 98
Vogel, Peter 133
Volli, Ugo 113

Wallen, Graham 141
Warnock, John 51
Warszawski, Aron 114
Weeks, John 149
Wegscheider, Horst 146
Weinberg, Richard A. 91
Weiss, Gerold 114
Weiss, Johann
Whitney, John 116, 137f., 161
Whitney, Michael 137
Wikström, Bror 110
Willoughby, Lynette 141
Willsberger, Johann 114
Wölk, Rolf 114

Xander, Paul 157
Xenakis, Jannis 69, 143, 145

Yamanaka, Kunio 119
Yturralde, José M. 110f., 119

Zajac, E. E. 135
Zajec, Edvard 9, 114, 125
Žiljak, Vilko 131

Sachverzeichnis

Ästhetik VI, 99, 112 f., 159
-, exakte 162 f.
-, experimentelle 99 f., 159, 165
Analog/Digital-Umwandler 69
Analogrechner 1, 16
Animation VI, 17, 39, 52, 63, 139, 150, 155 f.
Apperzepteme 1, 170
Architektur 72, 147, 149 f., 153

Betrieb, interaktiver 26
Bildschirmgeräte, digitale 16
-, elektronische 19
Bildschirmgraphik 19
Bildschirmphotographie 20
Binärsystem 1 f.
Bionik 62
Blasenspeicher 4
Bühnenbild 153
Businessgraphik 19, 48

CAD V, 48 f., 52, 56, 147, 150
CAM V, 48 f.
Chip 3
Choreographie X, 68, 147
Clip 28
Compiler 24 f.
Computergraphik V ff., 17, 19, 23 ff., 29 ff., 43 f., 46 f., 56 f., 59, 62, 66, 68, 70, 78, 84, 97 ff., 107 f., 110 ff., 116, 119, 123 ff., 131, 137, 147 ff., 153, 155 f., 158 ff., 165, 170 f., 174
Computerkunst IX f., 25, 30, 42, 46, 59, 66, 69, 97, 100, 108, 110 ff., 119, 123, 125 f., 131, 137, 150, 160 ff., 164 f., 168 f., 171, 175
Computerspiel VI, 6, 19, 43, 72, 139, 150, 155 f., 174
Computertexte 62, 139 f.
Concept Art 64
Cursor 5 f., 26 f.

Datensichtgerät 16
Datenverarbeitung V, 2
-, graphische 46, 54, 123
Design VI, 19, 100, 111 ff., 150, 153

Dialogbetrieb 24
Digitalgraphik 42, 44, 100, 104, 107, 115, 121, 166
Digitalisiertisch 5
Digitalrechner 1 f., 14, 16, 24, 100, 107, 146
Diskette 4, 174
Dokumentation, graphische 20

Echtzeitbetrieb 24
Echtzeitgenerierung 19
Eingabegerät 5 ff., 26
Erlebnistheater 72, 155, 175
Extrapolation 39

Farbbildröhre 19 f.
Farb-Hardcopy 21
Film VI, X, 8, 56, 63 f., 72, 108, 110, 116, 119, 135 ff., 150, 155 f., 161, 174
Flußdiagramm 8, 24 f.
Fouriertransformation 31, 33, 53 f., 128

Graphik-Arbeitsplatz 27

Hardware V f., 3, 23, 29, 155
Heimcomputer 3, 19, 39, 64, 153, 174
High-Graphik 20
Holographie 66
Hybridrechner 1, 119

Informationsästhetik 163, 169
Informationspsychologie 164, 169
Intelligenz, künstliche 56
Interface 17
Interpolation 39, 155 f.

Kathodenstrahloszillograph 11, 16, 100
Kernsystem, graphisches 29

Kompatibilität 29
Konstruktivismus 47
Konstruktivisten 98 f., 110, 116
Kugelkopfdrucker 23
Kunstkritik 160
Kunsttheorie 42, 150, 168
-, kybernetische 163 f.
Kurvenzugdisplay 17
Kybernetik 1, 3, 62, 163 f., 170
Kymatik 99

Laserdrucker 23
Lichtstift 5 f., 29 f., 64, 70
Lissajous-Figuren 12 ff., 100
Literatur 70, 171
Locator-Operation 28
Lochkarten 3 ff.
Lochstreifen 4 f., 72
Low-Graphik 20
Lyrik 71 f., 139, 141, 161

Magnetband 3 ff., 42, 72
Mapping 54, 153
Markoff-Ketten 70
Matrizenrechnung 39
Maus 6
Menü V, 5 f., 29
Mikrocomputer 3, 20, 70, 153, 172
Mikrofilmplotter 21
Moiré 31, 35, 39
Multi-Media 62, 72, 143, 146 f., 161, 175
Museum, elektronisches VI
Musik X, 24, 42, 62, 68 ff., 97 ff., 108, 111, 113 f., 131, 143 ff., 147, 161, 171, 174
Musikcomputer 70

Nadeldrucker 22 f.

Off-line-Betrieb V, 10
On-line-Betrieb 5, 10, 42
Op Art 31, 47
Overlay-Technik 29

Paint-Systeme 29 f.
Pattern-Recognition V, 7, 46 f., 56, 159
Permutation 39, 98
Pick-Operation 28
Picture-Processing V, 7, 19, 46 f., 52 ff., 56, 59, 61 f., 73, 76 f., 87, 108, 131, 159
Plattenspeicher 4
Plotter 10, 19, 21, 25, 27, 63, 66
Poesie, konkrete 72
Printplotter 10, 21, 23
Programmieren, graphisches 26
Programmiersprache 24 ff., 43
Programmierung 2, 112
Prozeßüberwachung 19, 48
Pseudozufall 42 ff.

Rasterdisplay 17, 21
Realanimation 48, 155, 174
Realsimulation 63, 139, 157
Rechengraphik 98, 110
Refresh-Bildschirmgeräte 17
Relief 66, 133
Rollkugel 6, 26
Rotation 28
Routinen 5, 26, 28 f., 63, 171

Schnelldrucker 7, 21, 40 f., 66, 123, 133, 154
Sensoren 7, 49
Simulation V f., 19, 39, 52, 99, 150, 155, 159, 165, 169
Skulptur X, 64, 66, 119, 126, 133 ff.
Software IX, 5, 20, 23, 29, 52
Speicher 3 f.
Speicherröhre 17
Stadtplanung 72, 149, 154
Stereographie 66
Steuerhebel 6, 26
Steuerrädchen 6 f.
Symmetrisierung 31, 99
Systeme, graphische 29
Szintigramm 87
Szintigraphie 23, 52

Tablett 5, 27, 30
Tastatur 5, 174
Textsysteme V, 47
Theater 146f.
Tintensprühgerät 10, 21, 23, 75
Transformation 31f., 47, 53, 57f., 69, 98, 137
Translation 28, 30
Trommelplotter 10

Typenraddrucker 23

Übersetzung, automatische 71
Umweltgestaltung 72

Vektordisplay 17
Vektorgraphik 19

Video 56, 64, 69, 111, 150
Videotextsysteme 47
Visualisierung VI, 31, 74, 97, 126, 128, 150, 158
Vocoder 69

Wellengenerator 70
Window-Technik 28

Wissenschaft, verfremdete 99

Zoom 28
Zufall 39, 42, 44, 46, 145, 169f.
Zufallsgenerator 42ff., 46, 57, 150, 167, 170, 175
Zwischenspeicher 29